EXHIBITION OF EXCAVATIONS IN THE JAPANESE ARCHIPELAGO

発掘された日本列島

2024

開催30年記念

文化庁編

ごあいさつ

文化庁長官　**都倉俊一**

我が国には四十七万カ所以上の遺跡が知られており、まさに遺跡の宝庫といえます。これらは単なる過去の遺産ではありません。それぞれの土地の気候や風土に適応して地域独自の生活を営み、世代を繋いできた、私たちの先祖の文化的なDNAというべきものであり、私たちが未来を切り開いていく礎といえるでしょう。

こうした遺跡をまもるため、毎年およそ八千件の発掘調査が行われ、数多くの成果が日々蓄積されています。文化庁では、そうした発掘調査のうち全国的に注目された成果を、多くの方々にご覧いただくことを目的に、平成七年度から「発掘された日本列島」展を開催しており、令和六年度は節目となる三〇回目を迎えます。これを記念して、本図録では、過去に取り上げた遺跡や遺物をさまざまな角度から振り返る、特別付録「発掘された日本列島の三〇年」を掲載しています。

さて、本年は中核展示として、『我がまちが誇る遺跡』と『新発見考古速報』を行うとともに、特集展示『遺跡から読み解く多様な歴史文化』、『文化的景観二〇年』を行います。

『我がまちが誇る遺跡』は、継続的な発掘調査の成果に基づく地域研究によって明らかになった「地域の特性や魅力」に目を向け、発信するものです。今回は、北海道今金町、同余市町、群馬県藤岡市の三つの自治体を取り上げます。

『新発見考古速報』では、縄文時代から近世まで、近年広く注目を集めた一〇遺跡を取り上げ、速報展示を行います。

また、特集展示として、『洞窟・岩陰遺跡、その多様な世界』と題して、日本列島に約六八〇カ所存在する洞窟・岩陰遺跡のうち、代表的な六遺跡を紹介します。さらに、本年は、平成十六年の文化財保護法の一部改正によって始まった文化的景観の制度が二〇年を迎えます。これを記念し、特集展示『文化的景観二〇年』として、重要文化的景観とその保護の取り組みを紹介します。

今年度、本展覧会では三〇遺跡、約五六〇点の出土品等を、千葉県立中央博物館、弘前市立博物館、大阪府立弥生文化博物館・近つ飛鳥博物館、大野城心のふるさと館の五館で巡回展示します。

多くの方々が本展覧会をご覧になり、さまざまな発掘調査の成果を間近にすることで、我が国の歴史や文化の価値と多様性を感じ取り、発掘調査の意義と埋蔵文化財の保護へのご理解を一層深めていただければ幸いです。

最後になりましたが、本展覧会の開催に当たり、ご協力を賜りました関係各位に深く御礼を申し上げます。

令和六年六月

目次

年表

p.18 縄文時代からアイヌ文化へ
大川遺跡から見る
北海道の文化ヒストリー

p.48 美々4遺跡

p.8 旧石器時代の大石器工房
史跡ピリカ遺跡

北海道	続縄文時代			縄文時代						旧石器時代
奄美・沖縄	貝塚時代			中期	前期					旧石器時代
年代	200 紀元後	紀元前	300 (800)※1	1000	2000	3000	4000	5000	10000 / 11000 (13000)※1	32000 (36000)※1
本州・四国・九州	弥生時代 後期	弥生時代 中期	弥生時代 前期	縄文時代 晩期※2	縄文時代 後期	縄文時代 中期	縄文時代 前期	縄文時代 早期	縄文時代 草創期	旧石器時代 後期

- 57 奴国王、後漢から金印を授かる
- 九州北部で水稲耕作が始まる
- 寒冷化が進み海面が下がる
- 土偶や石棒を用いた祭祀が盛んに行われる
- 縄文海進が進み海水面が上昇する
- 土器が使われ定着的な生活が始まる

p.72 宿尻遺跡
p.68 墓料遺跡
p.60 史跡真福寺遺跡
p.30 モノづくりが祈りを繋ぐ
p.54 唐堀遺跡

我がまちが誇る遺跡
新発見考古速報

※1 年代の（ ）は炭素14年代測定法による較正年代
※2 縄文時代晩期後半を弥生時代早期とする地域もある

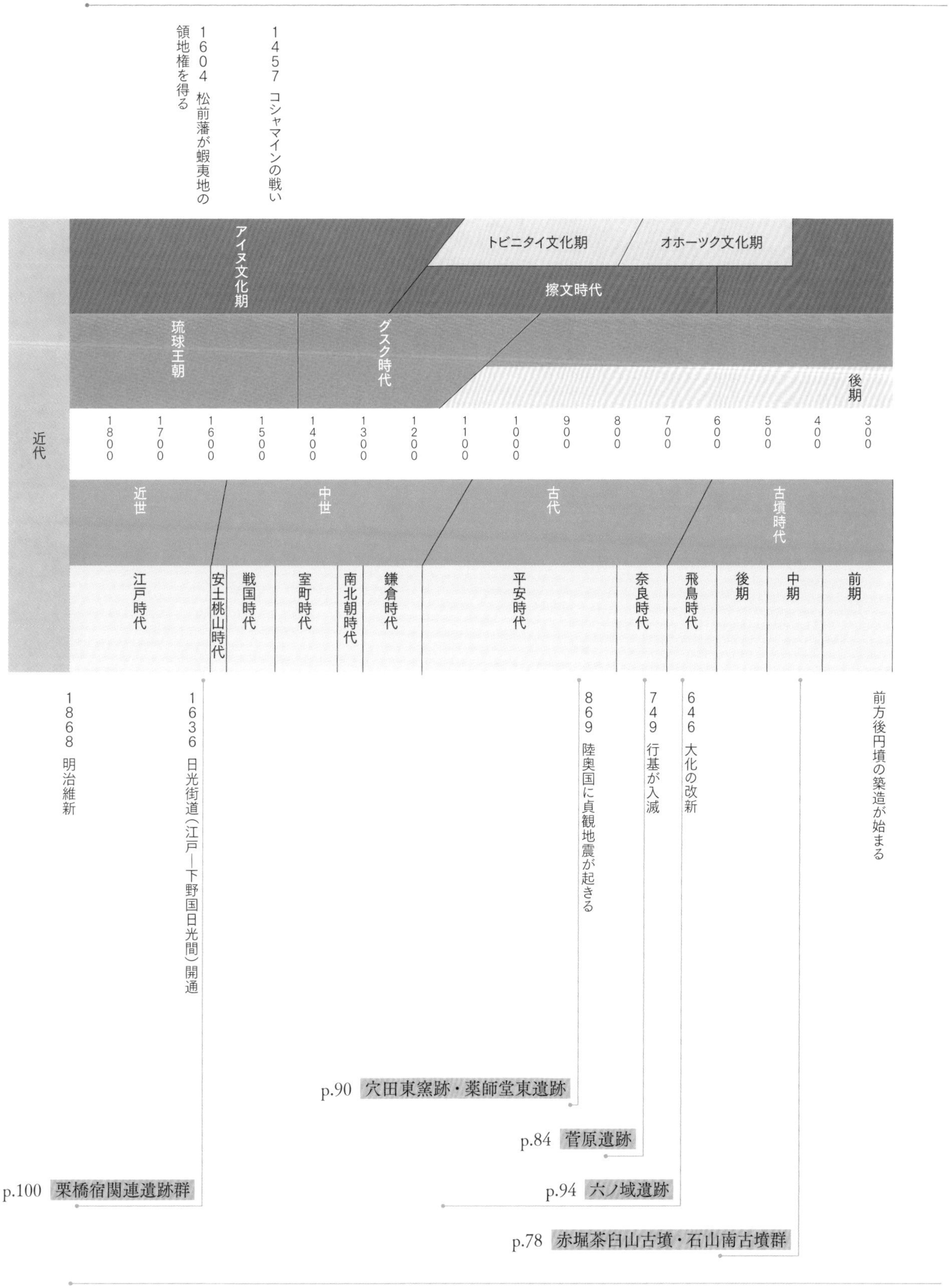
1604 松前藩が蝦夷地の領地権を得る
1457 コシャマインの戦い
アイヌ文化期
トビニタイ文化期
オホーツク文化期
擦文時代
琉球王朝
グスク時代
後期
近代
1800
1700
1600
1500
1400
1300
1200
1100
1000
900
800
700
600
500
400
300
近世
中世
古代
古墳時代
江戸時代
安土桃山時代
戦国時代
室町時代
南北朝時代
鎌倉時代
平安時代
奈良時代
飛鳥時代
後期
中期
前期
1868 明治維新
1636 日光街道(江戸—下野国日光間)開通
869 陸奥国に貞観地震が起きる
749 行基が入滅
646 大化の改新
前方後円墳の築造が始まる
p.90 穴田東窯跡・薬師堂東遺跡
p.84 菅原遺跡
p.100 栗橋宿関連遺跡群
p.94 六ノ域遺跡
p.78 赤堀茶臼山古墳・石山南古墳群

① 旧石器時代の大石器工房
北海道今金町
史跡ピリカ遺跡

② 縄文時代からアイヌ文化へ
北海道余市町
大川遺跡から見る北海道の文化ヒストリー

③ モノづくりが祈りを繋ぐ
群馬県藤岡市

遺跡の位置

1 美々4遺跡
北海道千歳市

2 唐堀遺跡
群馬県東吾妻町

3 史跡真福寺貝塚
埼玉県さいたま市

4 墓料遺跡
福島県会津若松市

5 宿尻遺跡
茨城県常陸大宮市

6 赤堀茶臼山古墳・石山南古墳群
群馬県伊勢崎市

7 菅原遺跡
奈良県奈良市

8 穴田東窯跡・薬師堂東遺跡
宮城県仙台市

9 六ノ域遺跡
神奈川県平塚市

10 栗橋宿関連遺跡群
埼玉県久喜市

我がまちが誇る遺跡

Archaeological Sites, the Pride of Our Town

我がまちが誇る遺跡
北海道今金町

旧石器時代の大石器工房 史跡ピリカ遺跡

遺跡全景（西から）
遺跡はなだらかな丘陵上の20万平方㍍にわたって広がる。手前西側半分（白網掛け）が史跡指定範囲。北側（写真左）を流れる河川がピリカベツ川。

今金町は北海道南西部の渡島半島の付け根に位置します。町域の約8割を森林に覆われた緑豊かな地域で、農業を基幹産業とします。町の中心部に広がる盆地状の平野を渡島半島で最も長い後志利別川が流れ、日本海に注いでいます。平野の北には標高1500㍍級の狩場山地、南には1200㍍級の遊楽部山地が位置しており、風が抜けやすく、寒暖差が激しい気候特性を持っています。

この特性を生かして、西側のなだらかな丘陵地では古くからジャガイモ栽培が盛んで、特に「今金男しゃく」は国内最高級のブランドとして知られています。

東側の山間部は鉱物資源に富み、江戸時代前期には松前藩による大規模なゴールドラッシュが起きました。明治中期から昭和前期にかけてはマンガン鉱山やメノウ採石業が盛んになり、これらは西側地域の開拓に先駆けて地域の主要産業になりました。頁岩など石器製作に適した石材も豊富で、その地質的な好条件が旧石器時代の大石器工房、史跡ピリカ遺跡の形成につながりました。

史跡ピリカ遺跡

ピリカ遺跡は今金町北東部の美利河（ぴりか）地区に位置し、後志利別川上流域の支流であるピリカベツ川左岸の段丘上に立地しています。地名「美利河」はアイヌ語の「ピリカベツ（美しい川）」に由来します。これまでの発掘調査で、計20万点以上の石器が見つかっており、1平方メートル当たり約100点の石器が出土しています。大量の原石が持ち込まれ、石器が折り重なるように出土する状況からも、本遺跡は近隣に豊かな石材産地を持つ典型的な原産地遺跡であるといえます。

石器の大半には、堆積岩の一種である頁岩が用いられています。頁岩は表面や内部の色調に個体差が大きく、黒曜石と比べて復元・接合作業を試みやすい石材です。調査成果の一つとして、原石に近い状態まで復元し、製作工程を詳細に追跡できる資料が多く得られました。特に、長大な石刃（せきじん）と石核（せっかく）が接合し、長さ44センチにも及ぶ接合例（14・15ページ）は、全国的にも大変珍しいものです。

次いで多く使用された石材はメノウで、頁岩より硬く、石器製作には不向きな石材ですが、剥離しやすくするため加熱し、変質させて石器を製作していた可能性が指摘されています。

ここでは、地域特有の石材である頁岩とメノウを使用した石器を通じて、旧石器時代の人々の高度な石器製作技術を紹介します。

石刃

石核から同一方向に連続して剝ぎ取ることによって生み出される、縦に細長く、両側辺が平行する剝片。石刃の両縁は鋭く、ナイフのように使用される。

石核

石器を剝ぎ取るための芯となる石。あらかじめ剝ぎ取りやすい形に整えられている。

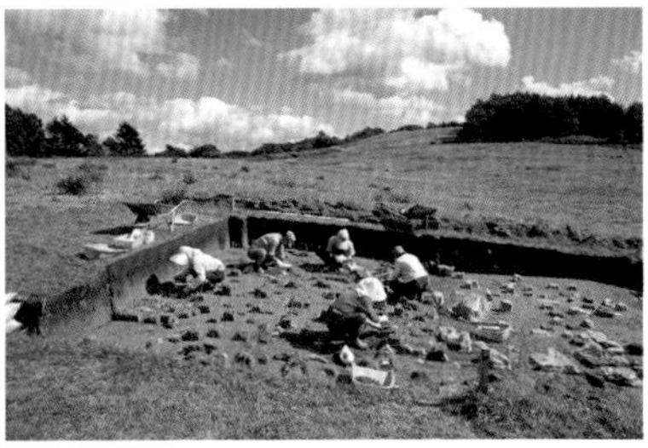

遺跡西端（D地点）の調査風景

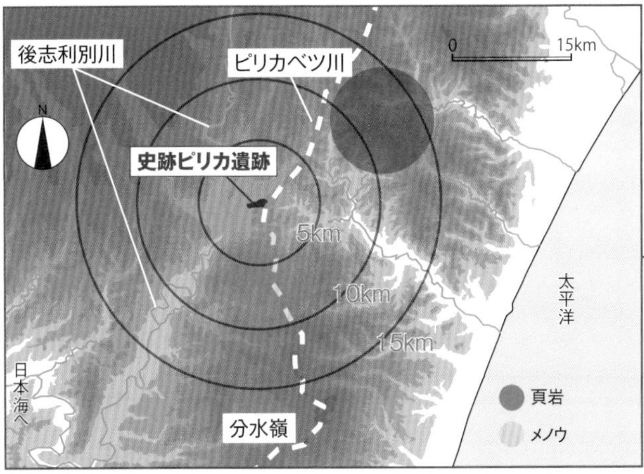

遺跡周辺の石材環境

遺跡は分水嶺に近接し、本州の東北から北海道南西部にかけて広がるグリーンタフ（緑色凝灰岩）地域に位置している。良質な頁岩が、遺跡北東の太平洋に流れる河川では採取できるが、西側の日本海に注ぐ河川では採取できないことが確認されている。一方で、南側一帯はメノウが豊富で、まれに大きな原石も採取できる。

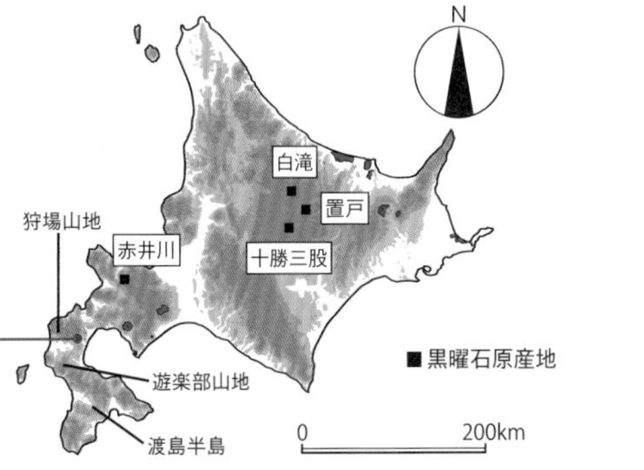

遺跡の位置と道内の黒曜石原産地

北海道では黒曜石の四大産地として白滝（しらたき）、置戸（おけと）、十勝三股（とかちみつまた）、赤井川（あかいがわ）が知られている。ピリカ遺跡から出土する黒曜石製石器は、その大半が赤井川産で、少量が他の三つの産地からのもの。このことから、北海道全域にわたる石材流通のネットワークが存在したと推定される。本遺跡の頁岩製石器やメノウ製石器が北海道内にどの程度広がっているかについては現時点では不明であり、今後の研究課題となっている。

ピリカ遺跡の発見

昭和53年、美利河ダム建設のための土質調査時に遺跡が初めて確認されました。試掘トレンチから出土した数点の石器が市立函館博物館に持ち込まれ、旧石器時代のものと判明しました。

昭和58・59年に北海道埋蔵文化財センターが、石器が発見されたA・B地点で発掘調査を行った結果、1585平方メートルの範囲から11万点以上の石器が出土しました。この中には長さ33センチの大型の槍先形尖頭器の他、多様な細石刃石器群、そして旧石器時代では非常に珍しい、装身具の石製小玉も含まれます。これらの発見により、開発事業者の協力が得られ、遺跡は保存されることになりました。

昭和62・63年、今金町教育委員会が遺跡の広がりを把握するための分布調査を行いました。丘陵全体に1メートル四方の試掘トレンチを等間隔に580カ所設定した結果、石器の分布が約12万平方メートルに広がることが確認されました。

本遺跡は大規模な旧石器時代の遺跡であるだけでなく、炉を伴う典型的な石器製作跡を良好に残していたことや、石器群の年代的な変遷を層位的に確認できたことは特筆に値します。さらに日本最古の装身具が出土するなど、全国的にも珍しい出土品が多く、わが国の旧石器時代から縄文時代にかけ

最初の発見（昭和53年）
遺跡発見の端緒となった土質調査の試掘トレンチ。B地点に当たる。その後の調査で、狭い範囲から5千点近くの石器が出土した。

K地点の石器出土状況（平成10年）
遺跡東端の最も高い段丘面に位置する。隣接するC地点も同じ高位面にあり、これらの地点では大型の石器が密集していた。

ての歴史を理解する上で重要な遺跡として、平成3年に石器163点が重要文化財に、平成6年には9万9090平方メートルが史跡に指定されました。

その後も、今金町教育委員会によるC・D・E地点、國學院大學によるK地点の発掘調査が行われ、これら一連の調査により、遺跡全体の広さが20万平方メートル以上に及ぶことが明らかになりました。

槍先形尖頭器
両側縁からの加工で先端部が槍先形に尖る石器。その中でも基部に舌状の突起を持つものを有舌尖頭器という。

細石刃
小型の石刃。動物の骨や角で作られた槍の側面に溝を彫り、細石刃を並べてはめ込んだ植刃器（しょくじんき）（左写真）として使う。刃が交換できるため、貴重な石材を有効利用でき、槍先自体を軽量化できる。

復元された植刃器
（写真提供：遠軽町教育委員会）
※展示はありません。

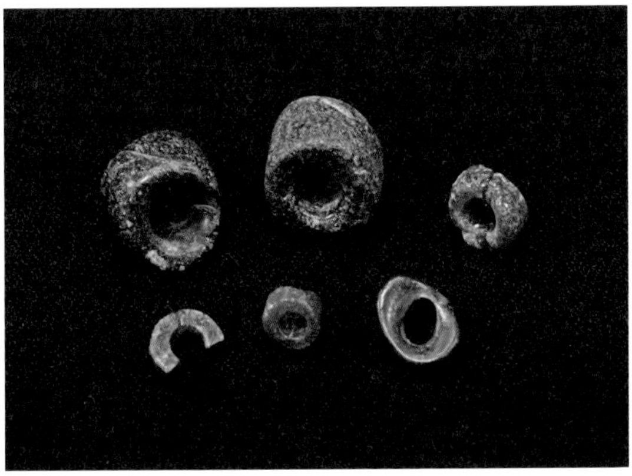

石製小玉（A地点）
7点出土し、大きいもので直径9ミリを測る。ひもを通し、首飾りとして使用されたと考えられている。旧石器時代の装身具は極めて珍しい。重要文化財。
※展示はありません。

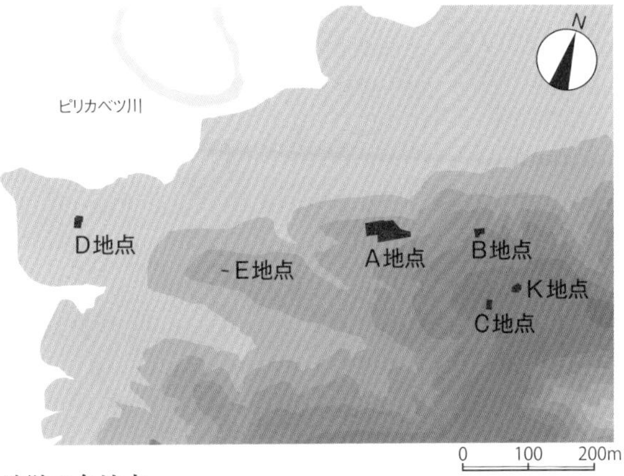

遺跡の各地点
西から標高135メートルの低位面（D地点）、150メートルの中位面（A・B・E地点）、180メートルの高位面（C・K地点）のそれぞれに石器が密集して分布する。

E地点の石器出土状況（平成12年）
石器の分布傾向を把握するため、10メートル間隔で2メートル四方の試掘トレンチ12カ所を設定し調査した結果、全てのトレンチで大量の石器が姿を現した。

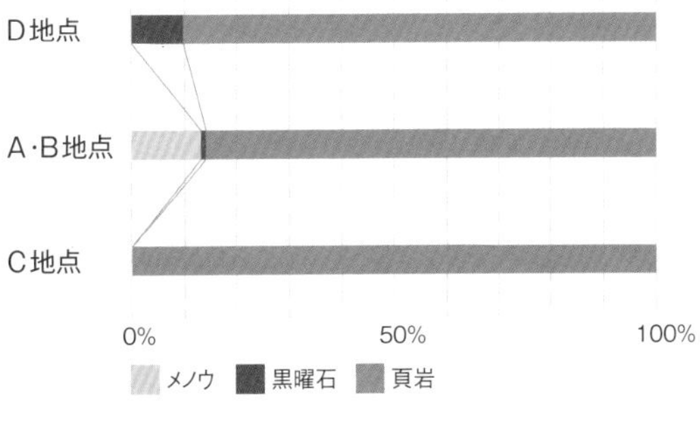

各地点の石材構成
頁岩が全体の8割以上を占め、次いでメノウの割合が高い。地元産の石材が大半を占めるのは、原産地遺跡の特徴をよく示す。D地点では黒曜石が全体の約1割を占めており、頁岩産地であっても黒曜石が必要とされたことを示している。

北海道における編年研究に貢献

北海道は火山灰の堆積が薄く、石器が層位的に出土することが少ないため、石器群の新旧関係に不明な点が多く残されていました。しかし、ピリカ遺跡では石器の形態や製作技術など内容の異なる複数の石器群が、層位的に上下関係をもって発見されました。これにより、石器群の年代的変遷を把握する上で重要な知見が得られました。特に、これまで位置付けが不明確だった蘭越(らんこし)型細石刃石器群が広郷(ひろさと)型細石刃石器群より下位の層から発見されたことの成果は大きく、北海道における旧石器時代の編年研究の基準軸となりました。これは大陸の旧石器時代研究に影響を与えています。

最近の研究では、本遺跡の最古段階の石器群は約2万5千年前、最も新しい段階の石器群は約1万5千年前のものと位置付けられています(13ページ図)。このことから、本遺跡は、一部空白期間を含むものの、約1万年間にわたり連綿と旧石器時代人の生活の舞台であったことが明らかになりました。

北海道の細石刃石器群

北海道では、約2万5千年前から1万5千年前まで細石刃が利用されました。細石刃を作る技術は時代や地域などによって変化します。細石刃製作技術は細石刃核の形態に表れるため、細石刃核を基準に編年研究が行われています。「湧別(ゆうべつ)技法」という特徴的な細石刃製作技術を用いる集団は、本州へ南下していることが分かっています。北海道は当時大陸と陸続きであったことや、細石刃が長く利用されたことなどから、蘭越型、美利河型、峠下(とうげした)型、広郷型、忍路子(おしょろっこ)型など、本州以南には見られない細石刃石器群が数多く存在します。

多様な細石刃核

細石刃核とは、細石刃を剝ぎ取るための芯となる石。写真手前側に細石刃を剝ぎ取った溝状の痕跡が見られる。

広郷型(E地点)

厚みのある大型の縦長剝片や石刃を素材とし、その長辺側で細石刃を剝離する。長さ10.8㌢。

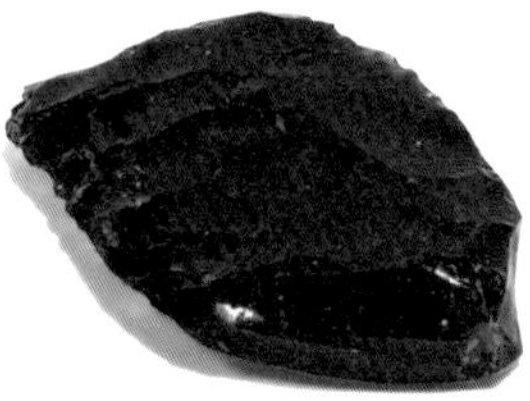

忍路子型(E地点)

小型の楕円(だえん)形両面調整体を作り、その短辺側で細石刃を剝離する。

峠下型(A地点)

縦長剝片を素材に整形し、おおむねその短辺側で細石刃を剝離する。

舟底形石器

舟底形に成形された石器で、短辺側に連続する樋(とい)状剥離痕を有するものもある。旧石器時代終末期に特徴的に出現する。

美利河型細石刃核

石核原形の断面がおよそD字形で、原形からの最初の打面形成削片の断面が板状なのが特徴。

ピリカ遺跡における石器群の移り変わり

初めに細石刃（水色）を携えた人々がこの地を訪れ（蘭越型、峠下型、美利河型）、その数千年後に尖頭器（オレンジ色）を携えた人々が訪れたことが分かる。5型式の細石刃核の時間的変遷もおおむねたどることができる。

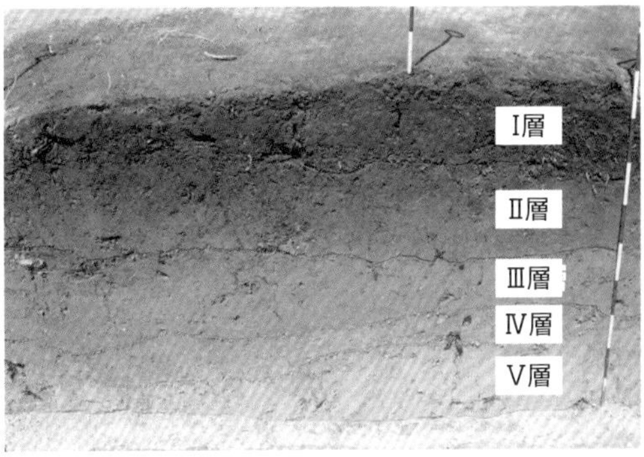

C地点の基本土層

高位面に位置するC地点では、地表面から30～40センチ下のⅢ層で旧石器時代の石器が出土する。

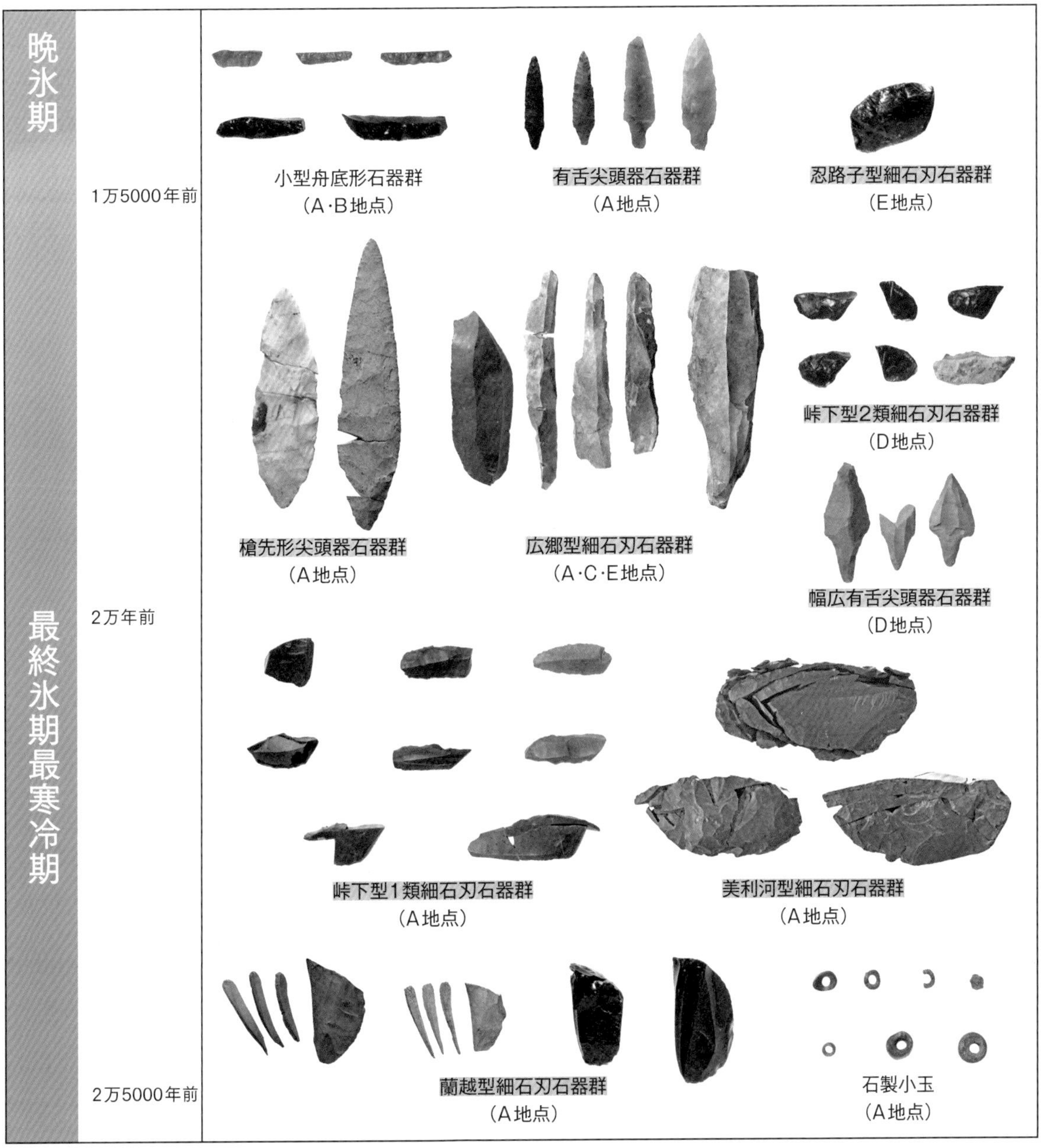

※C地点を除いて展示はありません。縮尺不同。

高度な石器製作技術

丹念な整理作業で得た接合資料からは、石器製作工程の復元的研究も進展しました。接合が容易な頁岩の特質を生かし、石核から細石刃を剝ぎ取る細石刃剝離技術では「美利河技法」（13ページ図の美利河型細石刃石器群）という新たな標式となる技法が見いだされました。

また、頁岩製の30チセン以上の長大な石刃は、ピリカ遺跡を象徴する資料（下写真）です。石核の打撃部には丁寧な調整が施され、剝離に必要な力を一点に集中させる高度な技術が見られます。その製作方法は現代の研究者にも再現が困難なもので、「石刃剝離技術の頂点」と評されています。

メノウ製石器の多くは表面が赤く変色しており、加熱された形跡があります。製作前に加熱して変質させていたようで、これは「焼き入れ」と呼ばれる現代のメノウ加工技術と似ており、薄く剝離しやすくする効果があります。

こうした資料から、石を熟知していた旧石器時代の人々の高い技術力をうかがい知ることができます。

接合資料個体No. 2（C地点）
ピリカ遺跡最大の接合資料。周囲の43点の石刃や剝片が中央の石核に全て接合する。石核の高さは34㌢で、剝ぎ取られた石刃も最長で36㌢になる。（撮影：小川忠博）

出土状況

大型石核の周囲に石刃や石核調整時に剝がされた剝片が密集している。

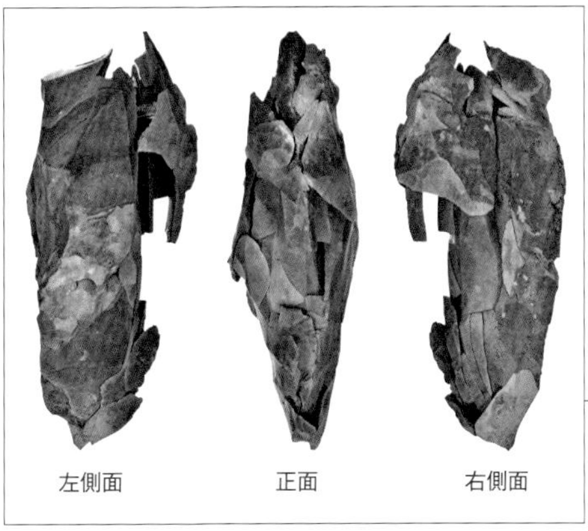

接合資料個体No. 2（C地点）

右ページの石核と石刃・剝片が接合した状態。高さ44㌢。正面で稜（りょう）が形成され、石核の調整から石刃の剝ぎ取り、打面調整が頻繁に繰り返されていることが分かる。

C地点の石器分布図と接合資料の広がり（平成3年）

150平方㍍の範囲から計1万2376点の石器が出土し、北と南に二つの石器集中部が認められる。着色部は今回出展する各個体別資料の接合関係が濃密な範囲を示し、ほとんどの個体が北と南の両側にまたがって分布していることから、石器製作者が少しずつ場所を移しながら製作していたことがうかがえる。

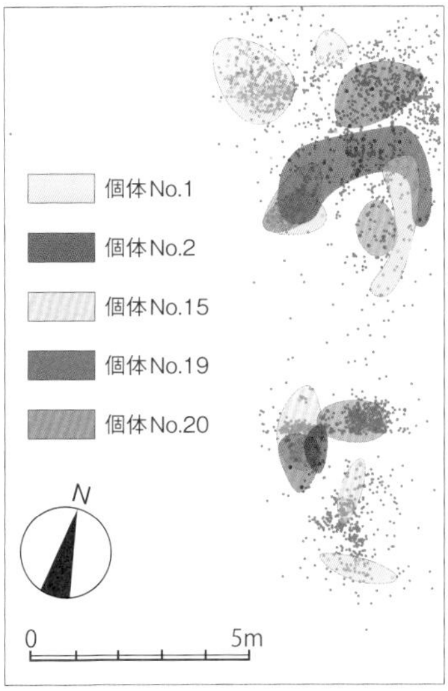

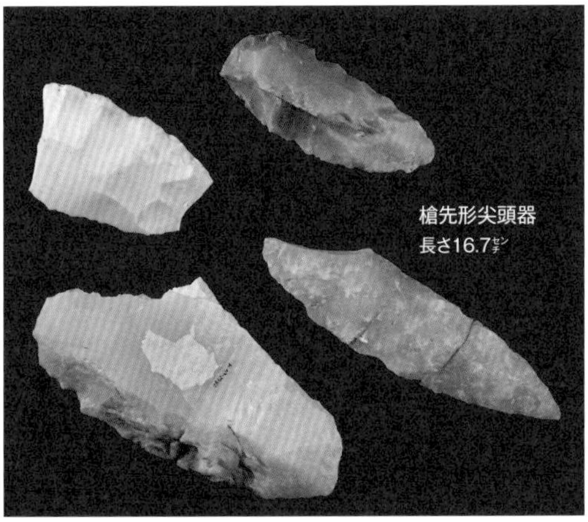

メノウ製石器（A地点）

メノウの多くが槍先形尖頭器に用いられる。その他の3点は、楕円形の両面調整石器で、この種の石器も一定数出土している。メノウには、透明感のある白色と赤橙色の2種類が存在する。

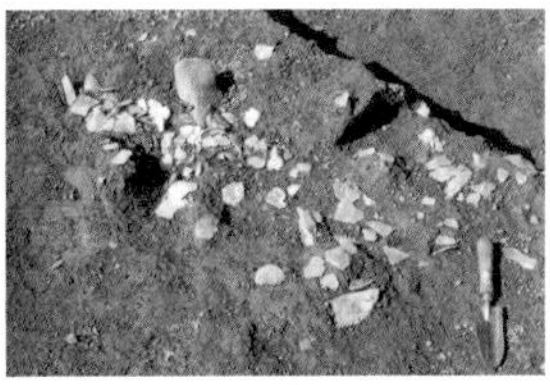

出土状況

熱を受けて変色したメノウ（A地点）

メノウ製石器の多くに赤く変色したものが見られる。本資料は剝離後に熱を受けたことを示しており、全ての加熱が薄く剝離しやすくするための前処理とはいえない。長さ22㌢。

氷河期克服の証、炉の発見

ピリカ遺跡では石器と共に炭化物が密集した場所も見つかり、これは炉と考えられています。炭化物の一部を樹種同定した結果、全て針葉樹で、グイマツが含まれていました。グイマツは現在、サハリン北部や南千島（みなみちしま）に分布しています。花粉分析では、現在の北海道にも見られるアカエゾマツやシラカンバの他、グイマツが多く、当時は現代よりも寒冷で乾燥した気候であったことが分かりました。これらの結果から、近くの針葉樹を薪（まき）にして暖を取り、氷河期を乗り越えた姿が浮かび上がります。

旧石器文化の発信拠点へ

このようにピリカ遺跡は、北海道の旧石器時代を代表する原産地遺跡であり、これまで旧石器時代研究を大きく前進させる成果を上げてきました。道東には黒曜石の大規模な原産地遺跡である史跡白滝（しらたき）遺跡群がありますが、本遺跡での豊富な石材を背景とした高度な石器技術は、白滝遺跡群にも比肩するものといえます。また、石製小玉等の装身具は、当時陸続きであった北東アジアとの密接な文化的関係をうかがわせるもので、学術的にも重要な価値を有します。

遺跡に植栽したグイマツ

旧石器時代の景観を再現するため、史跡指定範囲内に植栽。グイマツは落葉性のマツで、秋には黄葉する。旧石器時代の人々によって薪として使用されていた。

炭化物

石器と共に出土した炭化物層（A地点）

大量の石器と共に、密集した炭化物が層として出土。A地点では炭化物の集中部が7カ所見つかり、いずれも炉と考えられている。

遺跡近景

遺跡の広さは東京ドーム約四つ分に相当する。この展望場所から当時の景観に思いをはせることができる。

今金町教育委員会では、遺跡の保存と活用を目的に史跡整備を行っています。遺跡の中に整備された「石器製作跡」は、石器集中部の表面を型取り複製し、臨場感ある発掘風景を立体的に再現したものです。遺跡に隣接して建設されたガイダンス施設「ピリカ旧石器文化館」では、重要文化財の展示や解説映像、模型など、これまでの研究成果に基づく学習コンテンツを提供しています。

本遺跡のこれまでの発掘面積は合計で2139平方㍍で、遺跡全体のわずか1%にすぎません。この広大な丘陵には、まだ膨大な量の石器が良好な状態で残されています。調査ごとに新たな発見を提供してきた貴重な遺跡を将来世代に継承するとともに、今後の調査研究の進展にも大きな期待が寄せられています。

（宮本雅通）

ピリカ旧石器文化館

旧石器時代の極めて高度な石器製作技術を示す槍先形尖頭器や国内最古の装身具の石製小玉などが、当時の歴史を理解する上で価値があるとして、平成3年に163点が重要文化財に指定された。展示室には重要文化財のほぼ全点が展示されている。全て実物。4月1日～11月30日開館（冬期休館）。入館無料。

重要文化財展示室

臨場感あふれる石器製作跡

D地点の石器出土状況をそのまま保存・展示する施設。横幅8㍍、奥行き5㍍の範囲で、石器の出土状況を直に観察することができる。ピリカ旧石器文化館から徒歩1分の史跡区域内に所在する。

 遺跡に関する問い合わせ先：今金町教育委員会　TEL.0137-82-3488

我がまちが誇る遺跡

北海道余市町

縄文時代からアイヌ文化へ 大川遺跡から見る北海道の文化ヒストリー

大川遺跡遠景（南から）

余市町の中央を流れる余市川右岸の標高約5㍍の大川砂丘上に立地。対岸の入舟遺跡からも、縄文時代から近代にかけての遺構や遺物が多数出土。両遺跡は、この地の土地利用の変遷や日本海交易を知る上で重要。

余市町は北海道西部、積丹半島東の付け根に位置し、面積は140・59平方㌔、人口約1万7千人の町です。町の北側は日本海に面し、他の三方は緩やかな丘陵地に囲まれています。現在の市街地がある平地は、完新世の温暖化に伴う海水面の上昇（縄文海進）により内陸部に侵入した余市湾が、寒冷化により徐々に後進することで形成されました。特に縄文時代中期頃に登川から西へ発達した黒川砂丘と、後期以降に余市川から東へ形成された大川砂丘、そして両砂丘に挟まれた潟湖（登川低地）が現在の地形の基礎となっています。

大陸を含めた南北地域から影響を受けながら独自の文化を形成してきた北海道において、余市町は縄文時代より多様な文化が交差する場所であり、交易の中継地として、また石狩低地帯に向かう玄関口としての役割を果たしてきました。

海岸線沿いには洞窟遺跡である史跡フゴッペ洞窟があり、その近くの丘陵部には西崎山環状列石など縄文時代から続縄文時代の遺跡が分布します。また、豊富な海産資源に恵まれ、近世以降はニシン漁が盛んに行われ、漁場の発展とともに現在の町の基礎が築かれました。

大川遺跡

大川遺跡は縄文時代後晩期から近代にかけての長期にわたる拠点的集落で、古くは天然の良港として栄えた余市湾の中央部に位置しています。発掘調査により判明した墓制の多様さや交易に関わる遺物の豊富さは、北海道内でもほとんど例がなく異彩を放っています。こうした特徴は、北海道に独自の文化が形成される過程の縮図ともいえ、余市町の歴史のみならず、北海道史においても重要なものといえます。

遺跡は大正時代にすでに知られており、昭和8年に「北海道原始文化展」で展示された山岸病院院長採集（山岸コレクション）の土器や石器が注目を集めました。また、余市町出身の歌人・違星北斗が和鏡や土偶を採集したことが知られています。昭和33年には小樽桜陽高校教諭（当時）の峰山巌と郷土史研究会が中心となって発掘調査を実施し、縄文時代晩期の土坑墓群が見つかりました。

平成元年以降に余市川河川改修事業や余市橋線街路事業、余市都市計画道路建設に伴う発掘調査が相次ぎ、延べ2万1926・5平方メートルが調査され、土坑墓含む約1500基の土坑、105棟の住居、31カ所の貝塚の他に、約630基の遺構が確認され、出土遺物は200万点以上に上ります。

ここでは、大川遺跡の遺構と副葬品を中心に、各時代の特徴や交易による文化交流について、ひも解いていきます。

違星北斗　1901〜1929。アイヌの歌人。アイヌ民族復興に立ち上がり、「アイヌと云ふ新しくよい概念を内地の人に与へたく思ふ」などの歌を残す。

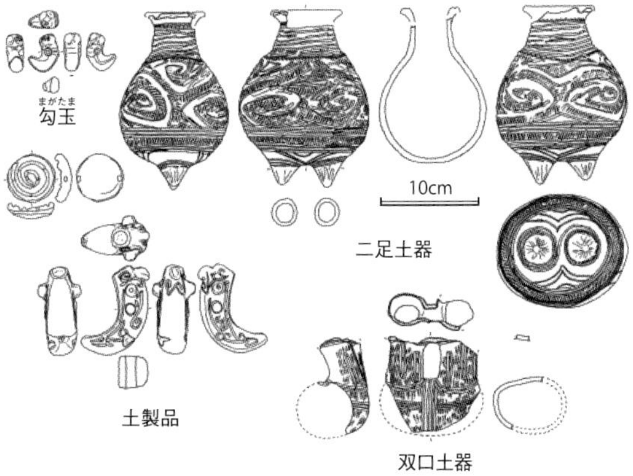

山岸コレクション
山岸病院院長であった山岸礼三が大川遺跡で採集した土器や土製品。

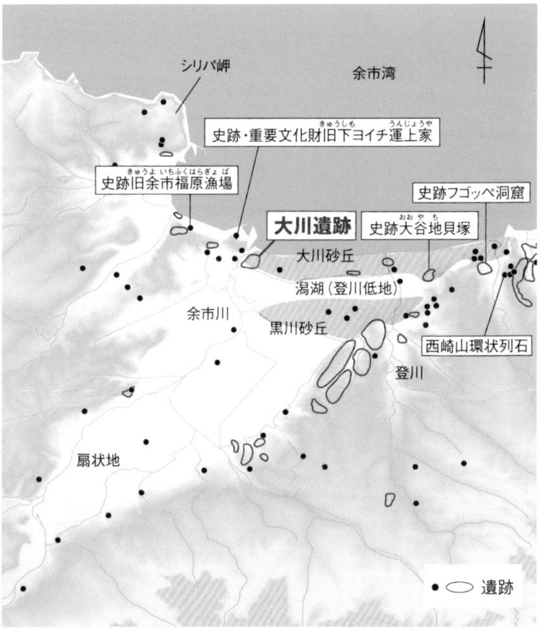

大川遺跡と余市町の主な遺跡

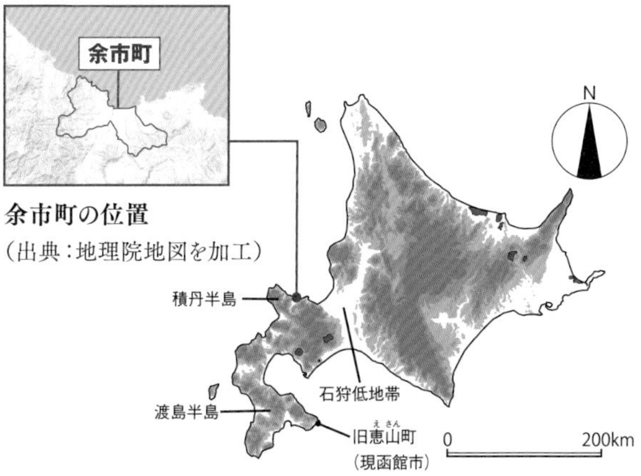

余市町の位置
（出典：地理院地図を加工）

文化の結節点で生まれた多様な葬送

大川遺跡からは縄文時代から近世にかけて多くの土坑墓が見つかり、葬送儀礼・副葬品の時代的変遷や同時期における多様性が確認できます。葬送儀礼は集団の社会性を維持するために機能し、副葬品は個人や集団の身分、社会的な結び付き（役割）を示すと考えられます。特に続縄文時代以降、類例の少ない貴重な副葬品が多く見つかることは、余市湾や石狩低地帯との地理的関係から、本遺跡が交易拠点として機能していたことを想起させます。擦文時代は律令国家、中世以降は北方集団や和人社会との交流・交易が活発に行われ、それらの文化を享受し取り込んだことで、葬送儀礼が多様化したようです。このように本遺跡で見つかった土坑墓や副葬品は、北海道における社会の変遷や文化の成立過程の一端を伝えてくれます。

縄文時代〜北東北とのつながり

大川遺跡では縄文時代後期以降のさまざまな形態の土坑墓が確認されており、その主要な時期は縄文時代晩期の亀ヶ岡式並行期から続縄文時代前期です。縄文時代晩期には、埋土に特定の土壌を用いる葬法（大川葬法）が見られます。また、この時期に東北地方を中心に盛行した亀ヶ岡文化が北海道南部に広がり、本遺跡で出土した人面注口土器や二足土器は、この文化の影響を受けた特殊な器形です。さらに、新潟県糸魚川産のヒスイ製玉製品も多く出土しており、地域間交流が盛んだったことがうかがえます。

土坑墓（GP-900）の出土状況（右上が西）

4体合葬墓で、西方頭位で埋葬されている。覆土に砂質凝灰岩粒層が確認された。頭部にはサメ歯、首の周囲や肩には石製の玉類、胸の上には石棒が三つに折られた状態で出土。縄文時代晩期前半。

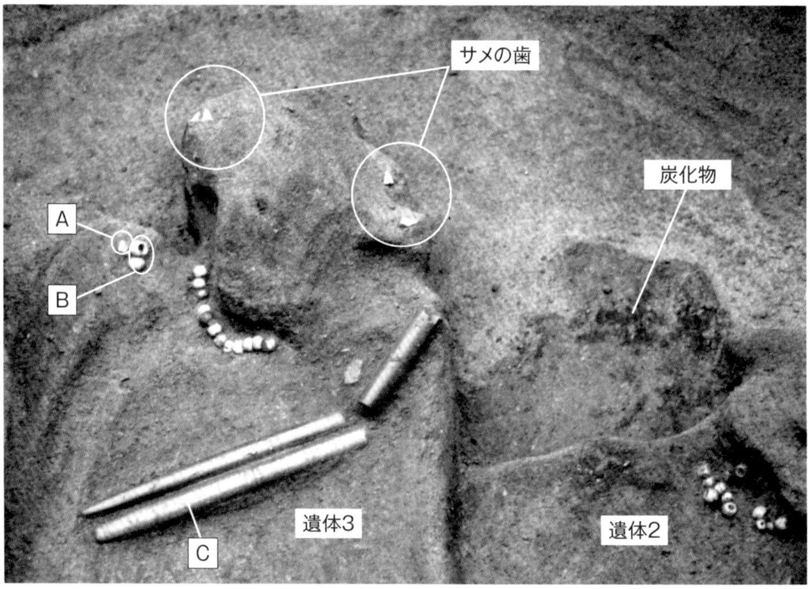

実測図（GP-900）

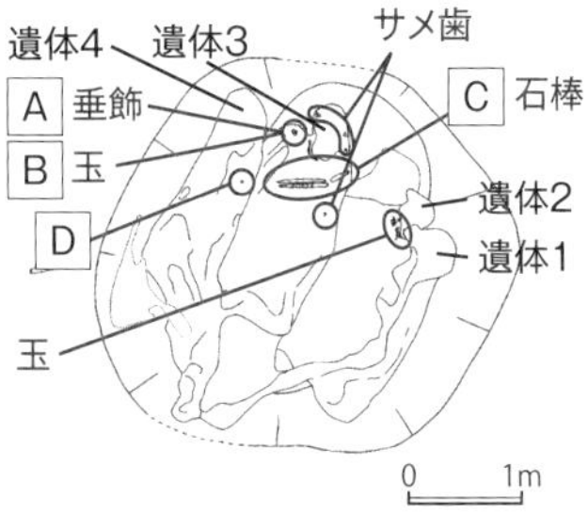

A **垂飾**

ヒスイ製。片側からの穿孔で、側面には3本の刻みが入る。
長さ2.1センチ

C **石棒**

上部には刻みによる装飾が施されている。
長さ64.9センチ

B D **玉類**

左・中：ヒスイ製。
どちらも直径1.8センチ、厚さ1.4センチ
右：蛇紋岩製。直径2センチ、厚さ1.3センチ

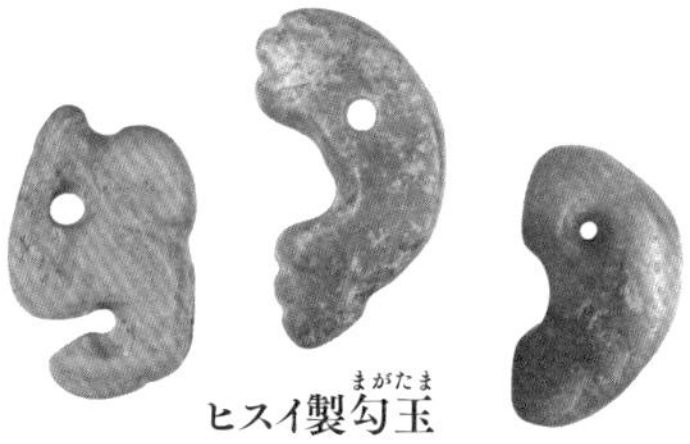

ヒスイ製勾玉

長さ3〜4.4センチ

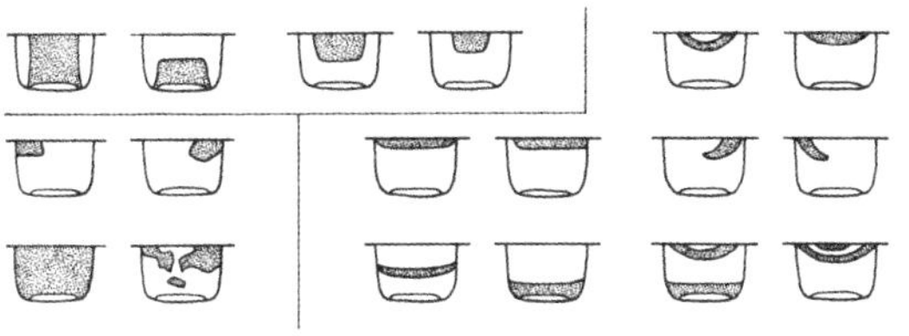

大川葬法の土層断面模試図

大川葬法とは、縄文時代晩期の土坑墓を覆う土に、余市川の対岸から採取・搬入された「砂質凝灰岩粒」を介在させる葬法。砂質凝灰岩粒の堆積（■部分）にはいくつかのパターンが認められ、通常の埋葬とは異なる手順を踏んだことが指摘されている。

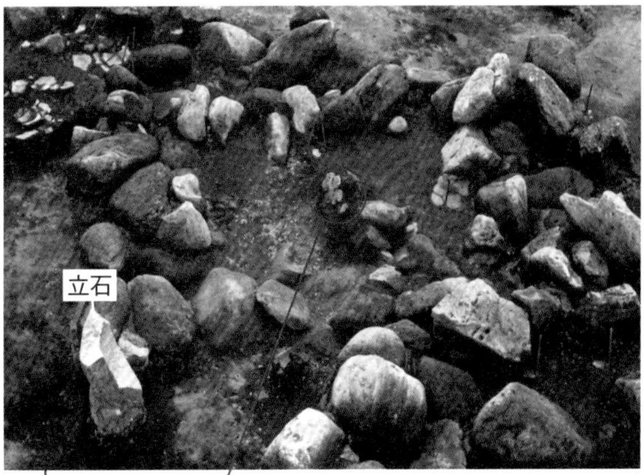

火葬墓（大川葬法、GP-445）

墓の上面に配石があり、土坑の北東50センチの位置に高さ49センチの立石が配置されていた。配石の中央部からは土製品が見つかり、遺体部にはサメ歯や礫（れき）石器などが置かれていた。

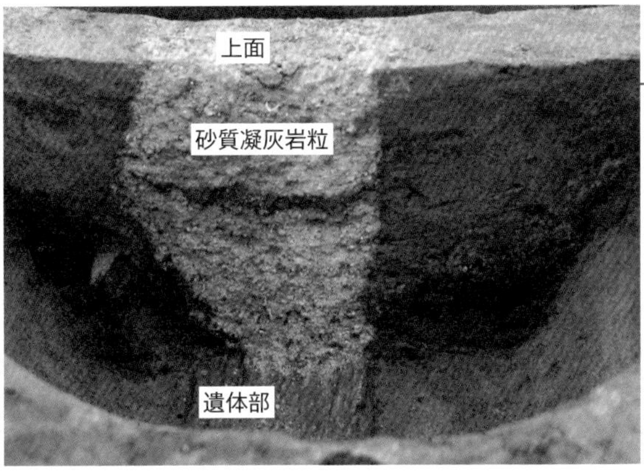

土層断面

砂質凝灰岩粒が、遺体部直上から上面までの覆土中央100×70センチほどの範囲で確認された。

土製品

土坑墓上面に置かれた配石の中心から出土。縄文時代晩期。長さ12.1センチ。

香炉形土器（P-1）

亀ヶ岡文化の影響を受けた土器。その他の土器や土製品と共に出土。縄文時代晩期。高さ19.6センチ。

サメ歯模造垂飾（GP-388）

動物牙製と思われる。上部に三つの穿孔。縄文時代後晩期。長さ5.6センチ。

サメ歯（GP-377）

ホホジロザメの歯。歯茎に穿孔が認められるものもあり、装身具として利用されたと考えられる。長さ1.2～3センチ。

深鉢形土器（GP-900）

縄文時代晩期前葉
口径39.3センチ、高さ31.3センチ

握り石（GP-900）

縄文時代晩期
長さ6.6センチ

続縄文時代～独自文化の発展

東北地方以南に弥生文化が広がる一方、北海道では稲作文化が伝わらないまま縄文時代の生活様式を引き継ぎ、「続縄文時代」が7世紀後半まで展開しました。

縄文文化に比べ、海洋資源への依存度が高まり、これまで利用されていなかった低地部が利用されるようになりました。また、弥生文化・古墳文化との交流・交易が活発になり、鉄器などの金属器が導入され、狩猟、漁労、採集の技術が向上しました。しかし、両文化が融合したものはほとんど見られないことから、本州の文化に取り込まれることなく、北海道独自の文化が形成されていったと考えられます。

続縄文時代前半の遺構では、道南部を中心に広がる恵山文化の土坑墓が多数確認されました。加えて、恵山文化の終わり頃には少数ながらも道央部を中心に広がる後北文化の墓も検出され、両文化の土器が共伴したり折衷的な様相を持つ土器も見つかっています。このことは、両文化の境界としての本遺跡の特徴をよく表しています。

副葬品は、前半期にサハリン産のコハク玉や本州産の碧玉が、後半期にガラス玉などが見られます。碧玉製の管玉については、分析結果から島根県の花仙山産と新潟県佐渡島の猿八産である可能性が指摘されています。

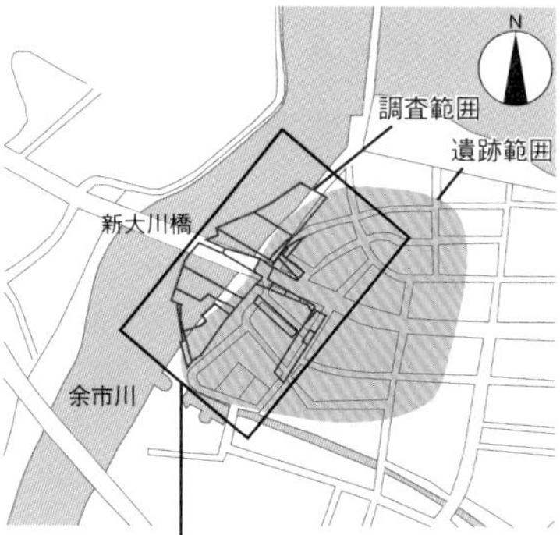

調査範囲と遺構配置図

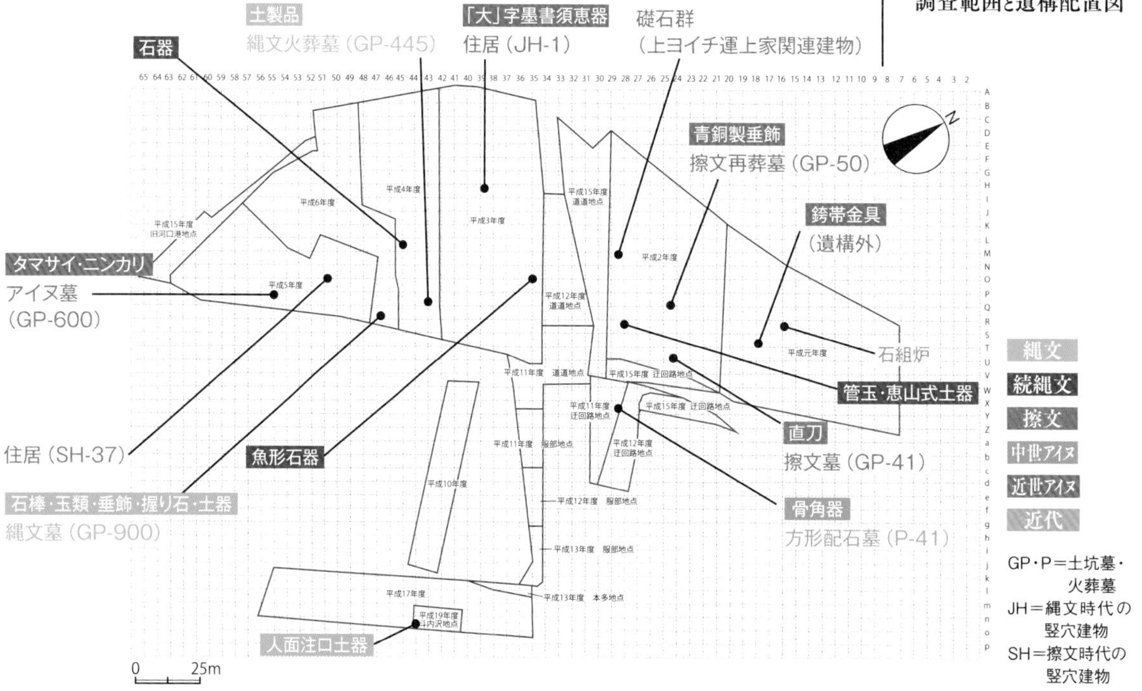

石鏃
黒曜石製・頁岩製。長さ2〜4.1㌢

有柄石器
頁岩製。長さ8.6㌢

続縄文時代の石器（GP-948）
石鏃の場合、恵山文化では細長い有茎鏃（上）が、後北文化では無茎鏃（下）が多く見られる。形態の違いは、各地域の縄文時代晩期の石鏃形態の伝統を引き継いだため。本遺跡では両タイプが副葬品で見られる。縄文時代晩期後葉から見られるナイフとして使われたと考えられる有柄石器も、石鏃や石斧と共に副葬されていた。

恵山文化と後北文化
続縄文時代の北海道には二つの異なる文化が存在しました。一つ目の「恵山文化」は、続縄文時代前期に渡島半島から石狩低地帯までの地域に広がった文化で、石狩低地帯以東の文化と本州の弥生文化の両方の影響を受けており、函館市の恵山貝塚の名称を冠した「恵山式土器」を用います。
二つ目の「後北文化」は、続縄文時代中頃に石狩低地帯を中心に成立し、やがて全道に広まって東北南部にまで進出した文化です。「後北式土器」は、後期北海道式薄手縄文土器の略であり、土器の表面に円形や楕円形の微隆起線文を基調とする文様が施される特徴があります。

続縄文時代の墓
いずれも南東頭位。恵山文化は、平面形が円形で底面にベンガラが散布され、屈葬が多い。土器、石器、剝片が副葬され、魚形石器が出土するのが特徴。後北文化は、楕円形が多く、ベンガラは薄く散布される程度。副葬品は土器、ガラス玉などが多い。

恵山文化の墓（GP-107）

後北文化の墓（GP-88）

魚形石器（GP-179）
恵山文化に伴う特徴的な石器。漁具で、疑似餌や釣り針、錘として利用されたと考えられる。頭部と尾部に線刻溝（▲）が彫られている。副葬品として出土することが多く、恵山文化の儀礼的漁労を示すものと考えられる。続縄文時代前半。長さ20.3㌢。

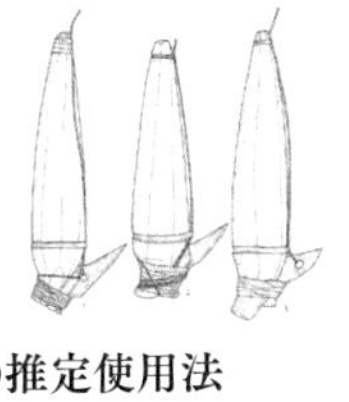

魚形石器の推定使用法
（高瀬克範『続縄文時代の資源利用』2022より抜粋）

碧玉（GP-48）
島根県花仙山産。続縄文時代前半。長さ2〜2.3㌢

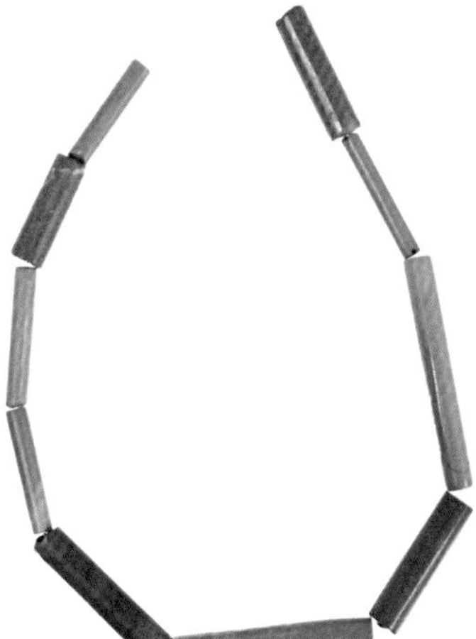

管玉（GP-123）
本州の弥生文化からもたらされた碧玉（緑）製および鉄石英（赤）製の管玉。碧玉の一部は新潟県佐渡島産。鉄石英の産地は不明。続縄文時代初頭。

擦文時代〜活発化する交易

7世紀頃になると、本州の文化の影響を強く受け、生活様式に大きな変化が見られます。この時期は「擦文時代」と呼ばれ、土器からは縄文が消え、本州の土師器に似た「擦文土器」を使用するようになります。交易が盛んになることで、鉄製品が多く流入して石器の利用は減少し、東北地方で生産された須恵器や土師器、米などがもたらされました。住居は炉とカマドを備えた方形の竪穴建物に変わり、狩猟や採集の他に雑穀栽培も盛んになりました。

本遺跡からは約70棟の隅丸方形の竪穴建物が見つかりました。これらはおおむね8世紀から12世紀のもので三つの時期に区分でき、各々10〜15棟単位で集落が営まれていたことが分かりました。また、土坑墓からは擦文時代初頭のものと推定される直刀が確認されました。直刀はフゴッペ洞窟や天内山遺跡からも出土しており、本州の律令国家から北海道へもたらされたようです。さらに、再葬墓の人骨集中箇所から出土した青銅製垂飾は本州に類例がなく、北方からの交易品と推測されます。

この時期（5〜9世紀頃）、道北から道東にかけての地域では、オホーツク文化が広がりました。オホーツク式土器は日本海沿岸や石狩低地帯の遺跡でも確認されており、本州製の刀などが出土しています。本遺跡でもオホーツク文化に関する遺物が見つかり、日本海を通じた交易の中継地や石狩低地帯の玄関口としての役割を果たしていた可能性をうかがわせます。

実測図（SH-37）

6.2×6.1㍍で床面が上下二段のベンチ状を呈している。

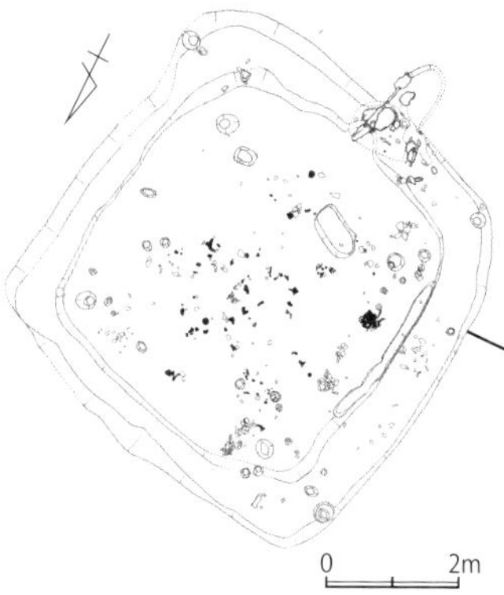

平成5年度の調査地全景（北西から）

擦文時代の隅丸方形の竪穴建物70棟を確認。

竪穴建物のくぼみ（JH-1）

続縄文時代初頭につくられた竪穴建物。覆土から、続縄文時代から近世に至る遺物が5千点以上見つかっている。

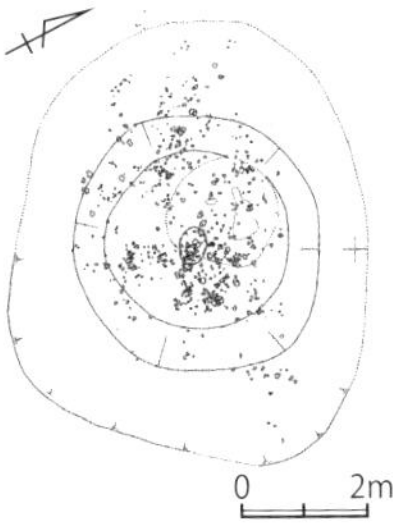

実測図（JH-1）

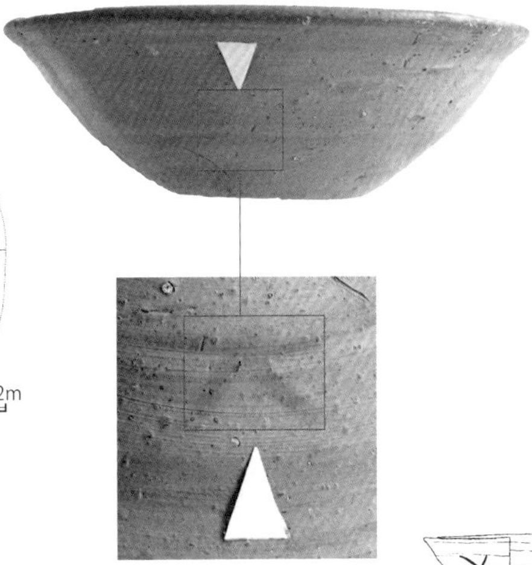

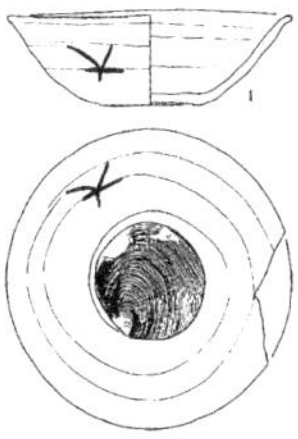

墨書須恵器（JH-1）

「大」の字が見える。「夷」や「大刀」の刻書が見られる土器も見つかっている。擦文時代後半（10世紀頃）。口径13.2㌢。

直刀

奈良時代以前に製作されていた刀身に反りのない刀。北海道に刀が流入し始めた7世紀頃のものと考えられる。深さ約60㌢の楕円形の土坑墓（GP-41）から出土。擦文時代初頭。長さ76.6㌢。

青銅製垂飾

深さ25㌢の楕円形の土坑墓（GP-50）から骨角器と共に出土。オホーツク文化の青銅製鐸（たく）（大型の鈴）とはやや形が異なり、中国内蒙古の出土品との類似が指摘される。擦文時代前半。いずれも長さ2.8㌢。

巡方（じゅんぽう）　丸鞆（まるとも）

銙帯（かたい）金具

律令制度下の役人が使用していた革製の帯金具。巡方には上部2カ所に穴が開けられており、再加工の跡と考えられる。北海道には律令制が及んでいないが、律令国家と何らかの関わりがあったことを示す。擦文時代。幅：巡方3.1㌢、丸鞆4.2㌢

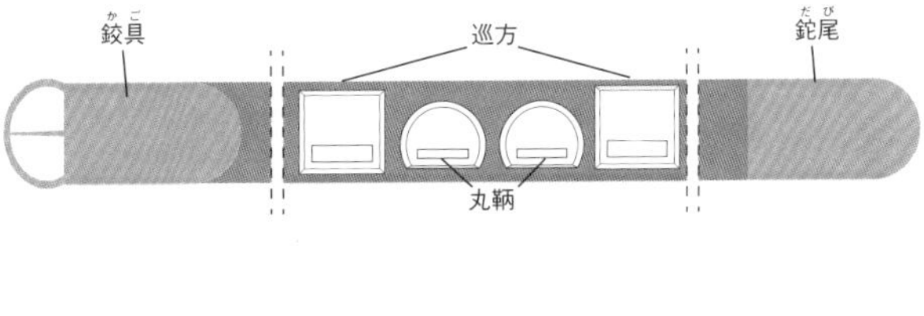

アイヌ文化期～アイヌ文化の形成と確立

北海道は、12～13世紀頃に擦文時代から「アイヌ文化期」に移行したと考えられます。煮沸具が土器から鉄鍋に、住居形態が竪穴式から平地式に変化し、北や南との交易システムが確立して生活品や儀礼品の多くが交易に依存するようになりました。鉄製品や漆製品、絹や木綿の衣類、ガラス玉は代表的な交易品で、こうした品はアイヌ文化の形成に大きく寄与することとなります。

一方で、寛永20（1643）年に成立した松前藩の歴史書『新羅之記録』により、15世紀半ばのコシャマインの戦い前まで、現在の余市町まで和人が進出していたとみられます。

大川遺跡では、中世アイヌ文化期の火葬骨が含まれる方形配石墓（P-41）で、元祐通寳（宋銭）、目貫（刀装具）、座金、鋲、石突、青磁椀などの副葬品が出土しています。また、珠洲焼（石川県）のすり鉢、中国産青磁、和鏡など、本州からの搬入品が多量に出土しており、擦文時代から継続して日本海交易の中継地役を果たしていたことが分かります。

近世（16世紀末）になる頃には、今に続く伝統的なアイヌ文化の様相が明確になります。アイヌのお墓には、漆器、太刀、キセル、鉄鍋などの鉄製品、タマサイやニンカリと呼ばれるガラス玉の装飾品が副葬されます。これらは和人との交易や労働の対価として入手したものと考えられます。

こういった遺構の様相から、アイヌと和人が余市という地で緩やかに接触しながら暮らしていたと推測されます。

火葬骨が含まれる方形配石墓（P-41）

竪穴状に掘り込まれた縦4.8メートル、横4.4メートルの遺構の底面に角礫が直線的に配列され、刀・意図的に曲げられた刀子・骨角器・漆器などを副葬した後に一度火葬して人為的に埋めた後、礫や青磁椀を配して再度焼いたものと思われる。その形態や副葬品から和人墓の可能性や北方とのつながりが指摘されている。中世アイヌ文化期（14～15世紀）。

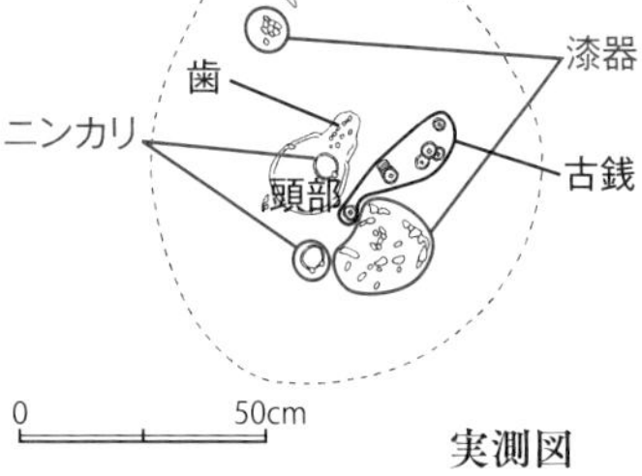

実測図

アイヌ墓（GP-600）

擦文時代の住居のくぼみを利用して作られた土坑墓からガラス玉、ニンカリ（耳飾り）、古銭、漆器などが出土。葬法は仰臥伸展葬。近世アイヌ文化期。多くのアイヌ墓は長方形や長台形を呈する。中世墓では鏡や刀、近世墓では刀や鉄鍋などの鉄製品や漆器、キセル、ガラス玉、古銭などを副葬する。

近世・近代〜ニシン漁と和人の流入

近世に入ると、蝦夷地が約80カ所の「場所」に区分され、各地にアイヌとの交易拠点として運上家（屋）が設けられました。松前藩がアイヌとの交易を独占したことで、古代から続いた本州以南との自由な交易が制限され、交易は和人優位の関係に変化していきました。余市町には上ヨイチ場所と下ヨイチ場所の二つの場所が設定され、双方に運上家が置かれました。大川遺跡は上ヨイチ運上家があった場所で、調査では礎石や矢来（石垣）などが見つかっています。

18世紀以後、ニシン漁が盛んになると、出稼ぎ漁民が流入し、幕末にかけて和人集落が形成されていきました。大川遺跡では、近代のニシンの加工に関係する遺構・遺物が出土しています。

このように大川遺跡は、縄文時代から近代にかけて長期間にわたる文化の交わりや移り変わりが確認できる重要な遺跡です。今後も膨大な遺構や遺物の調査研究を進め、普及活用に努めていきます。

（髙橋美鈴）

アイヌと和人

アイヌはかつて、東北北部、サハリン、千島列島にも住んでおり、「アイヌ語」と呼ばれる言語をはじめ、生活、信仰などで独自の文化様式を持っています。アイヌ以外の人々は、アイヌに対して「和人」と呼ばれます。康正3（1457）年、志苔（函館市）で起きた和人によるアイヌ少年殺人事件を機に、アイヌの首長コシャマインに率いられたアイヌ諸部族と和人の戦争が起きました（コシャマインの戦い）。アイヌが敗れ、以降松前藩の支配が強まっていきました。

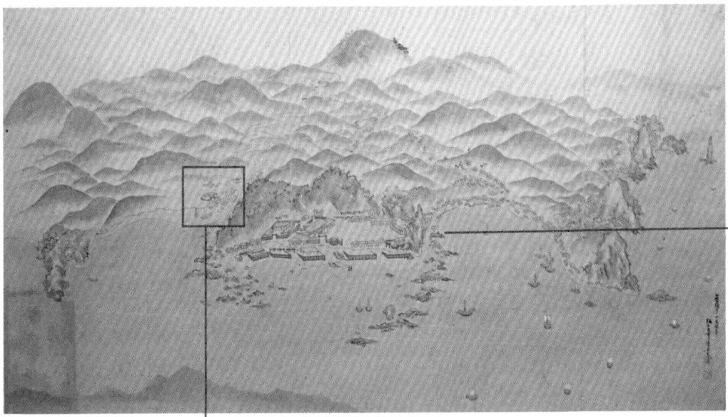

『西蝦夷地ヨイチ生ノ風景』

史跡・重要文化財旧下ヨイチ運上家

旧下ヨイチ運上家は、嘉永6（1853）年にヨイチ場所の請負商人である竹屋林長左衛門によって再建された。現存する唯一の運上家。

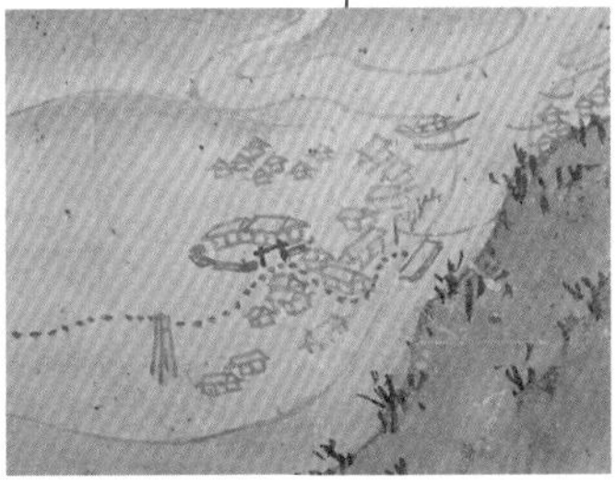

上ヨイチ運上家

大川遺跡の位置に描かれている。

石組炉

ニシンを鉄製の大釜で海水と共に煮て圧搾し、魚肥にするのに用いた炉。近世・近代の石組炉が50基以上出土し、そのうち2基1対と考えられるものが8カ所で確認された。直径1.4〜1.8㍍で、円形あるいは楕円形をしており、地面を掘り込み、角礫や円礫を積み重ねて粘土などで固めている。

縄文時代

側面

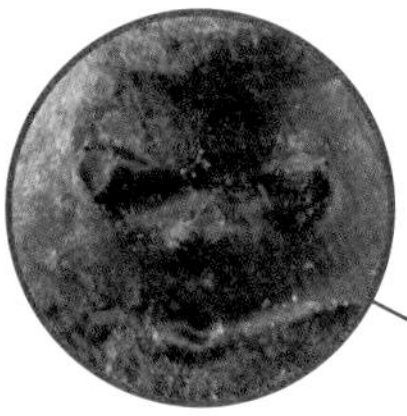

正面

人面注口土器（斗内沢地点）

香炉型の注口土器で、注口下部に人面が表現されている。亀ヶ岡文化の影響を受けた特殊な器形。縄文時代晩期。高さ16.5センチ。

続縄文時代

恵山式土器（GP-123）

恵山式は弥生土器の影響を受けて頸部を持ち、沈線を主体とする文様を持つ。石鏃、管玉、有柄石器などと共に出土。続縄文時代初頭。口径5.35センチ、高さ21.6センチ。

後北式土器（P-98）

2カ所の外耳が付き、わずかに赤色顔料による彩色が施される。後北式は恵山式の深鉢を基本としつつ貼付文が主体で、特に円形や楕円形の隆起線が特徴。続縄文時代中頃。口径15.8センチ、高さ30.0センチ。

擦文時代

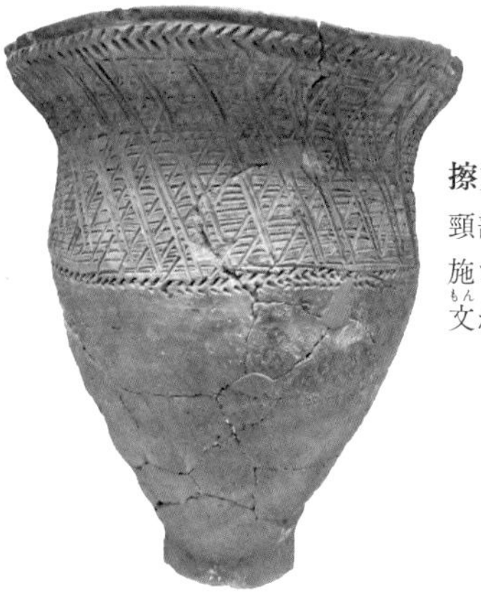

擦文時代中期の土器（SH-38）

頸部のくびれが比較的明瞭で、頸部に施された横走沈線と重ね描きの格子目文が特徴。口径23.6、高さ26.1センチ。

擦文時代後期の土器

直立気味の口縁に並ぶ二重の矢羽状文と、頸部の横並びに連続する鋸歯状文、頸部と胴部を区画する文様が特徴。口径24.8センチ、高さ22.2センチ。

アイヌ文化期

骨鏃（こつぞく）
長さ8.5㌢

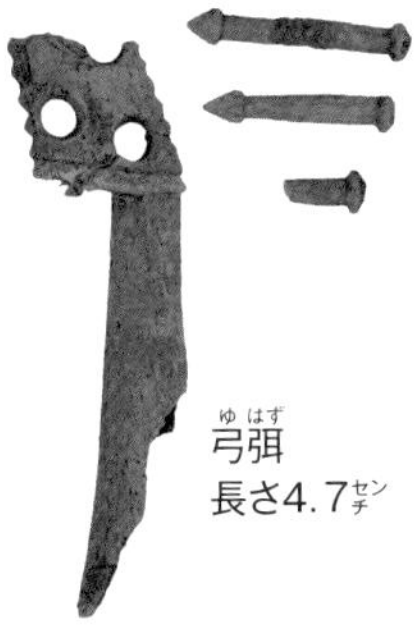

弓弭（ゆはず）
長さ4.7㌢

骨角器

火葬骨が含まれる方形配石墓（P-41）から出土。骨鏃は熱により湾曲している。弓弭とは弓の両端の弦をかける部分。中世アイヌ文化期。

針入れ

動物の骨製。アイヌ文様が彫られている。近世アイヌ文化期。長さ6.7㌢。

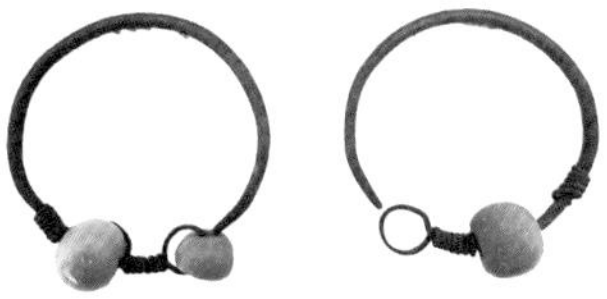

ニンカリ
幅4.8㌢

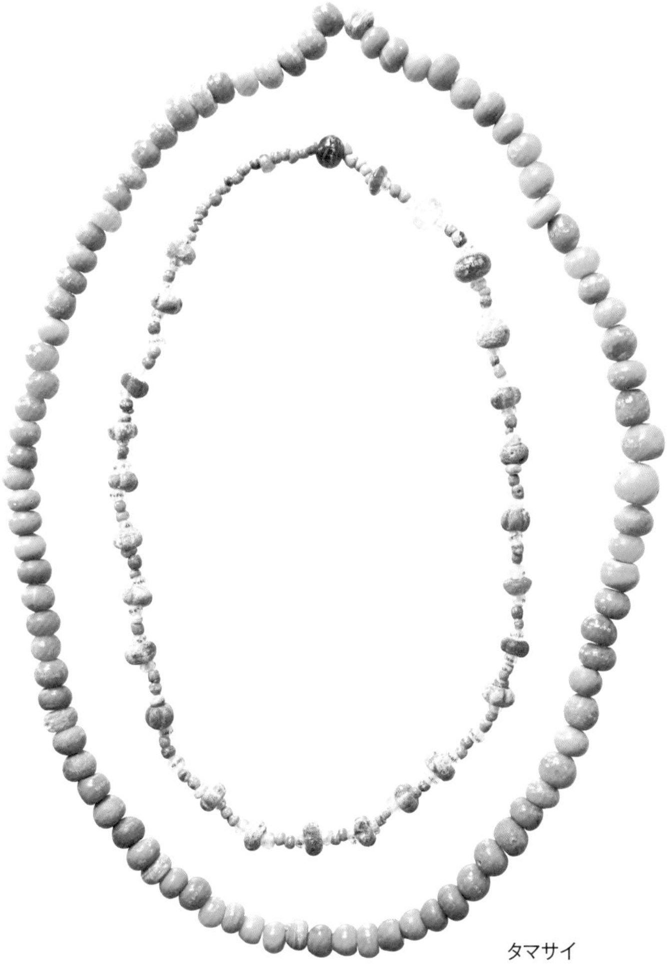

タマサイ

タマサイとニンカリ

ガラス玉で作られたタマサイ（首飾り）とニンカリ（耳飾り）。アイヌ墓（GP-600）から漆器片・刀子・ガラス玉・古銭などと共に出土。近世アイヌ文化期。

我がまちが誇る遺跡

群馬県藤岡市

モノづくりが祈りを繋ぐ

藤岡市は、群馬県の南西部に位置し、東は神流川を隔てて埼玉県に接する交通の要所です。古来より十石街道や下仁田街道が交差する「群馬の玄関口」の役割を担ってきました。現代では、上信越自動車道、関越自動車道が交わる結節点として、その重要性がさらに増しています。

面積は180・29平方キロで、群馬県内で15番目の広さを持ち、人口は6万2千人で県内8番目の規模です。市域は東西に長く、利根川の支流である烏川・鏑川・神流川といった複数の河川に囲まれ、これらが市の北端で合流しています。北部の平野部は、鮎川と神流川が運んだ土砂によって形成された扇状地で、藤岡低地・藤岡台地と呼ばれる平坦な地形があり、現在の市街地が広がっています。南部には関東山地に連なる丘陵地と山間部があります。

変化に富む地形は異なる地質が交わる変換点にあることを示します。そのため、良質な藤岡粘土や美しい緑色の三波石などの豊富な天然資源を採取することができます。こうした資源を活用した瓦作りや石材業など、現在に至るまでモノづくりが盛んです。

藤岡市の位置

★ 製作遺跡
● 製作遺跡以外

藤岡市全景（北から）

両側を河川に挟まれ、中央には河川堆積物が作った扇状地が広がり、現在の藤岡市の市街地が形成されている。写真奥には、関東山地に連なる奥深い山々が控えている。起伏に富み、地形区分が明確なことが大きな特徴。

藤岡市の歴史文化の特性

藤岡市では令和5年から、文化財保存活用地域計画の作成に取り組んでいます。この計画作成の中で藤岡市の歴史文化の特性を明確に定義することを求められました。藤岡市は先史時代から近代にかけて多種多様な遺跡を有しています。これまでは古墳時代の埴輪（はにわ）生産といった特定の時代や遺物の単位で取り上げることが多く、筋金ともいうべき藤岡市の一貫した歴史文化の特性について検討したことはありませんでした。この点が、地域計画を作成するにあたり、大きな課題となりました。

深い検討と問い直しを経て浮かび上がってきたのが、「モノづくり」というキーワードです。ここでいう「モノづくり」とは、単に製品を生産することだけでなく、特定の地域あるいは広範囲にわたる流通ネットワークを持つ「モノ」の生産を意味しています。

この新たな視点に基づき、藤岡市の歴史文化の特性を「モノづくり」という視点から捉え直し、地域の価値を再構成して紹介します。

天然資源を活用したモノづくり

藤岡市は南北に大きな高低差を持ち、北部には河川によって形成された扇状地である藤岡低地や藤岡台地が広がり、南部には関東山地に連なる奥深い山々があります。その中間地帯には、丘陵地が帯状に分布しています。

こうした多様な地形は、藤岡市が異なる地質が交わる変換点であることを示します。この地形や地質的環境を背景として、人々は歴史を紡いできました。市内北部の藤岡低地と台地には、豊富な藤岡粘土を含む粘土層が広がります。低地や台地は先史時代以来、主要な居住域であり続け、藤岡粘土は土器作りに重宝されました。一方、丘陵地は新第三系の地層を基盤とし、凝灰岩や牛伏砂岩が採取できます。そして、山間部には三波川変成帯由来の三波川結晶片岩の露頭が広範囲にわたって見られ、その名称の標式地ともなっています。三波川結晶片岩は河川に押し流され、転石としても豊富に採取することができます。この丘陵部や山間部には、縄文時代の石棒や石剣の製作遺跡や、古墳時代から古代の窯跡といった「モノづくり」に特化した遺跡が見られます。

このように異なる時代の多様な遺跡を、石材や粘土等の多様な天然資源を利用した「モノづくり」をキーとして結び付けることができます。以下では「モノづくり」を彩った主要な遺跡を取り上げて、その特徴を探ります。

藤岡粘土層

藤岡台地に見られる粘土層。浅間山噴火（約2万5000年前）による泥流によって河川がせき止められ、藤岡台地付近に大きな湖ができて堆積した粘土。土器や瓦の材料として使用された。

新第三系の地層

海の底に砂や泥、火山噴出物が堆積してできた海成層。火山灰が固結したものを凝灰岩と呼ぶ。

三波川変成帯

関東から九州に伸びる中央構造線の外帯に存在する地質帯。含まれる岩石は熱や圧力を受けてできた変成岩の結晶片岩類など。

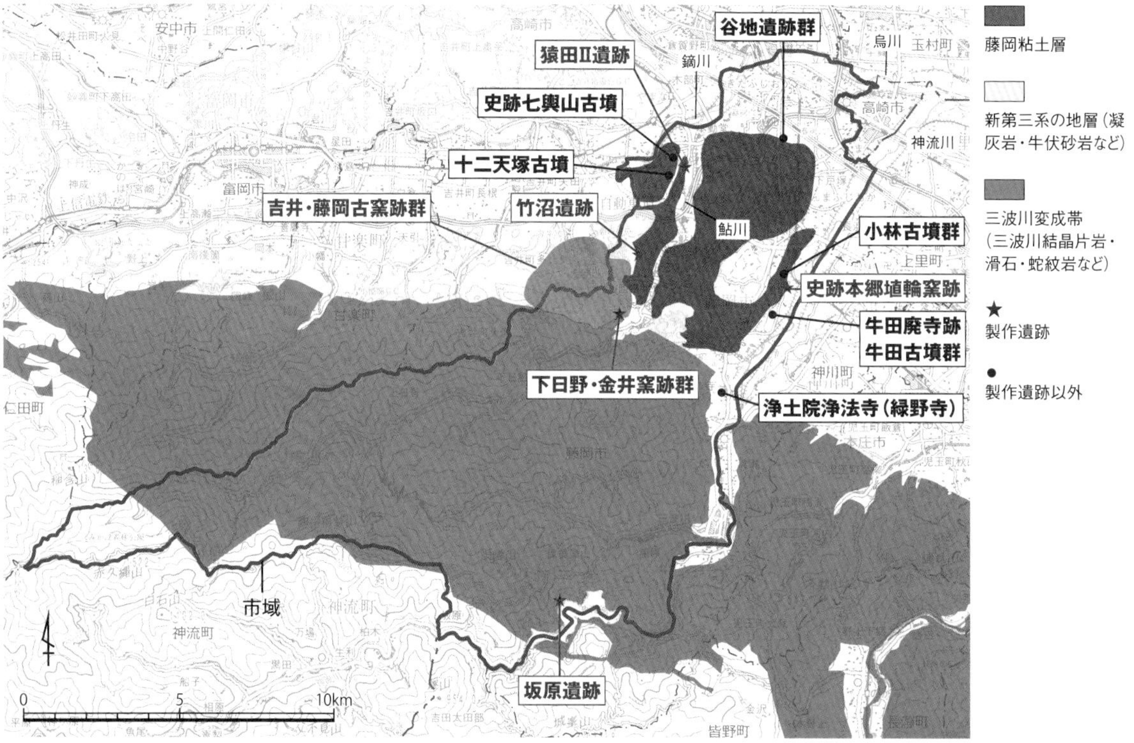

藤岡市域の地質図と遺跡の分布図

縄文人によるモノづくりの始まり

藤岡市のモノづくりの歴史は、縄文時代後期～晩期（約3500～3000年前）の坂原（さかはら）遺跡から始まります。ここは、結晶片岩の一種である緑色片岩を用いて、祭祀（さいし）に使う石棒や石剣を作っていた製作遺跡です。三波川変成帯にある神流川上流の河岸段丘上に位置し、豊富に存在する緑色片岩を材料として容易に確保できました。

ここで作られた石棒や石剣は、平野部の大集落である谷地（やち）遺跡群へと運ばれて使用されました。谷地遺跡群は縄文時代前期から弥生時代前期まで、非常に長い期間継続した遺跡群で、時期によって地点を変えながら遺跡を形成していました。さらに、ここで作られたものは栃木県の史跡寺野東（てらのひがし）遺跡や千葉県西広（さいひろ）貝塚といった関東の各遺跡へも流通したことが分かっており、広範囲にわたるネットワークを築いていたと考えられます。

また、大量に採取可能な結晶片岩類は、遺構の構築材としても広く利用されました。谷地遺跡群では、大規模な配石墓や弧状列石、住居の炉などにこの石材が使われており、身近で豊富に採取できる石材を巧みに使い、縄文人にとって価値ある祭祀の道具などとして活用しています。

坂原遺跡の調査参加者

前列右端が梅澤重昭。

坂原遺跡 | **縄文時代後期～晩期**

山間部の結晶片岩原産地に位置する製作遺跡。昭和42年に神流川中流の下久保（しもくぼ）ダム建設に伴い、群馬県立博物館（現在の群馬県立歴史博物館）の学芸員梅澤重昭（うめさわしげあき）を中心に発掘調査が行われた。現在この場所はダムの底に沈んでいる。

中栗須滝川Ⅱ遺跡全景（上が北）

藤岡台地上に営まれた大集落。北側に弧状列石、南側に住居群が展開する。

住居群

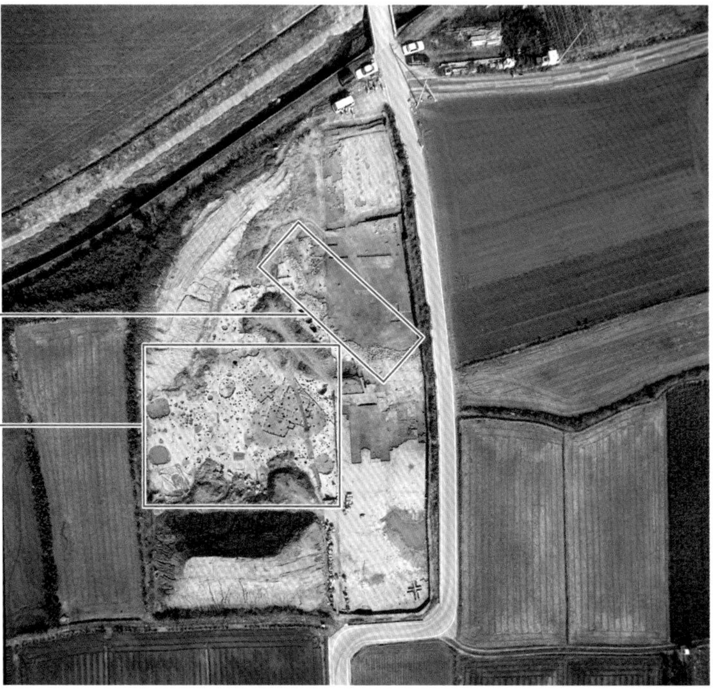

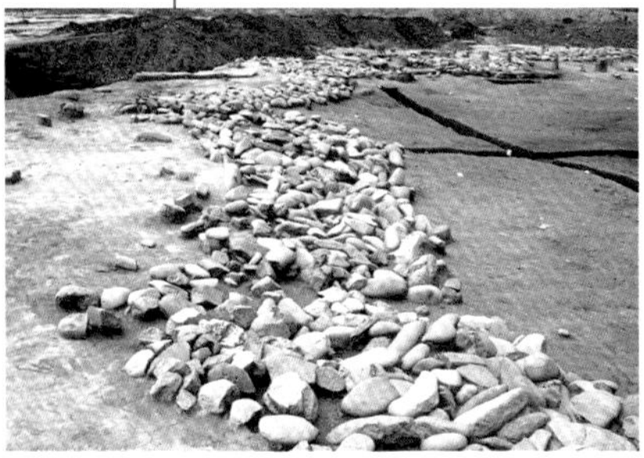

弧状列石

河川で採取された結晶片岩などを用いて構築。石の面や向きがそろっており、明確な意図を持って並べられている。縄文人の祭祀の場であったと考えられる。

谷地C遺跡（上が北）

中栗須滝川Ⅱ遺跡の北側の低地に位置する。結晶片岩を使った配石墓群。

配石墓

細長い結晶片岩で蓋がされていた。

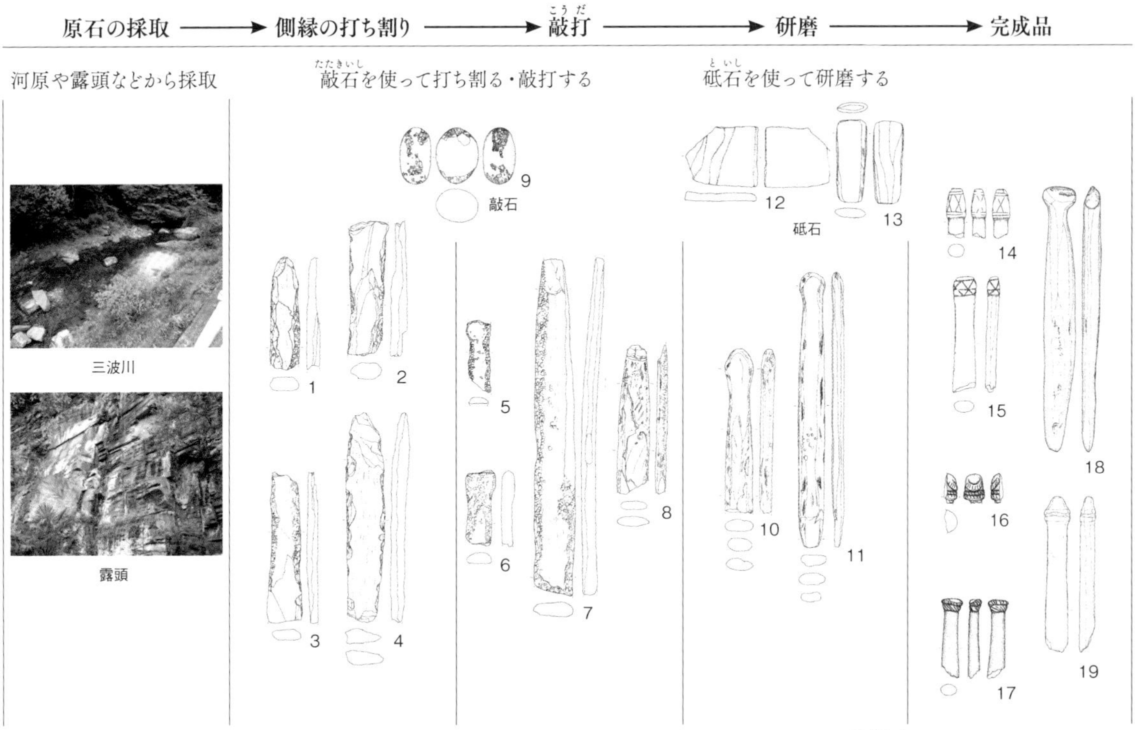

緑色片岩を用いた石剣の製作工程

山間部の坂原遺跡では、「原石の採取」から「研磨」まで各段階の資料が見つかったが、平野部の谷地遺跡群では「完成品」の出土量が圧倒的に多い。

1〜13：原ヶ谷戸遺跡（埼玉県深谷市）
15・19：谷地遺跡群 谷地遺跡（藤岡市）
16〜18：谷地遺跡群 中栗須滝川Ⅱ遺跡（藤岡市）

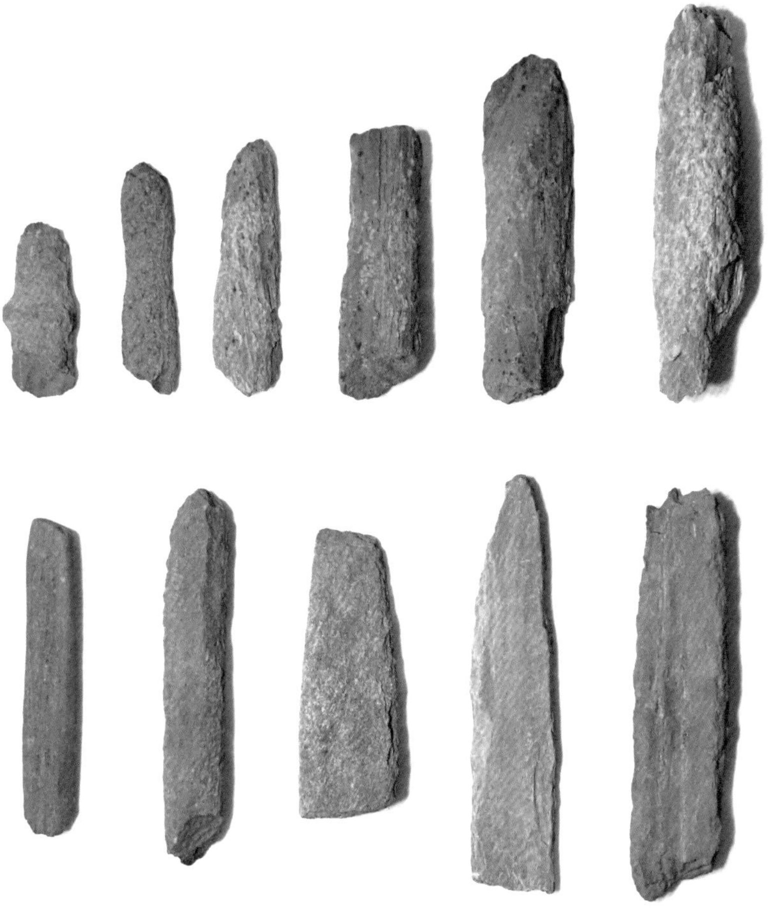

石棒・石剣・独鈷石の未成品（坂原遺跡）

緑色片岩製。

表面の敲打痕

石製品の形を整える「敲打」段階の資料には、表面にクレーター状のへこみがたくさん残っており、縄文人の丁寧な仕事ぶりがうかがえる。

古墳人が製作・利用した石製品

古墳時代には、三波川変成帯で産出する滑石や蛇紋岩など、加工しやすい平滑な軟質石材を使用して、刀子形や斧形などの農工具類、剣形などの武器・武具類、有孔円板といった石製模造品、勾玉や臼玉といった玉類などが製作されました。石製模造品は、4世紀に畿内で生み出され各地へ波及したもので、5世紀には種類や形を変えながら関東で流行します。

石製模造品は、当初は古墳などに副葬されました。古墳時代中期(5世紀中葉)に、史跡白石稲荷山古墳やその陪塚とされる十二天塚古墳から豊富な石製品が出土しています。白石稲荷山古墳など群馬県南西部の西毛地域から出土する石製模造品の特徴が、福島県で出土するものと類似することから、石製模造品を用いた祭祀の導入と東北への波及という点で、この地域が重要な役割を果たした可能性が指摘されています。

時期が下ると、石製模造品は古墳の副葬品から古墳以外の場での祭祀用具へと変わっていきます。これにより高まった需要に応えるように、石製品の製作工房が数多く確認できるようになります。その一つが竹沼遺跡です。古墳時代後期(6世紀後半)の竪穴建物26棟のうち、9棟で石製模造品の製作工房が確認されています。多量の石材や未成品が出土しており、石製品製作の工程を知る上でも重要です。

滑石や蛇紋岩製の玉類は、古墳時代終末期(7世紀)の牛田古墳群で副葬品として出土しており、古墳時代の終わりまで副葬されたことも分かっています。

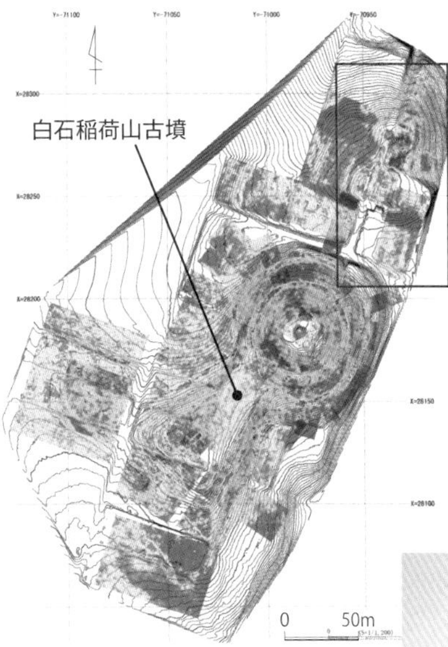

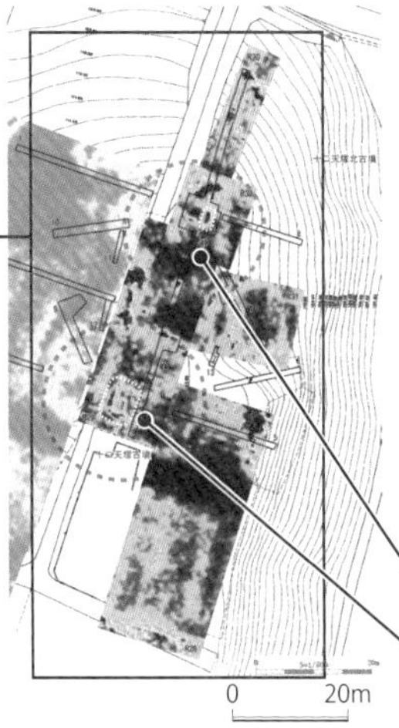

十二天塚古墳 | 古墳時代中期

十二天塚古墳は、主墳である白石稲荷山古墳の北に位置する。現況では墳丘は削平され確認できないが、平成31年の早稲田大学による地中レーダー探査で、円墳であることが明らかになった。白石稲荷山古墳は5世紀前半に造られた墳長約150㍍の前方後円墳で、昭和8年に後藤守一らによって墳頂から2基の礫槨が発見された。白石稲荷山古墳、十二天塚古墳、十二天塚北古墳の3基が白石稲荷山古墳として史跡に指定されている。

地中レーダー探査図

レーダー探査図では、水分量が少ない箇所が赤く表現される。古墳では葺石などが赤く反応する。

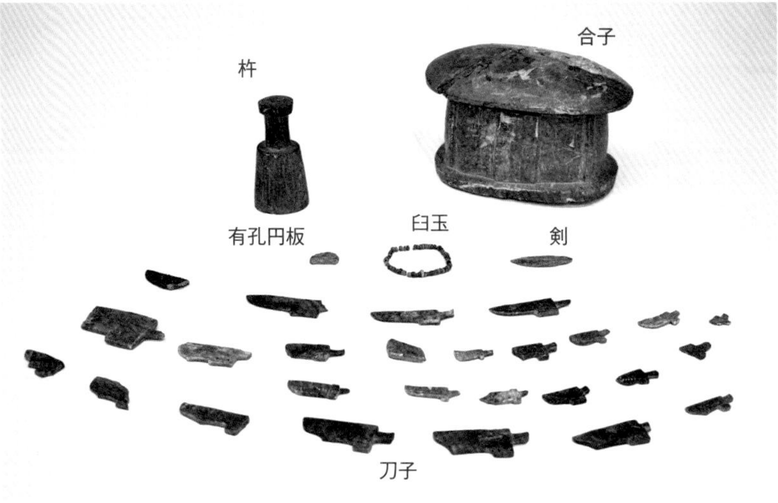

石製模造品(伝十二天塚古墳出土)

地域の首長墓である前方後円墳の副葬品と比較しても遜色がない豊富な石製模造品が採集されている。合子・杵・刀子・剣・有孔円板・臼玉といったバラエティーに富んだ構成。三波川変成帯の滑石製や蛇紋岩製。

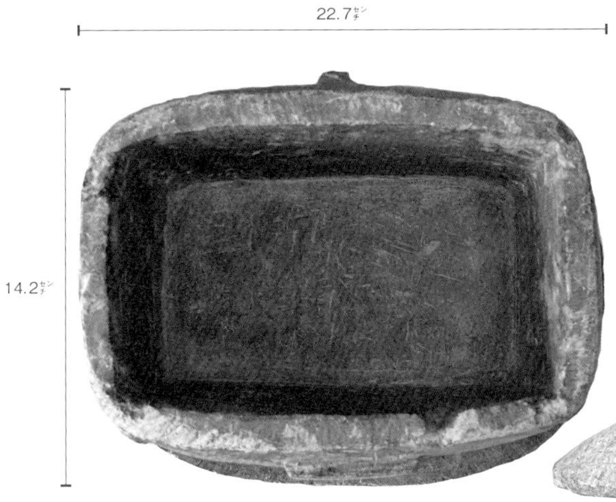

滑石製合子（伝十二天塚古墳出土）

蓋と身から成り、内部は空洞で家形埴輪を模している。古墳周辺で採集された資料であり、出土状況など不明な点が多いが、聞き取りによって、発見時には中に刀子形石製模造品が納められていたことが分かっている。滑石製合子の使用方法が推定できる貴重な事例。現在のところ、東国で唯一の出土例。

竹沼遺跡 | 古墳時代後期

石製紡錘車の出土状況

紡錘車は糸を紡ぐための道具。

石製模造品製作工房の出土状況

石製模造品を製作した竪穴建物が見つかり、覆土から大量の未成品が見つかった。有孔円板や臼玉も出土。

石製紡錘車の製作工程を示す出土品（竹沼遺跡）

原石の分割から粗割り、整形、研磨までの一連の作業手順を復元できる。右端の紡錘車の直径4.1センチ、厚さ1.4センチ。

埴輪生産と在地石材を用いた古墳造り

石材だけでなく、低地や台地で採れる藤岡粘土も重要な天然資源です。この藤岡粘土は、縄文時代から土器の素地として利用されてきましたが、古墳時代に入ると組織的かつ大規模な埴輪生産が始まりました。

藤岡では古墳時代中期の古墳は少なく、埴輪窯はいまだ確認されていませんが、古墳時代後期になると古墳が爆発的に増加し、それに伴い埴輪の需要が高まり大規模生産が開始されたと考えられます。胎土に海綿骨針と結晶片岩を含む「藤岡産埴輪」と呼ばれる埴輪は、市内だけでなく、河川に囲まれた水利の便の良さを利用して、群馬県西部・中部地域や神流川流域の古墳にも供給されるようになりました。

古墳時代後期（6世紀）には神流川流域の史跡本郷埴輪窯跡で、多様な埴輪が大規模に生産されました。また、古墳時代後期前葉（6世紀前半）の史跡七輿山古墳には、鮎川流域の猿田Ⅱ遺跡で生産された埴輪が供給されていました。

市域内で1500基以上造られた古墳には、古墳の外表を覆う葺石や石室の構築材として、三波川変成帯の結晶片岩をはじめとした河川礫が大量に使われています。古墳時代終末期（7世紀）の牛田古墳群では、大小の結晶片岩を組み合わせた美しい壁面が特徴の模様積石室が確認され、滑石や蛇紋岩で作られた勾玉・臼玉、須恵器大甕といった副葬品が出土しています。さらに、新第三系の地層から切り出された凝灰岩や牛伏砂岩も、古墳の石室構築材として利用されています。

史跡七輿山古墳｜**古墳時代後期**

墳長150㍍の前方後円墳で、6世紀代では東日本最大級。平成30年の早稲田大学による地中レーダー探査により、南側に開口する横穴式石室の位置が判明した。

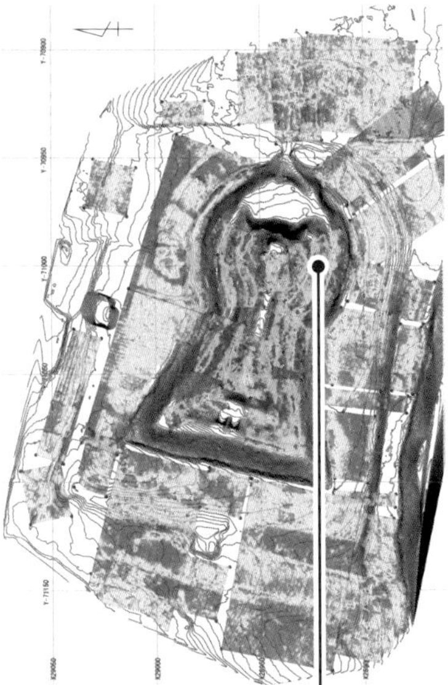

地中レーダー探査図

埴輪の出土状況

七輿山古墳の埴輪は隣接する猿田Ⅱ遺跡で焼かれたことが分かっている。赤い色調のものが多く、七輿山古墳南側台地上で採取できる鉄分を多く含んだ粘土を使用して作られた可能性が高い。

小林（こばやし）古墳群 | 古墳時代後期

1号古墳の埴輪出土状況

直径16㍍程度の円墳だが、その大きさにそぐわないほど多種多様な埴輪が見つかった。埴輪は近接する本郷埴輪窯跡で焼成されたもの。七輿山古墳とは埴輪の色調が異なり、オレンジ色を呈したものが多い。6世紀後半。

1号古墳の葺石と附け基壇

河川で採取される結晶片岩類を大量に使い、古墳の外表に葺石と附け基壇が造られている。藤岡市内のほとんどの古墳は葺石が葺かれ、豪壮な外見のものが多い。

神田（じんだ）・三本木（さんぼぎ）古墳群 | 古墳時代後期

11号古墳の凝灰岩を使用した横穴式石室

横穴式石室に凝灰岩を使用した古墳が複数発見された。凝灰岩は方形に加工されて積まれており、表面には加工時の工具痕がはっきりと残っている。6世紀後半。

凝灰岩に残る工具痕

牛田古墳群 | 古墳時代終末期

2号古墳の模様積石室

直径約11㍍の円墳に、近隣の河川から採取できる珪岩（けいがん）と結晶片岩を巧みに組み合わせて石室を構築。細長い形状のため、小形の石材でも奥行きが取れるという結晶片岩類の特質を生かし、たくさんの小形石材を使用している。7世紀中葉。

飛び石模様に石が並ぶ石室の側壁

水鳥形埴輪（小林古墳群）
クチバシの表現などから鵜を表現したものと考えられる。縦22.5㌢。

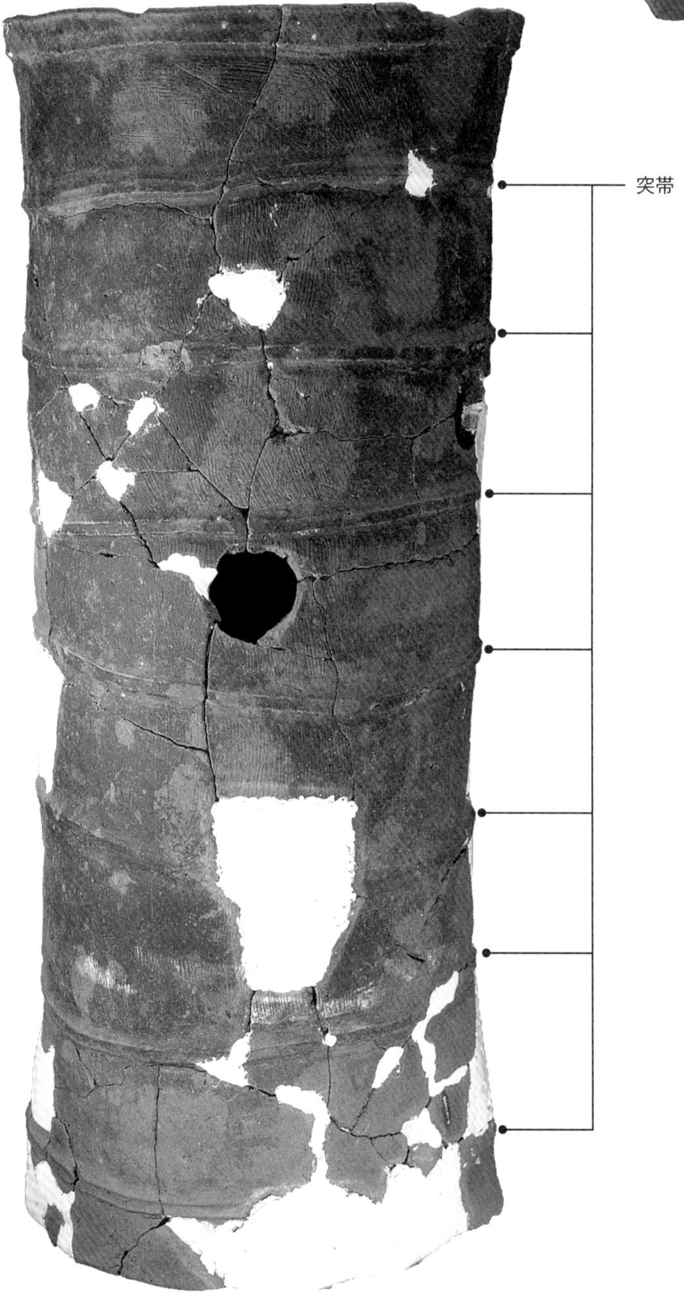

円筒埴輪（七輿山古墳）
突帯が7条あり、1㍍を超える大型埴輪。貼付口縁や低位置突帯、最下段突帯への断続ナデ技法など在地では技法の系統が追えず、製作技術の特徴が近畿の埴輪と類似する。墳丘規格が大阪府史跡今城塚古墳と相似形であり、この円筒埴輪の系統も今城塚古墳に求められると考えられる。高さ136㌢。

正面　　右側面

盾持人埴輪（小林古墳群）

古墳を守るガードマン。高い鼻と大きな耳が特徴で、耳には巨大な耳環、首には首飾りが表現されている。高さ46センチ。

人面付円筒埴輪（小林古墳群）

円筒埴輪に人面が付いた非常に珍しい埴輪。鼻が高く、頭部には冠を表現。高さ30.5センチ。

古代群馬を代表する大工業地帯

古代になると、生産拠点を山間部へ移してモノづくりが続きました。下日野・金井窯跡群（吉井・藤岡古窯跡群内）では、須恵器や瓦を大規模に焼成していました。この窯で焼かれた瓦は、奈良時代（8世紀前半）に牛田廃寺や前橋市上野国分寺へ供給されていたことが確認されています。吉井・藤岡古窯跡群は、藤岡市だけでなく高崎市吉井地域まで広がっており、古代群馬最大の大工業地帯だったことが分かっています。

さらに、在地産の石材は古代の信仰の場でも使われました。奈良に唐招提寺を開いた鑑真の高弟である道忠が奈良時代（8世紀後半）に創建した浄土院浄法寺は、古代には当時の郡名である「緑野郡」と同じ「緑野寺」と呼ばれ、郡を代表する寺院でした。境内にある聖徳太子供養塔は、近年の詳細な研究を通して古代に造られた「浄法寺層塔」であることが明らかとなりました。浄法寺層塔には藤岡市喜蔵塚古墳や神田・三本木古墳群などの横穴式石室で使用される凝灰岩と大きさが似た同一の在地石材を使用し、古代の石塔である群馬県山上多重塔や長野県方田の石造多層塔と形態が類似することから、造立年代を推定することができました。さらなる発掘調査で供養塔の役割や石工集団との関係が解明されることが期待されます。

牛田廃寺復元図（画：進藤環）

中央の茶色の建物が牛田廃寺。

牛田廃寺跡 | **奈良時代**

集落内に造営された小規模な寺院。金堂とみられる建物（1号建物）が見つかり、基礎には掘込地業が施されていた。外装の一部には瓦積基壇が造られ、基壇周囲から大量の瓦が出土。8世紀前半創建。

掘込地業

地盤を強固にするため地面を掘り下げ、粘土・砂・礫などを突き固めながら埋め戻す古代の土木工法。

牛田廃寺跡の瓦出土状況

1号建物（金堂）から大量の瓦が出土。瓦は藤岡市内の吉井・藤岡古窯跡群で焼成されたもの。

石塔

浄土院浄法寺境内に聖徳太子供養塔の名で伝わる。凝灰岩で造られた下部の2石は古代に造立された「浄法寺層塔」のもので、何らかの理由で聖徳太子供養塔として積み直された。

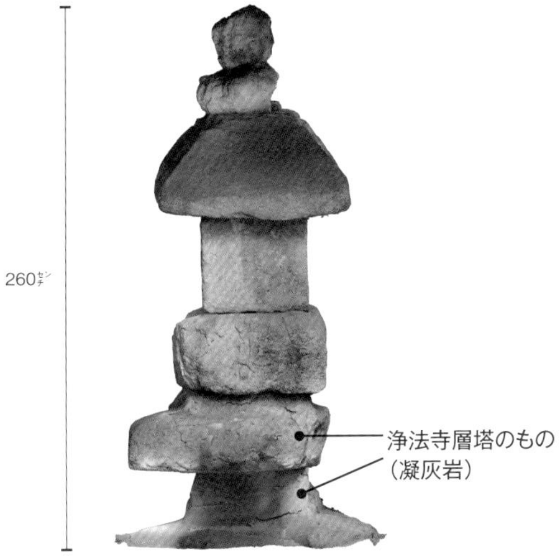

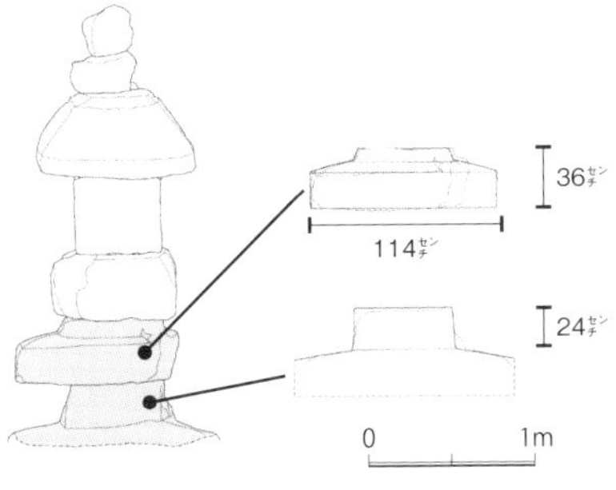

南面現状図　推定復元図

山王廃寺系軒丸瓦（牛田廃寺跡）

創建時は山王廃寺系の複弁六弁軒丸瓦が使われた。この軒丸瓦は前橋市の史跡山王廃寺跡で最初に使用され、その後、群馬県西部や福島県太平洋岸地域などに限定的に広まった。

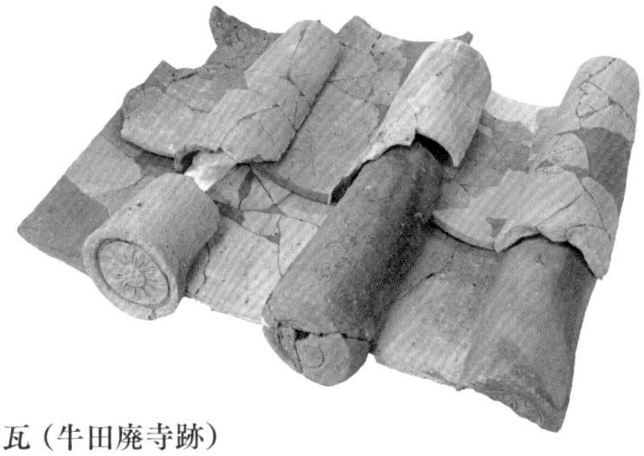

瓦（牛田廃寺跡）

明るい色調のものが多く、多彩な屋根景観で遠くからでも目立つ建物であったと考えられる。

浄土院浄法寺（緑野寺）｜奈良時代

山間部への入り口付近に位置する。東国における仏教布教の拠点であったとされる。山門には現在も「緑野教寺」の額が掛かっている。

モノづくりから広がる交流と信仰

藤岡は、豊富な天然資源を活用し、大量生産と流通を行って、各時代の生産工場として重要な役割を担ってきました。さらに、ここで生産されたモノは、市域での使用にとどまらず、広範囲の流通ネットワークを築いてきました。

今回紹介したように、縄文時代には三波川結晶片岩を使用した石棒や石剣の製作における山地と平野間のネットワークが形成され、製品は広域に供給されました。そして、古墳時代には埴輪や石製品（石材）、古代には瓦や須恵器が製作されました。このモノづくりは江戸時代には生糸の生産、そして近現代の藤岡瓦作りへと連なっていきます。モノづくりは、藤岡に多様な「場」を生み出し、それぞれの時代を彩ったといえます。

藤岡で「作る」のは、物質的な製品に限定されません。作られたモノは、各時代の信仰や祭祀の場で使われ、人々の精神的な拠り所を創出する道具となりました。例えば道忠によって建立された緑野寺は、『続日本後記（しょくにほんこうき）』にあるように他国の写経の見本となる一切経（いっさいきょう）を備え、弘仁（こうにん）8（817）年に天台宗の開祖最澄（さいちょう）が訪れた際には9万人の人々が集まったと伝えられる信仰の一大拠点となっていました。これらの信仰の場で使用されたのは、藤岡で作られたモノでした。

独鈷石・石剣

表面が滑らかに磨かれた完成品。谷地遺跡群出土。平野部の集落に持ち運ばれたものの多くが火を受け、細かく割れていた。祭祀に使用されたと考えられる。

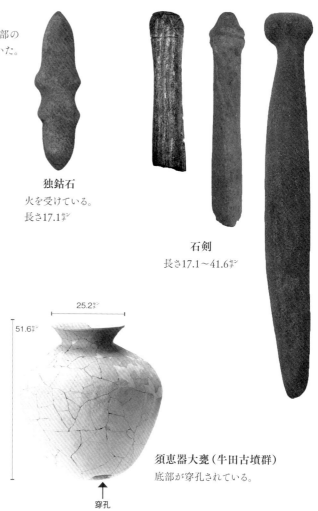

独鈷石
火を受けている。
長さ17.1ｾﾝﾁ

石剣
長さ17.1～41.6ｾﾝﾁ

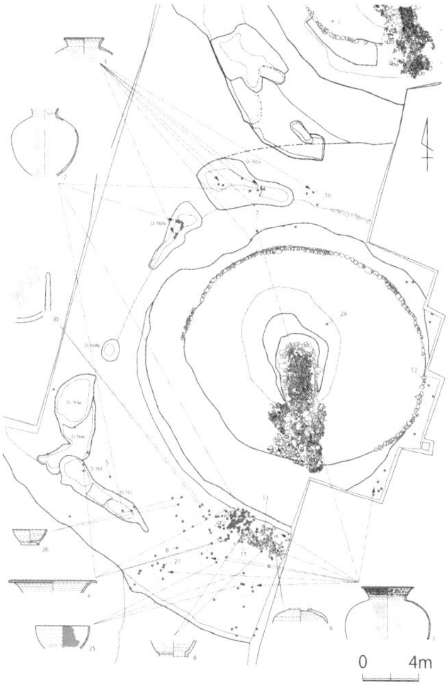

牛田古墳群の須恵器大甕出土状況

古墳周溝から多くの須恵器大甕が見つかった。古墳時代終末期になると古墳に埴輪は据えられなくなる。牛田古墳群では底部を穿孔した須恵器大甕を使った祭祀が行われた。

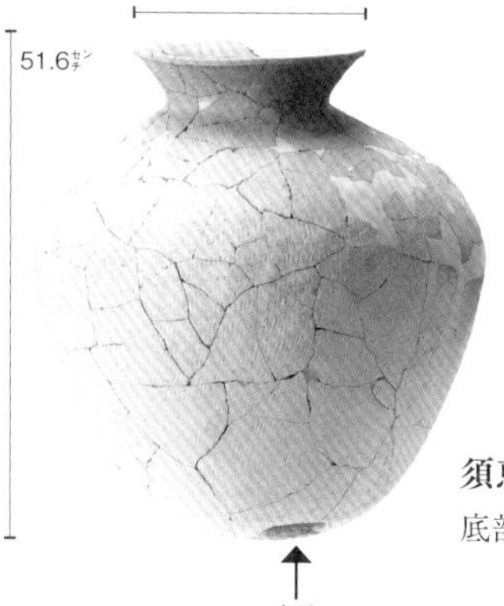

須恵器大甕（牛田古墳群）
底部が穿孔されている。

先史時代から続く藤岡のモノづくりとその利用の伝統は、新しい技術の開発にもつながっています。高山長五郎（たかやまちょうごろう）が考案した近代的な養蚕法「清温育（せいおんいく）」は、養蚕農家の収穫量と経営の向上に寄与しただけでなく、高山社（たかやましゃ）や分教場を通じて全国にその飼育方法を広め、養蚕事業の中心地となりました。養蚕飼育法の全国的スタンダードを形成した功績が評価され、高山社発祥の地である史跡高山社跡（たかやましゃあと）は世界遺産「富岡製糸場と絹産業遺産群」の構成資産となりました。このような技術革新の流れは、零戦（ゼロ）を開発し、日本の航空技術を世界水準に押し上げた藤岡市出身の堀越二郎（ほりこしじろう）のような人物が育つ土壌を生んだといえるかもしれません。

藤岡におけるモノづくりの伝統は現代においても継続しており、工業団地の造成や鬼石（おにし）地区でのアート活動といった新たな形で受け継がれています。

藤岡市の文化の底流には、モノや技術を創り出し、それらを広めるエンジニアの伝統が流れています。モノづくりはそれだけで完結することはなく、広範囲に広まることで他者や他地域との交流を生み、さまざまな信仰とも結び付きました。各時代に応じたモノづくりを起点として、多様な要素が絡み合い、醸（かも）されることで、藤岡市独自の特色を形づくってきたのです。

（文挟健太郎）

藤岡市の歴史文化の特性

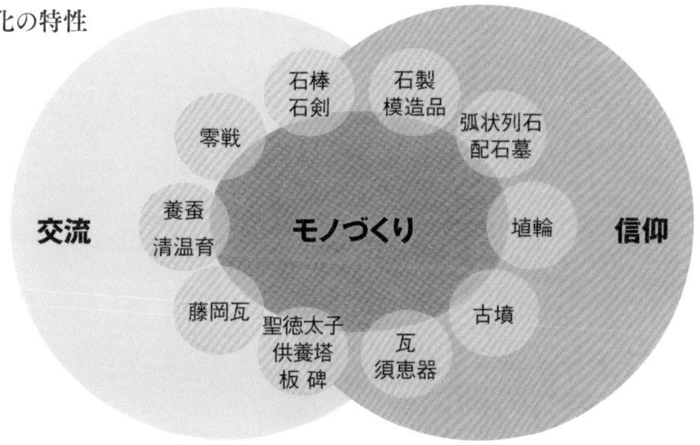

史跡高山社跡

平成26年に世界遺産に登録された「富岡製糸場と絹産業遺産群」の構成資産の一つ。画期的な養蚕法である「清温育」を開発し全国に普及したことで、絹産業の発展と日本の近代化に貢献した。

平成から令和にかけて造成、整備された東平井（ひがしひらい）工業団地

昭和30年頃の藤岡瓦作り

新発見考古速報

Recent Excavations of the Archaeological Sites

縄文時代

縄文時代は世界的に気候が温暖化し、日本列島では東日本に落葉広葉樹林、西日本に照葉樹林が定着します。安定した環境生態系は人々に豊かな実りをもたらし、定住を可能としました。これらの環境を背景に、集落の形態は墓域や貝塚、祭祀(さいし)の場や水場などを含む大規模で複合的な構造をとるものが見られるようになります。今回、唐堀(からほり)遺跡では水場遺構における生業や祭祀を、史跡真福寺(しんぷくじ)貝塚では環状盛土遺構(かんじょうもりどいこう)や貝塚を、美々(びび)4遺跡では多様な墓制をそれぞれ紹介します。

	旧石器時代		
B.C.11000 （B.C.13000） ※1	縄文時代	草創期	土器が使われ始め、定着的な生活が始まる
B.C.10000 B.C.9000 B.C.8000 B.C.7000 B.C.6000	縄文時代	早期	気候温暖化により海面が上昇する（縄文海進） 貝塚が形成され、大規模集落が出現する 漆の使用が始まる
B.C.5000 B.C.4000	縄文時代	前期	縄文海進がピークを迎える 日本列島全体で貝塚が広く分布する
B.C.3000	縄文時代	中期	土偶や石棒を用いた祭祀が行われ始める 東日本で環状集落が多く営まれる
B.C.2000	縄文時代	後期	寒冷化が進み、海面が下がる。
B.C.1000	縄文時代	晩期	亀ヶ岡文化が栄える 九州北部で水稲耕作が始まる
B.C.300 （B.C.800） ※2	弥生時代		

史跡 真福寺貝塚

唐堀遺跡

美々4遺跡

※1　年代の（　）は炭素14年代測定法による較正年代
※2　縄文時代晩期後半を弥生時代早期とする地域もある

縄文

美々4遺跡

北海道千歳市

遺跡斜面部の遠景（令和5年度、北西から）

美々4遺跡は空港の制限区域内にあり、奥が滑走路。右の林の部分に美沢川が流れる。

Data

縄文時代後期末～晩期初頭（約3000年前）

新千歳空港内の大規模墓群

美々4遺跡は千歳市南部の新千歳空港用地内に位置します。苫小牧市との境を流れる美沢川の左岸、標高5～20メートルの南向きの緩斜面に立地し、北の台地部から斜面部、南の低地、さらには現在の河床にまで広がります。美沢川流域は遺跡の宝庫で、旧石器時代からアイヌ文化期まで、各時期の遺跡が集中しています。

発掘調査は新千歳空港の建設・整備に伴って行われてきました。開港までの昭和51～60年度調査（昭和調査）、管理用道路敷設に伴う平成6・7年度調査（平成調査）、そして令和3年度以降は平行誘導路複線化整備に伴う調査（令和調査）が行われました。

これらの調査では、土坑墓の他、周堤墓や盛土墓（墳墓）といった縄文時代後晩期の各種の墓が発見され、さらに、重要文化財に指定された動物形土製品など貴重な遺物が多数出土しました。その結果、この遺跡の全域に、縄文時代後期末から晩期初頭にかけての墓域があることが明らかになり、北海道内有数の縄文時代の遺跡としてその名が知られるようになりました。

昭和調査では、台地部分で周堤墓や周溝墓といった大規模な集団墓が発見されました。特に周堤墓は北海道特有の墓で、外径が数メートルから数十メートルのものもあります。同じ千歳市にある世界遺産「北海道・北東北の縄文遺跡群」の構成遺産である史跡キウス周堤墓群では、周堤の外径が83メートルにも及ぶ超大型のものもあります。美沢川に接する低地部では盛土墓（墳墓）が発見されました。これは遺体を土坑に埋めるのではなく、火山灰などを盛って埋葬するものです。

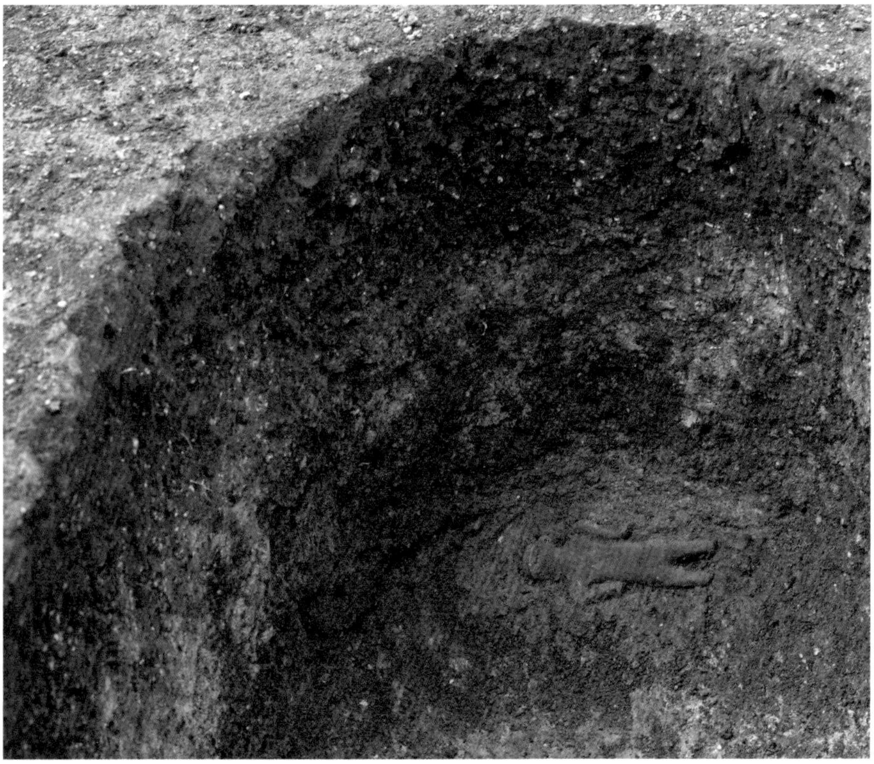

土偶が出土した土坑墓（昭和58年度）

土偶

土坑墓の床面から出土。ベンガラに覆われており、うつ伏せの状態で見つかった。副葬品と考えられる。土偶が墓の中から完形の状態で出土するのは珍しい。高さ20ｾﾝﾁ。

新千歳空港と遺跡群

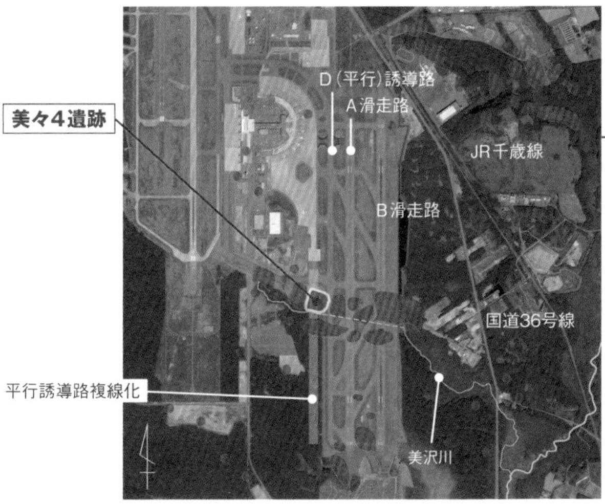

遺跡の位置

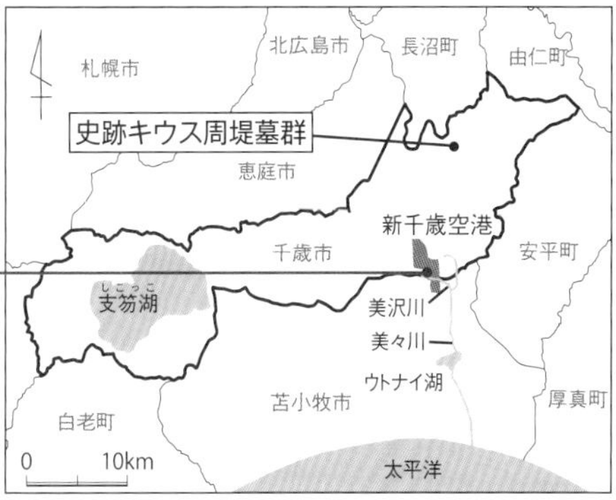

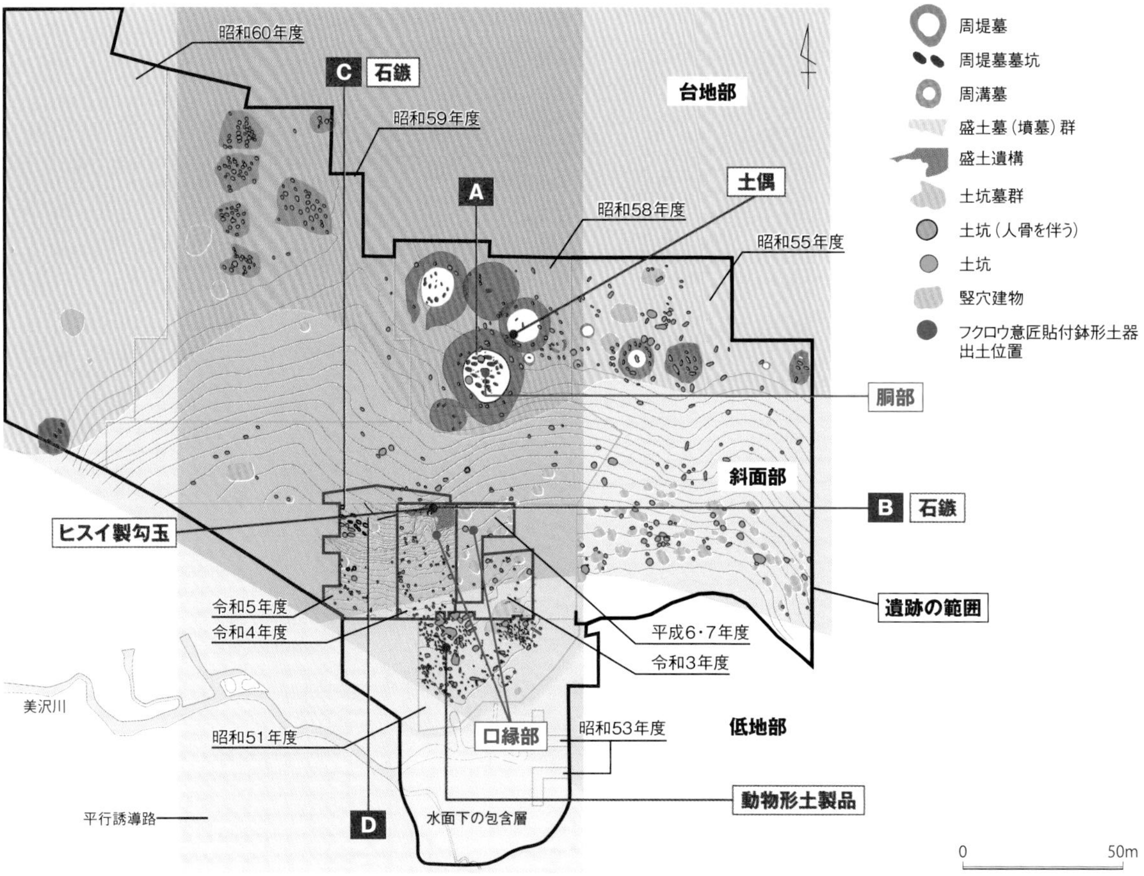

各年度の調査区および出土遺構位置図

この墓域からは重要文化財の動物形土製品が出土しています。

平成調査では、台地と低地の間の斜面部を調査し、狭い調査面積ながら膨大な量の縄文時代後晩期の土器や石器が出土しました。平成7年度に斜面部から出土したフクロウ意匠土器片と昭和58年度に台地の周堤墓から出土した土器片が接合したことで、遺跡内の台地と斜面部が一体的に利用されていたことが分かりました。

令和調査でも斜面部を対象に調査しました。膨大な量の出土遺物の中には、ヒスイ製勾玉や土製の耳栓（耳飾り）などの装飾品類が多く含まれます。また、エゾシカやイノシシ、イヌなどの焼けた獣骨片が多いことも特徴です。このような遺物の出土状況から、この斜面部は祭祀や儀礼が行われていたとされる盛土遺構に相当するものと考えられます。

令和5年度の調査では人骨を伴う土坑墓10基が確認されました。本遺跡において斜面部での複数の土坑墓の確認は初めてで、さらに西側の令和6年度の調査区にも広がる可能性があります。新たな墓域の発見として注目されます。

このように、本遺跡で明らかになった周堤墓や盛土墓（墳墓）に代表される各種の墓の形態やその在り方は、北海道内のみならず、縄文文化の墓制を考える上でも貴重な事例です。（藤井　浩）

土坑墓

地面に円形または楕円形の穴を掘り遺体を埋めたお墓。

周堤墓・周溝墓

円形の竪穴を掘り、土を周囲に盛り上げて周堤（A の薄黄色の輪郭部分）を築き、主にその内側に墓抗を造るタイプの共同墓地。縄文時代後期の北海道にのみ見られる。周溝墓は溝を円形または馬蹄形に巡らして、その内側に墓坑を設けるお墓。

盛土墓（墳墓）

遺体をくぼんだ地面に置き、その上に火山灰を盛り上げて盛土を造るタイプのお墓。支笏や恵庭岳の火山灰が使われた。複数の遺体を一緒に埋葬する合葬墓と考えられる。調査当時は「墳墓」と称されていた。

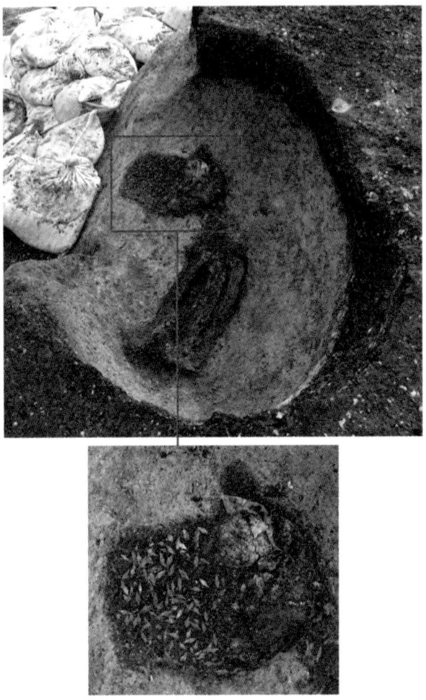

B 石鏃が副葬された土坑墓（令和4年度）

A 台地部の周堤墓群（昭和58年度、右上が南）

C 斜面部の土坑墓群（令和5年度）

A 周堤墓の調査状況（昭和58年度）

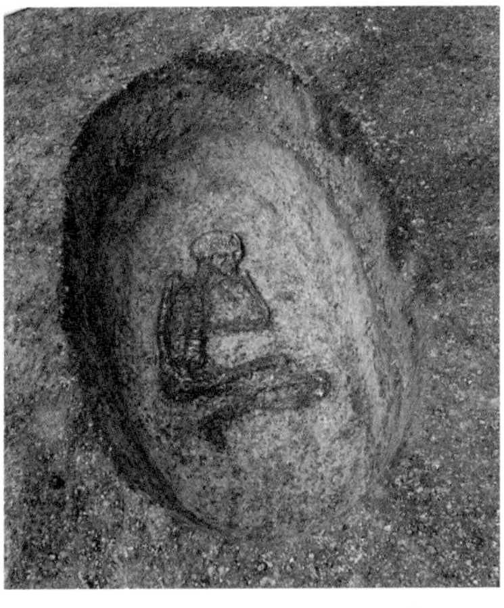

D 人骨の出土状況（令和5年度）

C 石斧と石鏃が副葬された土坑墓（令和5年度）

平成7年度出土

令和4年度出土

フクロウ意匠貼付鉢形土器

口縁部にフクロウと思われる突起状の装飾が付く。周堤墓から出土した胴部（昭和58年度）と、斜面部から出土した口縁部の破片（平成7年度）が接合した。これらの出土地点は約50メートル離れている。復元すると、6点のフクロウが口縁を巡ると推定。令和4年度調査で新たに3点のフクロウ装飾が出土し、残り2点の発見が期待される。高さ28センチ。

北海道埋蔵文化財センター展示室のキャラクター「フクロウ博士」

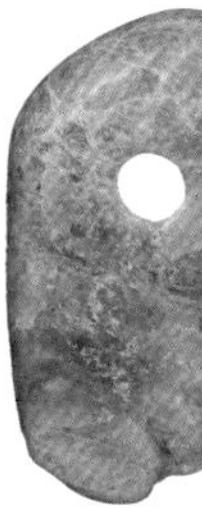

ヒスイ製勾玉

（令和4年度、盛土遺構出土）

側面にいくつもの刻みを入れたD字形で、獣形勾玉と呼ばれる。ヒスイは新潟県糸魚川産。本遺跡ではこれまでに100点を超えるヒスイ製玉が出土しているが、そのほとんどが土坑墓や盛土墓（墳墓）に伴う副葬品だった。今後の調査によって墓以外の出土が増える可能性もある。長さ3.3センチ。

耳栓

（令和5年度、盛土遺構出土）

ピアススタイルの土製耳飾り。盛土遺構に相当する斜面部の堆積から出土。令和調査での出土数は破片を含めると100点近くに及び、北海道内最多。土製玉や有孔球状土製品なども出土している。直径5センチ。

有孔三角形岩版

（令和5年度、盛土遺構出土）

獣骨や装飾品などが集中した斜面部で出土。扁平な凝灰岩の1面にのみ模様を彫り込み、孔を1カ所開けている。祭祀との関わりが考えられる。幅9.7センチ。

石鏃

（土坑墓出土）

二つの土坑墓から副葬された状態で見つかった。令和4年度に157点、令和5年度に363点が出土した。全て黒曜石製で、同じ大きさ、有茎タイプ。墓に石鏃を数多く副葬する事例はこの時期の北海道内に多く見られる。長さ約2センチ。

北海道埋蔵文化財センター展示室のキャラクター「びびちゃん」

動物形土製品

（昭和51年度、低地部出土）

盛土墓（墳墓）墓域からバラバラの状態で出土。カメや水鳥、アザラシのような海獣にも見える不思議な姿。出土した場所や、その特殊な形から祭祀に関わる遺物と考えられる。重要文化財。長さ31.5センチ。

※参考資料。展示はレプリカです。

アンモナイトの化石

（昭和55年度、斜面部出土）

ユーパキディスカス属ハラダイ種のアンモナイト。北海道浦河地域の産地から縄文人が採集して持ち込んだものと考えられる。中心部に孔が開けられており、装飾品の可能性がある。長さ9.6センチ。

水場遺構（西から）

手前の上流側から貯水場、作業場、水路。石や横木を使って貯水場や作業場、水路をつくる。中央の作業場の底に見えるのは巨礫。

縄文

唐堀遺跡

群馬県東吾妻町

Data

縄文時代後期～晩期（約4500～2500年前）

縄文人の生業や祭祀の実態を示す山あいの水場遺構

唐堀遺跡は、関東北西部の標高約400メートルの山間地に位置し、岩櫃山の雄大な断崖を見上げる吾妻川中流域の狭い下位段丘面に立地しています。10キロほど上流には紅葉が美しい吾妻峡や八ッ場ダム、川原湯温泉があります。上信自動車道の建設に伴い発掘調査を実施し、縄文時代後期から晩期の水場遺構や竪穴建物、土坑、配石、集石が見つかりました。遺物は、土器や石器の他、彫刻のある木柱や土偶、耳飾り、石製品、さらにトチの実やクルミの殻、動物骨などが多数出土しました。竪穴建物は2棟しか確認できなかったため、集落遺跡ではなく、木の実加工のための生産遺跡と考えられます。

注目されるのは水場遺構です。主にトチの実を水にさらしてアク抜きを行うためにつくられた施設で、縄文時代後期後葉から晩期前葉（約3400～3150年前）にかけて200年以上にわたり利用されていました。全長は約20メートルで、上流より貯水場→作業場→水路→廃棄場という全体構造が明らかになりました。

水場遺構のうち、作業場は径1・6メートルもの平らな巨礫の上につくられ、ここに貯水場から清流を流して水にさらし、水路へと排水していました。谷地部には弧状に石を積み重ねた弧状石組みがつくられていました。廃棄場はトチの実の殻を捨てた場所で、大量の殻が何層も堆積していました。また、作業場の脇から灰層が検出され、

遺跡遠景（東から）

遺跡全景（南西から）

水場遺構は段丘崖から豊富に湧き出る水を利用するため、段丘崖直下につくられた。岩櫃山の麓にはハート形土偶で有名な郷原（ごうばら）遺跡がある。

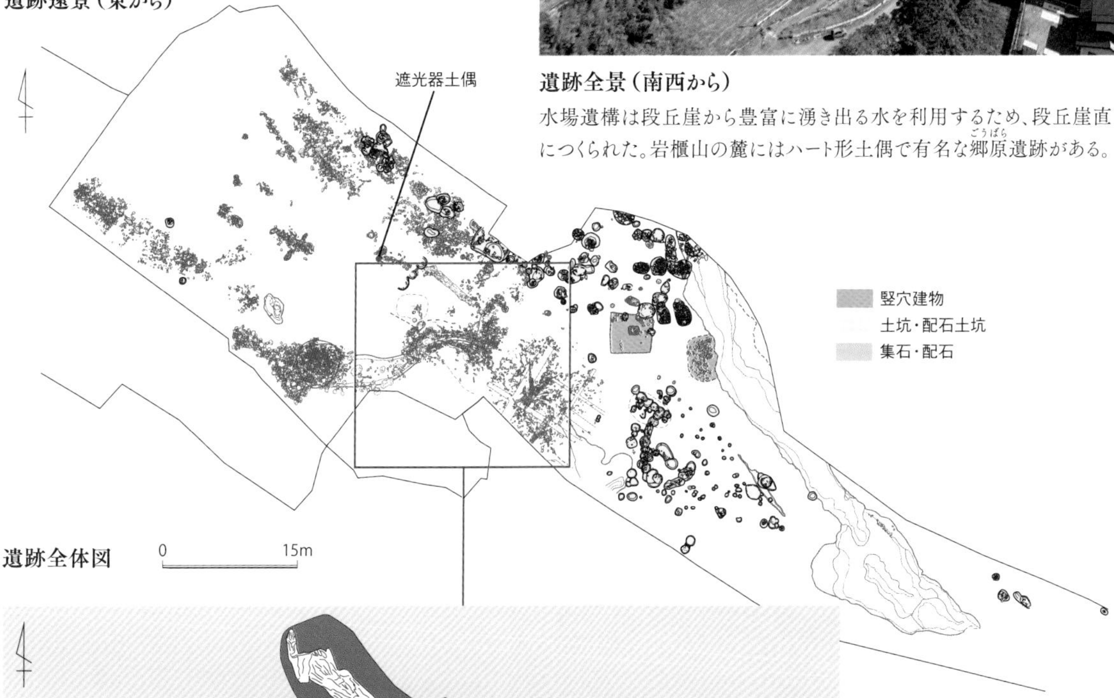

遺跡全体図

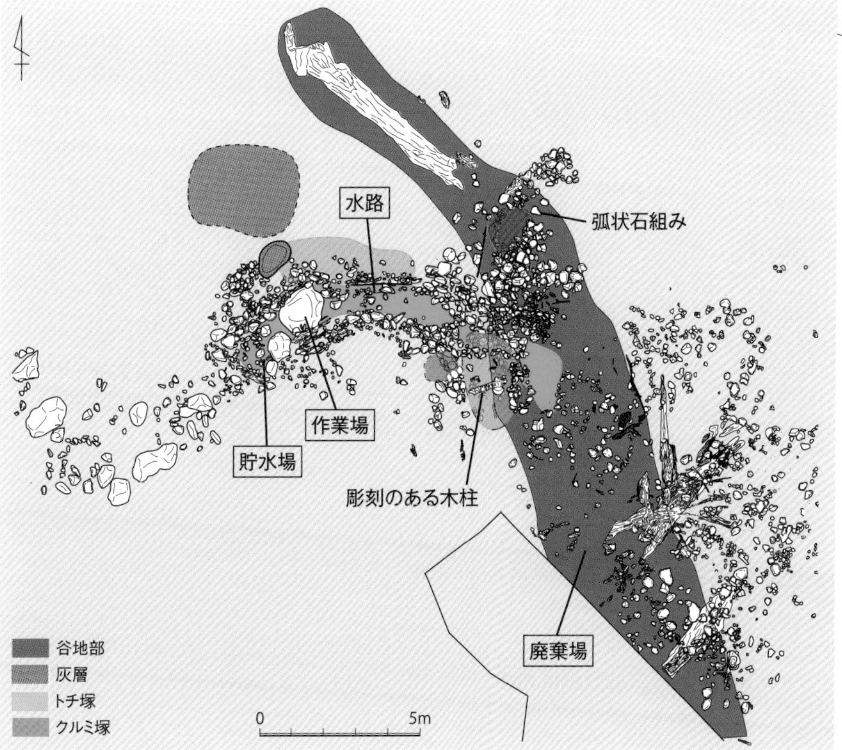

水場遺構全体図

廃棄場から出土したトチの実の殻

廃棄場の堆積状況（東から）

トチの実の殻の層（黒い層）と砂層（灰色の層）が交互に堆積。深さは約1.5メートル。殻の層の厚さは最大で20センチもあった。最上層部（左上の穴の部分）に彫刻のある木柱が埋まっていた。

彫刻のある木柱の出土状況（上が北）

水場遺構・水路下流部の石組みの下から出土。彫刻面を上に向けて平らに置き、木柱の周りに石や土をかぶせて埋納したと考えられる。

灰を使ったアク抜き（灰あわせ）が行われた可能性を示しています。

彫刻のある木柱は、水路の石組みの下から出土し、祭祀に伴って水場遺構に埋納したものとみられます。完形の大型品で全長153センチ・最大幅36センチ、丸い木柱を角柱状に4面加工し、そのうちの1面にだけU字形文様が陽刻されていました。樹種はクリで、約3240年前の伐採と年代測定されました。縄文時代の彫刻木製品としては石川県真脇遺跡、岩手県萪内遺跡に次ぐ全国3例目の発見です。縄文人の精神文化の奥深さを考える上で貴重な遺物といえます。

遮光器土偶は、幅12センチの頭部破片で、完形なら高さ30センチほどの大型品と推定されます。丸く膨らんだ大きな目と丁寧な磨きが特徴的で、赤く塗られていた痕跡が残っています。胎土はきめ細かく、他の土偶や土器の胎土と異なるため、亀ヶ岡文化の本場である東北で作られ、遠く群馬の唐堀遺跡まで運ばれてきたと考えられます。

石製品は、ヒスイ製垂飾や勾玉などの装身具、石棒、岩版、独鈷石などの他、人の姿と顔を表現した妖精のようにも見える不思議な形の石製品も出土しました。土製品は玉類の他、破片を含め800点ほどの耳飾りが出土しました。耳飾りは直径約1～10センチと大小さまざまで、文様の種類も豊富で赤彩や黒漆のものもあり、色鮮やかな装身具を身に着けた縄文人の姿が想像できます。また、彫刻のある木柱のU字形文様に似た文様を持つ耳飾りもあります。

水場遺構は、木の実の残滓だけでなく、木柱、土偶、岩版、石棒などの祭祀関連遺物、玉類、耳飾りなどの装身具も出土したことから、食料加工の場だけでなく、祭祀の場でもあったと考えられます。

唐堀遺跡は、関東北西部の山あいの地に暮らした縄文人の食生活や精神文化、地域間の交流の様子を知る上でとても重要です。（関口博幸）

彫刻のある木柱

角柱状に整形し、1面に連続するU字形文様を彫刻。周りを削り落としてU字形文様を浮き出させている。木柱の中心に突起部（◀）があり、ここを基点にして上下対称に同じ形・大きさ・深さ・間隔のU字形文様を彫刻している。完形品で、樹種はクリ。全長153センチ、最大幅36センチ。彫刻部分の長さ87センチ、幅23センチ、彫刻文様の高さ3～5センチ。縄文時代後期後葉（約3240年前）。

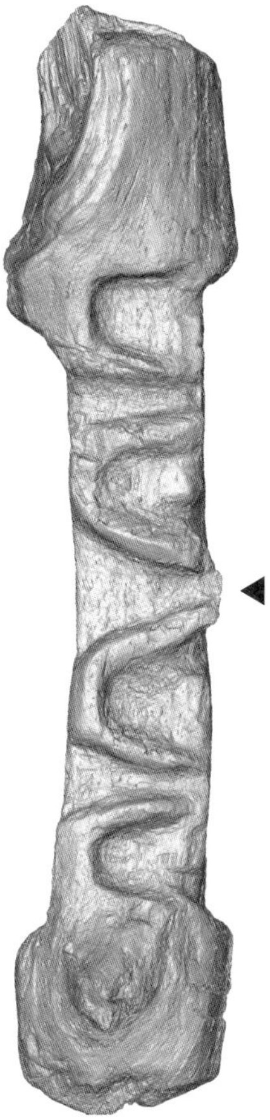

3D陰影図

正面

右側面

木柱出土状況（東から）

左側面

正面

遮光器土偶の頭部破片

丸く大きく膨らんだ目が特徴的で、表面は丁寧に磨かれている。文様の隙間に赤彩の痕がわずかに残る。胴部や手足の破片は見つからなかった。高さ9.3センチ、幅12センチ。縄文時代晩期（約3100年前）。

独鈷石

磨製石器の一種。仏具の独鈷に似ていることからこの名がある。両端がとがり、真ん中に柄を付けられるようになっている。石英閃緑岩製。長さ135ミリ、幅63ミリ、厚さ47ミリ

石棒

折れた状態で出土。

左：変玄武岩製。長さ100ミリ、幅48ミリ

右：緑色片岩製。長さ164ミリ、幅32ミリ

石冠

磨製石器の一種。冠の形に似ていることからこの名がある。石材を丁寧に加工して作られている。儀器として用いたと考えられる。粗粒輝石安山岩製。

長さ73ミリ、幅101ミリ、厚さ58ミリ

石製品

妖精のような不思議な形をしている。茶色に変色しているが、もとは白色。流紋岩凝灰岩製。

長さ63ミリ、幅35ミリ、厚さ11ミリ

岩版

柔らかい石材を長方形や楕円形に平らに加工し、円、楕円、渦巻きなど幾何学的な文様を刻んだもの。これは渦巻きが描かれている。流紋岩凝灰岩製。

長さ93ミリ、幅35ミリ、厚さ21ミリ

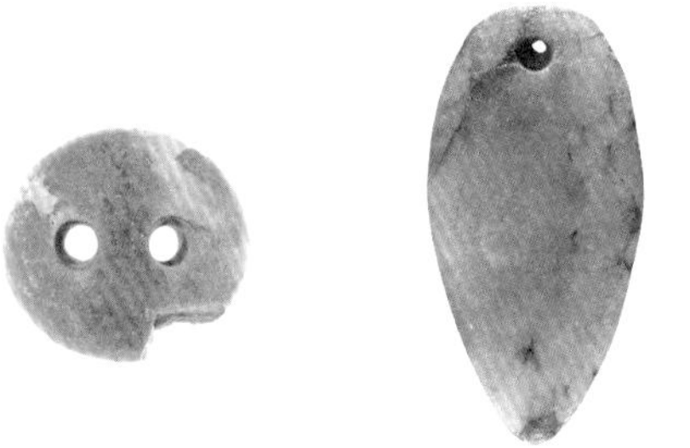

ボタン状石製品（左）とヒスイ製垂飾（右）

左：変質デイサイト製。長さ30ミリ、幅32ミリ、厚さ7ミリ

右：長さ43ミリ、幅22ミリ、厚さ7ミリ

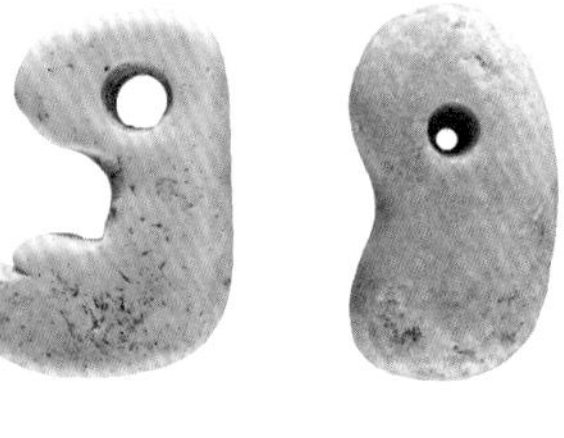

勾玉

左：流紋岩凝灰岩製。長さ22ミリ、幅16ミリ、厚さ6ミリ

右：ヒスイ製。長さ22ミリ、幅13ミリ、厚さ8ミリ

平玉

葉ろう石製。

長さ14ミリ、幅12ミリ、厚さ6ミリ

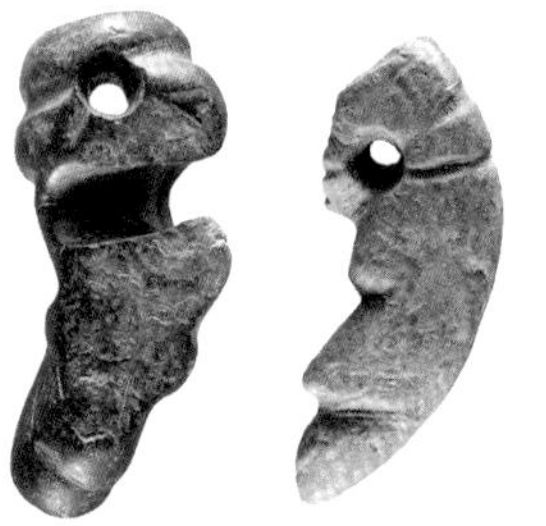

垂飾

左：蛇紋岩製。長さ31ミリ、幅14ミリ、厚さ8ミリ

右：滑石製。長さ35ミリ、幅16ミリ、厚さ9ミリ

彫刻のある木柱のU字形文様に類似

精巧な彫刻文様

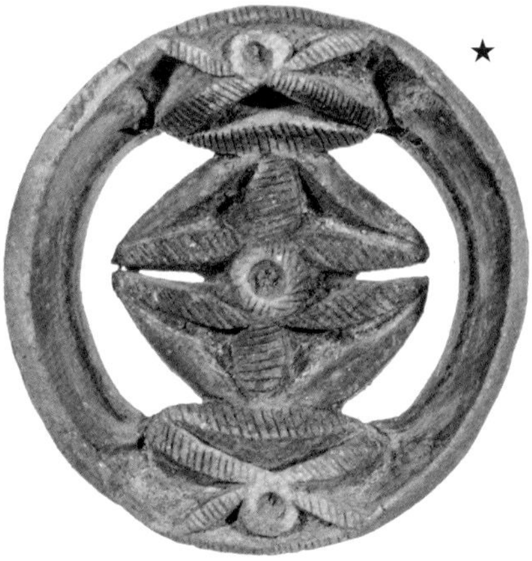

★

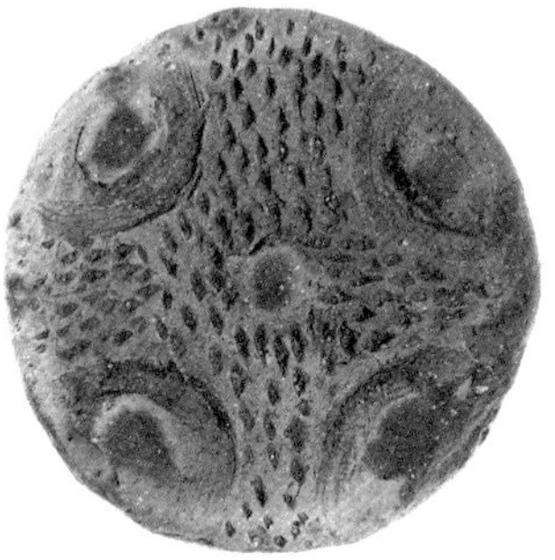

同一規格
左の重さ40.2グラム

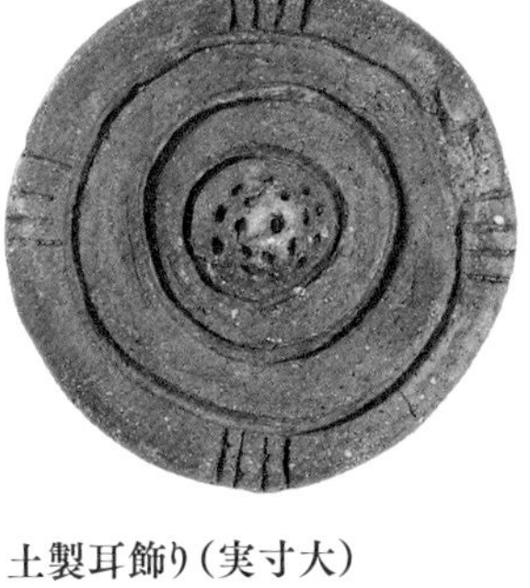

黒漆

土製耳飾り（実寸大）

完形・破片を含め全部で約800点が出土。すべて円形で大きさは直径8～106ミリまでさまざま。大きさも文様もさまざまだが、1組だけ大きさも文様もそっくりな同一規格のものがあった。赤く塗られたものや黒く漆で塗られたもの、彫刻のある木柱のU字形文様に似た文様を持つものも確認された。

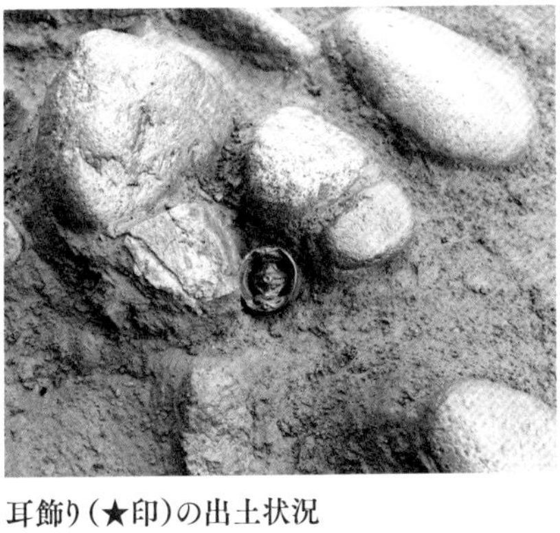

耳飾り（★印）の出土状況

配石の隙間から完形で出土。偶然、石の隙間に入り込んだのではなく、縄文人が配石をつくる過程で石の間に埋めたと考えられる。

 遺跡に関する問い合わせ先：（公財）群馬県埋蔵文化財調査事業団普及課　TEL.0279-52-2513

縄文

史跡 真福寺（しんぷくじ）貝塚

埼玉県さいたま市

調査区B斜面部の土層堆積状況（北から）

台地（写真左）から谷（同右）へ向かう斜面部。縄文時代後期前葉から晩期中葉の土層が厚さ2.7メートルにわたって堆積。当時はかなりの傾斜があったことが分かる。写真に見えているのは縄文時代晩期初頭から中葉。

Data

縄文時代後期前葉～晩期中葉（約3800～2600年前）

貝塚と居住域が馬蹄（ばてい）形状を成す 土層堆積状況から旧地形の変遷解明

史跡真福寺貝塚は、埼玉県の南東部、標高約12メートルの大宮（おおみや）台地上にある縄文時代後期前葉から晩期中葉（約3800～2600年前）の遺跡です。綾瀬（あやせ）川に注ぐ小河川の侵食によって形成された西側の谷に面して東西約160メートル、南北約180メートルの範囲に貝塚や居住域が馬蹄形状に分布しています。

本遺跡の特徴は、この馬蹄形状部分がこんもりとした高まりを持つ一方で、その内側はすり鉢状のくぼ地になっている点です。こうした地形上の特徴から「環状盛土遺構（かんじょうもりどいこう）」と呼ばれ、関東平野の東側に所在する縄文時代後晩期の遺跡で確認されています。

隣接する谷には遺存状態の良い遺物を伴う泥炭層が広がることから水辺での活動の痕跡を確認することができ、その学術的な重要性から真福寺貝塚は昭和50年に史跡に指定されました。住居と貝塚、水辺の活動域の3要素が一体となって史跡に指定されたのは本遺跡が国内唯一です。

戦前には大学や研究者によって数多くの発掘が行われ、古くから漆器や堅果類等の有機質の遺物やミミズク土偶（65ページ）をはじめとするさまざまな遺物が出土する遺跡として知られていました。また、縄文時代後晩期の土器編年研究上においても著名です。

遺跡遠景（南西から）

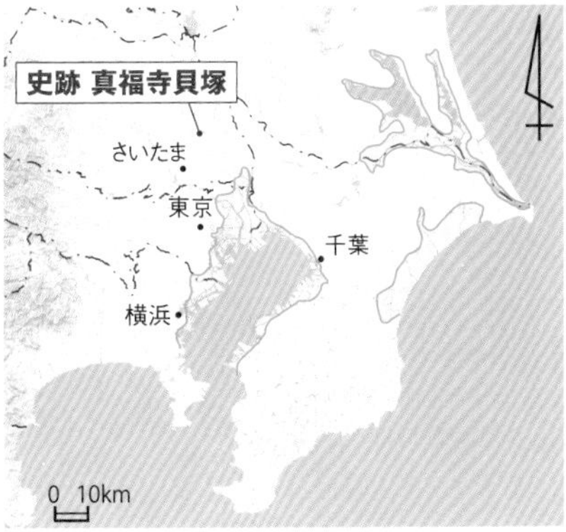

—— 縄文時代後期の海岸線

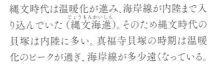

遺跡位置と縄文時代後期の海岸線

縄文時代は温暖化が進み、海岸線が内陸まで入り込んでいた（縄文海進）。そのため縄文時代の貝塚は内陸に多い。真福寺貝塚の時期は温暖化のピークが過ぎ、海岸線が多少遠くなっている。

調査区A（東から）

遺跡全体図

平成28年度からの発掘調査では、遺跡の外縁部から泥炭層の広がる谷まで幅1㍍の調査区を設定し、土層堆積状況や遺構・遺物の分布状況を確認した。

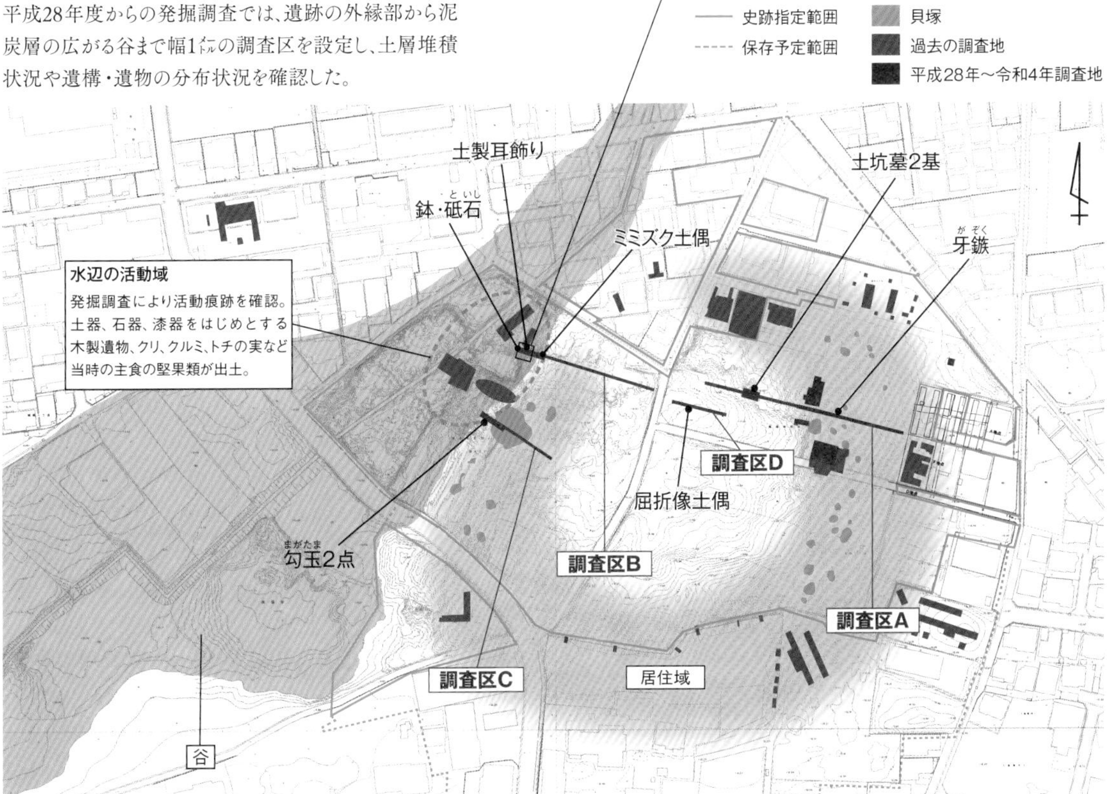

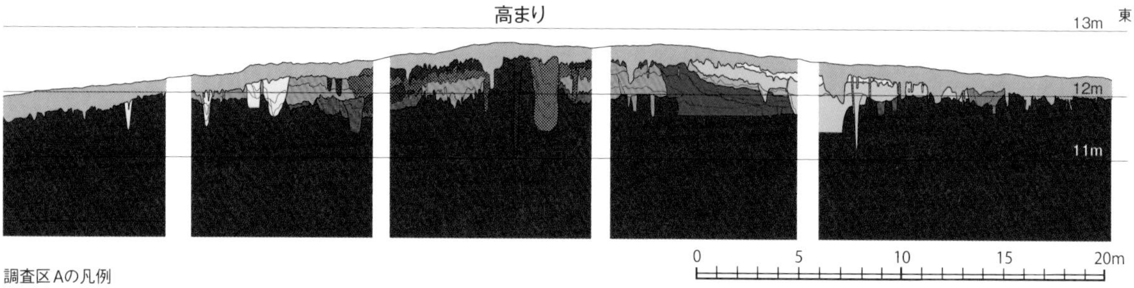

調査区Aの凡例

縄文後期前葉 堀之内式　縄文後期中葉 加曽利B式　縄文後期後葉 安行1式　縄文後期末葉 安行2式　縄文後期末葉～晩期初頭 安行2・3a式

縄文晩期前葉～中葉 安行3b・3c式　縄文晩期中葉 安行3d式　平安　中・近世　表土　貝層

調査区Aの土層図

高まりは縄文時代後期前葉から晩期中葉の土層や貝層で構成されている。高まりの西側と東側で堆積の時期が異なり、活動域を移しながら徐々に高まりが形成されたことが分かる。

調査区Bのくぼ地内の土器集積状況（★1）

くぼ地内には遺物集中地点が約5～6㍍の範囲で数カ所存在し、くぼ地の傾斜に沿って面的に堆積していた。遺物を含む土層は黒色で、焼けた獣骨の小破片や粉末を多く含んでいた。土器以外に石器や土偶等の土製品も見られた。

さいたま市では平成28年度から継続的に発掘調査を実施しており、遺跡の東側に位置する居住域の外縁部から、遺跡の西側に所在する泥炭層地点までを横断するように調査区を設定しました。その結果、高まりでは縄文時代後期前葉から後葉にかけての住居や貝塚を、くぼ地内では縄文時代晩期中葉の土器集積や土坑墓などを確認しました。

調査区Aでは、周囲に比べ高い地山の上に縄文時代後期前葉から晩期中葉の貝層や土が堆積し、馬蹄形状の高まりが構成されたことを確認しました。堆積の時期は東西で異なり、活動域を移しつつ徐々に形成されたとみられます。また、くぼ地部分で縄文時代晩期中葉の土坑墓2基や土器集積を検出したことで、くぼ地部分の一部は墓域や遺物の集積場所として利用されていたことが明らかになりました。

調査区B・Cでは、くぼ地と谷斜面部、貝塚を調査しました。その結果、もとは現在よりも5倍以上深い谷が、縄文時代後期前葉から中葉の貝層や後期前葉から晩期中葉の土壌が堆積したことにより、現在のような比較的緩やかな地形となったことが分かりました。谷の斜面からは大量の遺物が出土しています。また、くぼ地部分は本来はすり鉢状にくぼんでおり、遺跡が廃絶される縄文時代晩期中葉の土層によって埋積していることも分かりました。

今回の調査により、後期前葉の時期は泥質干潟に生息するマガキを主体とする貝層が、後期中葉以降、汽水域に生息するヤマトシジミ主体の貝層に変化するなど、周辺の環境変化を考える上で貴重な成果を得ることができました。

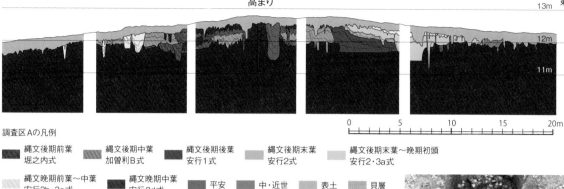

調査は現在も継続中で、現在は谷の中にある泥炭層地点を調査しており、日々、色鮮やかな漆塗土器や漆器類などが見つかっています。これら一連の調査によって、台地上での居住と貝類利用、水辺での植物利用などの実態と変遷がより一層明らかになるものと思われます。（吉岡卓真）

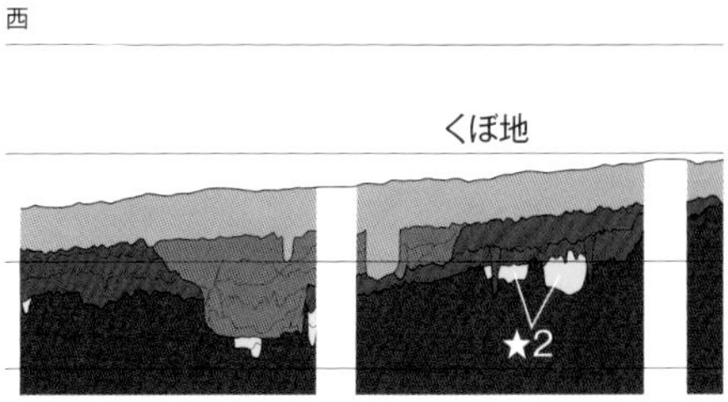

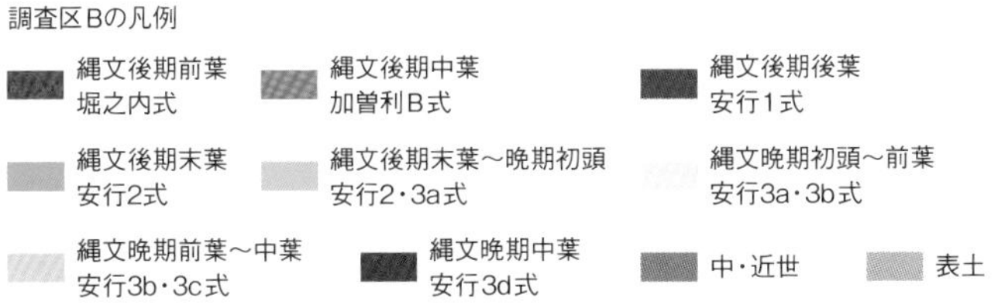

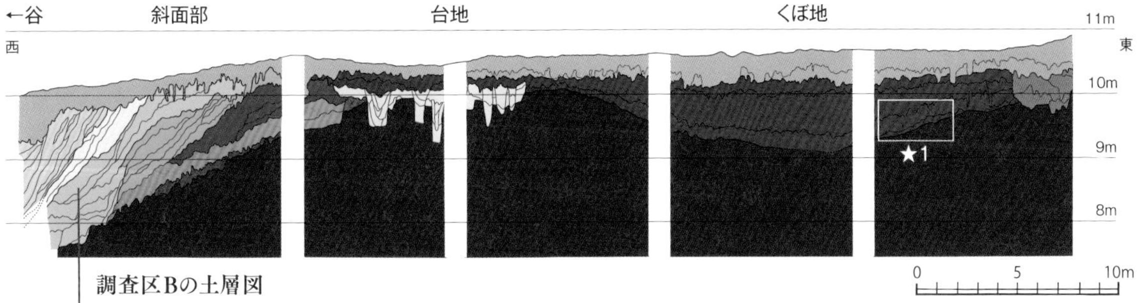

調査区Bの土層図

現地表面は東から西へ緩やかに傾斜しているが、縄文時代にはくぼ地状の地形であり、西側の斜面部は遺物を伴う土層が約2.7㍍の厚さで埋積している。ここは調査区Aほどの高まりはない。

調査区B斜面部の遺物出土状況

縄文時代晩期前葉の黒色土層内から大量の遺物が出土。

調査区Aのくぼ地内の土坑墓（南から、★2）

くぼ地縁辺部で検出。2基が主軸をそろえて隣接し、墓坑の端や片側に大型の土器片を伴う。周辺遺跡の事例から、この付近には縄文時代晩期中葉の墓域が所在すると考えられる。

調査区Cの台地と谷の間にある斜面部（北西から）

縄文時代後期前葉の土層が堆積した後、写真奥の台地側から後期前葉から中葉の貝層が堆積。貝層の堆積後、写真手前に後期後葉から末葉を中心に最大2㍍の厚さで、土器をはじめとする遺物を伴う土壌が幾重にも谷を覆う。

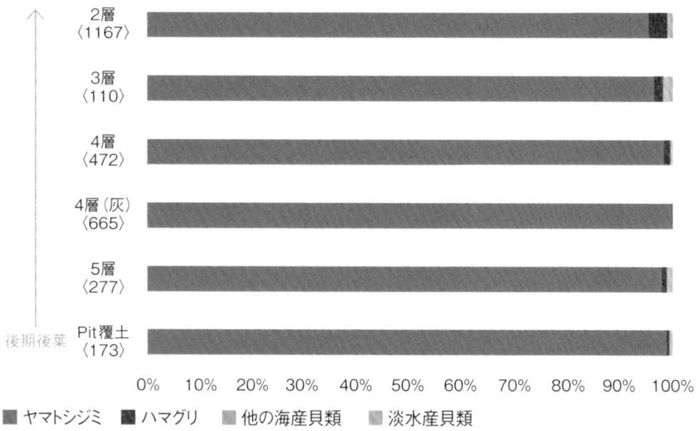

縄文時代後期後葉の貝種組成

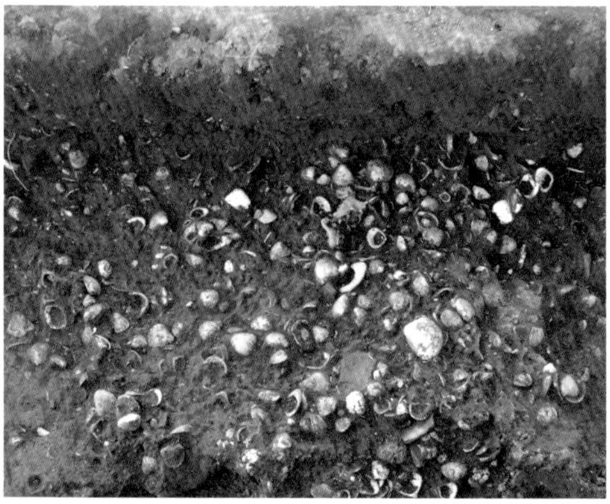

ヤマトシジミを主体とする貝層

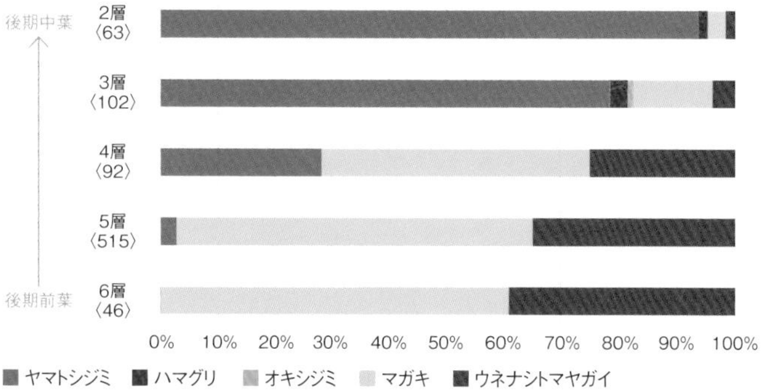

縄文時代後期前葉～中葉の貝種組成

〈　〉内は最小個体数

マガキを主体とする貝層

調査区A高まり内の貝種組成の変化

後期前葉（5～6層）はマガキ、ウネナシトマヤガイといった泥質干潟を主体とする貝種で構成されているが、後期中葉以降（2～3層）では汽水域（海水と淡水が混在する水域）に生息するヤマトシジミを主体に、ハマグリなどの鹹水（海水）種を少量伴う貝種組成に変化する。後期後葉になると、ヤマトシジミが9割以上を占め、ハマグリがわずかだが見られる。出土魚類にも違いが見られることから、周辺の水域環境が時間経過とともに汽水域に変化した可能性がある。

出土した主な貝類

汽水域のヤマトシジミを主体に、マガキやハマグリといった鹹水種、オオタニシ、イシガイなどの淡水種も利用していた。

ミミズク土偶1

ミミズク土偶2

調査区B斜面部の遺物出土状況

2×2㍍の範囲から後期末葉から晩期初頭のミミズク土偶が3点出土。ミミズク土偶3は胴部のみ。

正面

背面

ミミズク土偶1

ミミズク土偶2から2㍍ほど離れた地点で、40㌢ほど下の層から出土。目や口を表現した円形の貼り付けの周囲にキザミ装飾を施すが、沈線の縁取りが見られない点などミミズク土偶2より若干古い時期の特徴が見られるが、重要文化財指定のミミズク土偶（右下写真）よりは、両頬の装飾が消失するなど、より新しい特徴が見られる。長さ5㌢、幅9.6㌢、厚さ2.3㌢。縄文時代後期末葉（約3000年前）。

背面

正面

ミミズク土偶2

重要文化財に指定されているミミズク土偶（写真右）に比べて、胴部の正中線が省略され、へその表現と頭部の間が圧縮されている。また顔面表現も目や口を表現した円形の貼り付けの周囲にキザミ装飾を施すなど、より新しい特徴が見られる。全面に赤彩が施されていた痕跡が確認でき、頭部背面の装飾は剝落しているものの、保存状態は良好。長さ15㌢、幅10.5㌢、厚さ4㌢。縄文時代晩期初頭（2900年前）。

ミミズク土偶（重要文化財）

大正時代、耕作中に発見。顔がミミズクに似ていることから名付けられた。縄文時代後期後半から晩期前半にかけて製作され、関東平野を中心に、限定された地域でのみ出土するのが特徴。
出典：ColBase (colbase.nich.go.jp)
※展示はありません。

土製耳飾り
調査区B出土
直径5㌢、厚さ2.5㌢

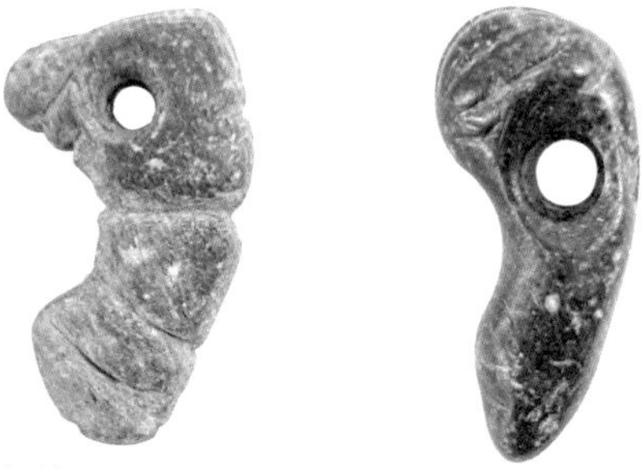

勾玉
調査区C出土
左：縦2.7㌢、横1.6㌢　右：縦3㌢、横1.4㌢

牙鏃
調査区A出土
縦3.1㌢、横1.8㌢

屈折像土偶胴部

調査区Dの遺物集中地点から出土。胴部上半と脚部が欠損。脚部の割れ口が正面側にあり、臀部も平坦なため、座像と考えられる。臀部中央には肛門を表現したと思われる刺突が見られる。立像形態が多い土偶の中で、座った形状の土偶は貴重。縦7㌢、横5.8㌢。縄文時代晩期中葉（約2700年前）。

正面

背面

A

B

砥石

水辺の活動域から出土。立体的で、至るところにくびれが見られる。岩偶とする説もあったが、近年は貝輪製作時にその内側を磨くために使われたと考えられる。縄文時代晩期初頭（約2900年前）。
A：長さ3.8㌢、高さ2.7㌢、幅4.7㌢
B：長さ3.1㌢、高さ2.6㌢、幅3.5㌢

鉢

水辺の活動域から出土。胴部の文様は、東北の縄文時代晩期前葉の土器型式大洞BC式に施される「羊歯状文」に類似するが、器形は関東の安行3b式土器を採用している。かつて東北と関東の縄文時代晩期の年代観が雑誌『ミネルヴァ』誌上で議論になった際、本遺跡出土の土器も多く取り上げられた。高さ7.5㌢、口径15㌢。縄文時代晩期前葉（約2800年前）。

弥生時代

朝鮮半島から灌漑（かんがい）施設を伴う水田稲作技術が伝播し、弥生時代が幕を開けます。弥生時代は階層分化が進行し、社会が大きく変化しました。それに伴い集落や墓制は、地域ごとに多様化しました。弥生時代中期の東日本では再葬墓が多く見られ、時期や地域によって空間構成の在り方や埋葬行為に多様性を有することが知られています。今回、墓料（ぼりょう）遺跡では群で存在する再葬墓を、宿尻（しゅくじり）遺跡では単独で存在する再葬墓の事例をそれぞれ紹介します。

年代	時代	時期	できごと
	縄文時代		九州北部で水稲耕作が始まる
B.C.300（B.C.800）※1	弥生時代	前期	
200		前期	東北北部に水稲耕作が伝わる
100		中期	東日本を中心に再葬墓が盛んにつくられる
		中期	青銅器祭祀が広がる
A.D.1		後期	
		後期	57　奴国王、後漢から「漢委奴国王」の金印を授かる
100		後期	
200		後期	239　邪馬台国の卑弥呼が魏に使者を送る
	古墳時代		前方後円墳の築造が始まる
300			

墓料遺跡（弥生時代前期末〜中期）

宿尻遺跡（弥生時代中期）

※1　年代の（　）は炭素14年代測定法による較正年代

昭和49年の調査区全景（南西から）

畑の耕作中に土器が出土したことから急きょ発掘調査が行われ、東西15メートル、南北5メートルほどの範囲から約100個体の土器が出土した。

弥生

墓料遺跡

福島県会津若松市

Data

縄文時代晩期末～弥生時代中期前半（約2400～2100年前）

縄文時代のムラ跡に営まれた再葬墓群

墓料遺跡は、縄文時代晩期末から弥生時代中期前半にかけての再葬墓遺跡です。福島県の西部、会津盆地の南東部に広がる丘陵上に立地し、付近には史跡大塚山古墳を含む一箕古墳群も存在しています。会津盆地を東へ抜ける滝沢峠からほど近く、古くから交通の要地であったと考えられます。

昭和46年、畑で土器が偶然見つかり、昭和49年に発掘調査を行いました。その結果、100個体以上の土器が出土した他、弥生時代前期に見られる西日本の土器の特徴とされる木葉文を持つ土器片も見つかり、弥生時代の再葬墓として注目されるようになりました。再葬墓とは、死者をいったん土葬するなどして骨化させた後、その骨を再び土器に納めて埋葬する墓制です。昭和54年に水道管埋設工事に伴う発掘調査を行った際にも40個体以上の

昭和46年に見つかった土器

ゴボウ掘りの最中に土器が見つかり、連絡を受けた会津若松市教育委員会が取り上げた。10個体の土器を埋設した再葬墓と想定される。

昭和49年の発掘調査の様子

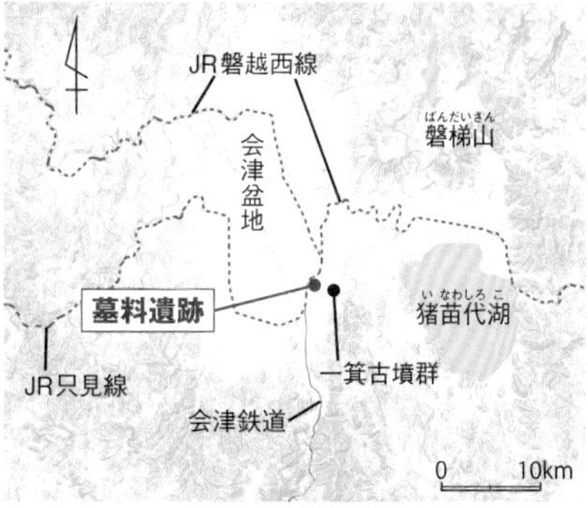

遺跡位置（出典：地理院地図を加工）

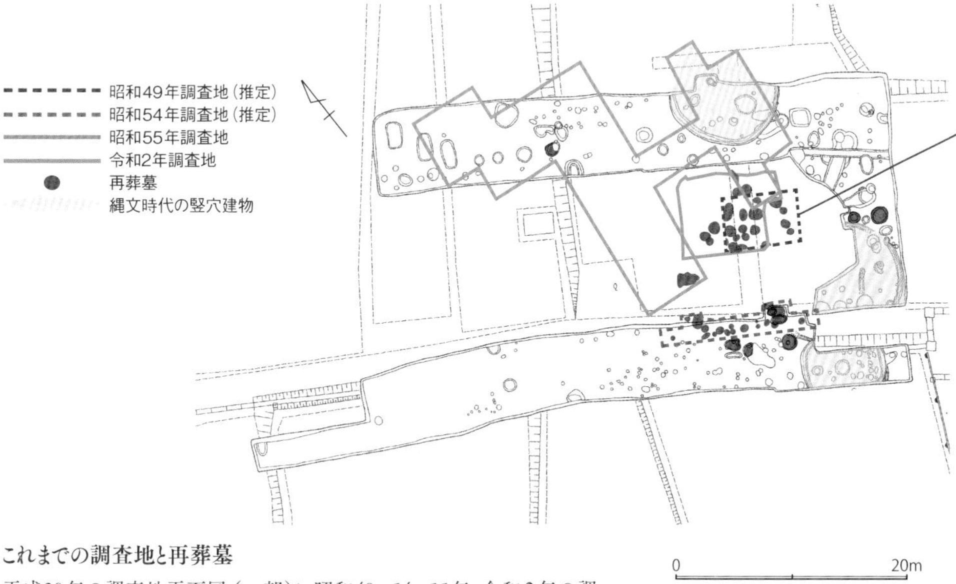

これまでの調査地と再葬墓

平成30年の調査地平面図（一部）に昭和49・54・55年、令和2年の調査地を追加。この他、昭和46・57年、平成13年にも調査を実施。

管玉（くだたま）の出土状況

昭和49年の調査では、土器の周辺から破砕された管玉が多数出土した。各地の再葬墓では砕かれた管玉が出土する例が多い。

出土した管玉

※展示されないものも含まれます。

筒形土器の出土状況

他の土器からやや離れて出土。

大型壺の出土状況

大型壺、壺形土器、甕形土器がまとまって出土。

昭和54年の発掘調査の様子

農道への水道管埋設工事に先立って発掘調査を行い、狭い範囲から約40個体の土器が見つかった。

土器が出土しました。その後も数回の発掘調査を行い、再葬墓の分布範囲や、縄文時代晩期の集落の存在などを確認しました。

会津若松市教育委員会では、令和元年度から墓料遺跡の整理作業を進めており、これまで一部しか公表されていなかった遺跡の詳細が明らかになってきました。

墓料遺跡では、縄文時代晩期中葉の竪穴建物3棟などが見つかっており、再葬墓が造営される前に集落が存在したことが分かっています。集落が廃絶した後、縄文時代晩期末から弥生時代中期前半にかけて再葬墓が営まれました。なお、遺跡周辺では再葬墓が営まれた時期の集落は見つかっていません。

これまで再葬墓は45基程度が確認されており、福島県内でも最大級の規模となっています。再葬墓は4個体前後の土器を一緒に埋設したものが主体を占めますが、少ないものは1個体、多いものは10個体以上埋設されたものも確認されています。

再葬墓に埋設された土器は壺形が大半で、深鉢形や鉢形なども見られます。土器の器形や文様は、会津周辺で見られるものが主ですが、前述の西日本由来の土器の他、東海や北関東など、他地域の影響が見られる土器も含まれており、広い範囲の交流が想定されます。また、土器の周辺からは意図的に砕いたと思われる管玉の破片も出土しています。

福島県内で墓料遺跡と近い規模の再葬墓が見つかった鳥内遺跡などでも、縄文時代晩期の集落の存在や他地域の土器、破砕された管玉など、類似する特徴が確認できる一方、再葬墓の土器埋設数や器種構成などに差異が見られ、遺跡ごとの違いが反映されていると思われます。墓料遺跡は、再葬墓の研究や当時の社会の様子を明らかにする上で貴重な資料です。

（澁川　駿）

大型壷（昭和54年出土）

口縁部に粘土帯が巡り、体部外面には細い条痕が斜めに施され、頸部内面にも条痕が認められる。内部には多数の土器片（写真右下）が入れられていた。
高さ52.3センチ、胴幅35.3センチ。弥生時代前期。

大型壷内部から出土した土器片の一部

口縁部の形状や土器表面の文様（条痕文）の特徴から東海の弥生時代前期後半の土器と指摘されている。上の写真の大型壷の中から80点ほどが確認された。破片は一部しか接合せず、当時の人々が遠隔地の土器の破片を意図的に入れたと思われる。
※展示されないものも含まれます。

筒形土器（昭和54年出土）

卵のような珍しい器形の土器。外面には縄文時代晩期からの伝統を受け継ぐ変形工字文が施され、わずかに赤彩も残る。土器の焼成前の段階で、口縁部に両側から2個ずつ孔が開けられている。孔の用途は不明。高さ19センチ、胴幅10.7センチ。弥生時代前期。

弥生

宿尻遺跡

茨城県常陸大宮市

環状に配置された壺形土器群（東から）

15個体のうち、12個体は口縁を土坑中央、2個体は壁側に向け、口頸部を欠く1個体は底部を上にして埋められていた。

Data

弥生時代中期（約2300年前）

壺形土器を環状に配置した弥生時代の再葬墓

宿尻遺跡は、弥生時代中期の再葬墓遺跡です。那珂川左岸の中位段丘上に立地し、鷲子山塊を流れる大沢川との合流地点に位置しています。弥生時代の再葬墓は壺形土器に骨を納めることが特徴で、人面付土器が一緒に出土することがあります。人面付土器は人面を立体的に表現した土器で、壺形土器の口頸部に顔面を表現し胴部を体に見立てたものが東日本を中心に分布します。常陸大宮市内の再葬墓遺跡は久慈川流域の史跡泉坂下遺跡と中台遺跡、那珂川流域の小野天神前遺跡があり、宿尻遺跡は市内で4番目に発見された再葬墓遺跡です。

令和元年に試掘調査を行ったところ、弥生時代中期の土器を伴う土坑を確認しました。再葬墓の可能性が高いことから改めて発掘調査を行った結果、壺形土器15個体が馬蹄形に配置された再葬墓が見つかりました。遊離した状態で見つかった3個体と合わせると、元は計18個体が環状に並べられていたと推定されます。

環状に並ぶ壺形土器の中央部からは、破砕された管玉の他、ヒスイで作られた小玉や不整形の玉が出土しました。管玉の破片は覆土中に散らばっていたことから、意図的に砕いたあと、土坑を埋める過程で撒かれたと考えられます。また、一つの土器の内部からはサメの歯が見つかりました。

遺跡遠景（東から）

茨城県北部の主な弥生時代再葬墓

久慈川・那珂川およびその支流の台地縁辺または段丘面上に集中し、久慈川流域には海後（かいご）遺跡・史跡泉坂下遺跡・中台遺跡、那珂川流域には小野天神前遺跡・北方（きたかた）遺跡・宿尻遺跡がある。

玉類の出土状況

土器列の内側から破砕された管玉147点、小玉1点、ヒスイ製不整形玉1点が出土。外側からも小玉1点が出土した。赤い石はメノウ礫（れき）。

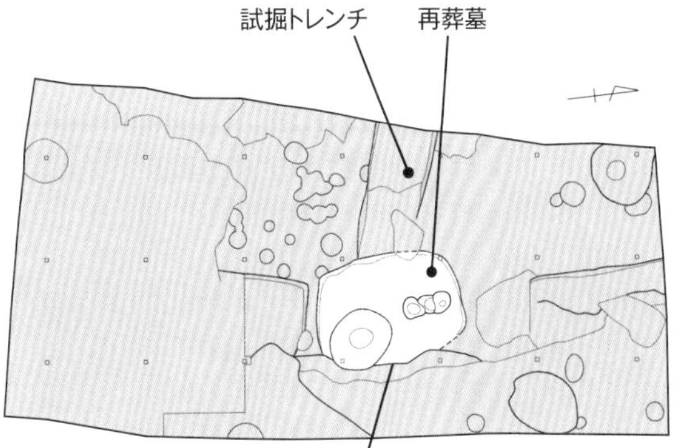

調査区平面図

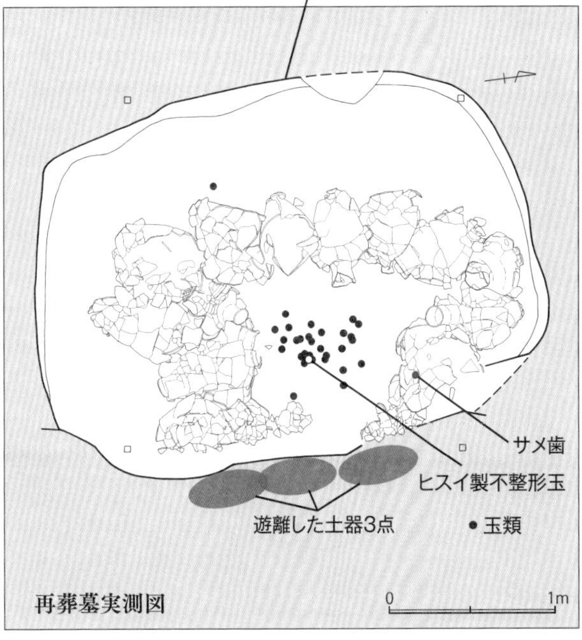

再葬墓実測図

サメ歯出土状況

土器の内部から出土したメジロザメ属の上顎歯。

再葬墓出土の壺形土器

瓢形や口頸部のない土器も使われている。
中央最前列の土器の高さ40㌢。

発掘調査の様子

出土した壺形土器は口縁部から底部まで残っている個体が多いですが、口頸部を欠いた状態で埋置されていたものもあります。また、炭化物が付着した土器が多いという特徴もあります。このことから土器は埋葬のために製作されたものではなく、日常生活に使用されていたものが転用されたと考えられます。

土器には頸部に文様がある個体も多く、左右に傾斜して施される沈線を組み合わせた格子状文・重三角文・重菱形文などの文様で構成されます。遊離した状態で見つかった土器の頸部には、中央に丸点のある三角形が線刻されていました。泉坂下遺跡の第1号墓坑で出土した人面付土器の目の表現によく似ているため、これは簡略化された人面の表現と考えられます。

泉坂下遺跡と小野天神前遺跡では再葬墓が群在していましたが、宿尻遺跡の再葬墓は現在のところ1基しか見つかっておらず、周辺の遺跡とは異なる在り方を示しています。

宿尻遺跡は、各地に所在する再葬墓を考える上で興味深い例であり、東日本の弥生時代の墓制を解明する上でも重要な遺跡です。

（石川優水）

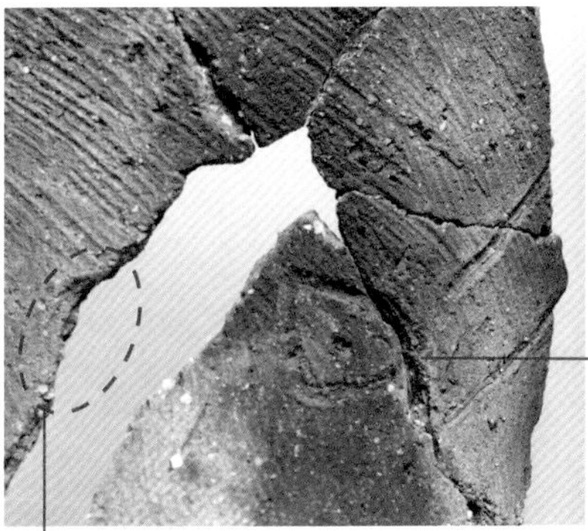

遊離した状態で見つかった土器の線刻

茨城県内で出土した人面付土器には、泉坂下遺跡の人面付土器のように、目の周りを三角形や楕円形で囲む表現が見られる。この土器の三角形は、泉坂下遺跡の人面付土器とは向きが左右逆だが、目の表現が似ている。三角形の幅2㌢。

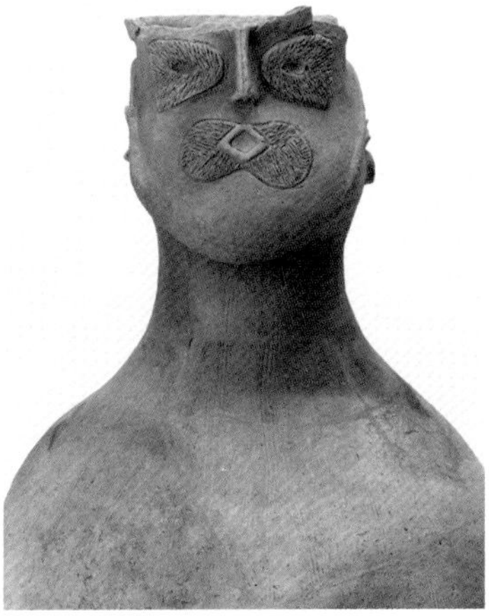

泉坂下遺跡の人面付土器

※展示はありません。

ここにも線があり、もう一つの目が描かれていたと考えられる。

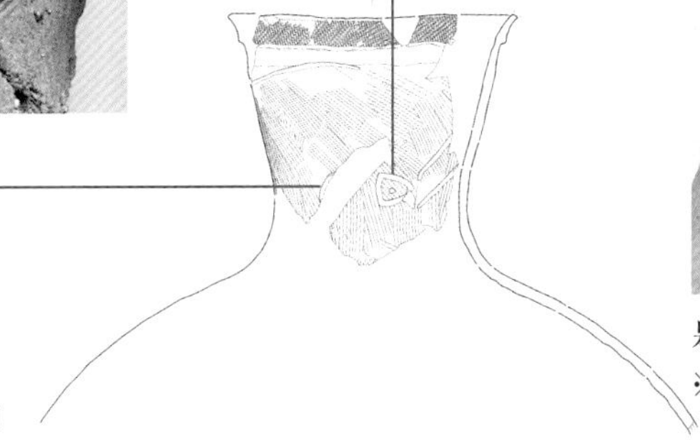

土器実測図

環状に配置された壺形土器（北から）

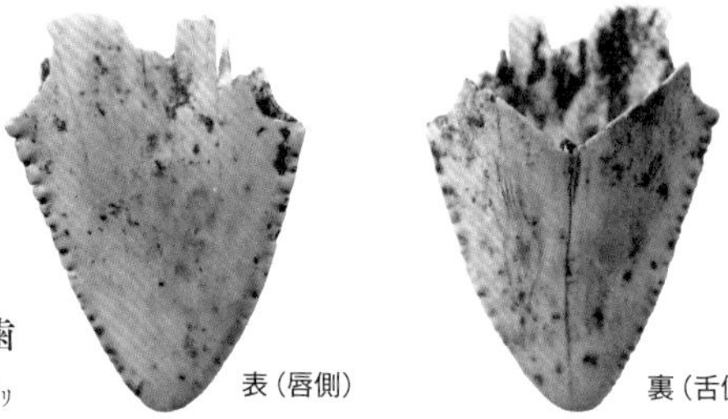

サメ歯
長さ10.5ミリ、幅7.5ミリ、厚さ2.5ミリ

真っ二つに割れていたため、孔（あな）を開ける方法も詳しく観察できた。これは孔が中心で少し食い違っている。

碧玉（へきぎょく）製管玉
東日本では弥生時代の再葬墓から破砕管玉の出土例が多く確認されている。墓という性格から祭祀（さいし）に用いられたと考えられている。

東日本の弥生時代再葬墓分布図
再葬墓は縄文時代や弥生時代に見られる墓制で、弥生時代中期の東日本で盛んにつくられた。弥生時代の再葬墓は、骨を入れる容器に壺形土器を使うのが特徴。（設楽博己『弥生再葬墓と社会』塙書房2008より引用・加筆）

流紋岩製管玉
（左2点は同一個体）

ヒスイ製不整形玉

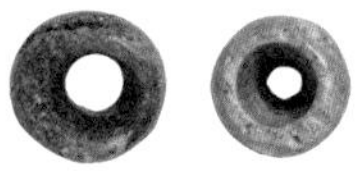

ヒスイ製小玉

出土した玉類
管玉の破片147点のうち、接合できたものが写真の18点。管玉の石材は、16点が碧玉、2点が流紋岩。碧玉製管玉は直径5～9ミリで大きさはさまざま。流紋岩製管玉は直径15ミリを超える。この他、ヒスイ製の小玉・不整形玉が出土。

遺跡に関する問い合わせ先：常陸大宮市教育委員会事務局文化スポーツ課　TEL.0295-52-1111

古墳時代

弥生時代以来の階層分化によって生み出された首長や豪族と呼ばれる上位階層の墳墓は、弥生時代の終わり頃から大型化します。やがて前方後円墳をはじめとする古墳が築造され、日本列島の広い範囲で共通した墓制として採用されました。この時代を古墳時代と呼びます。古墳の主体部には被葬者と共に鏡や武器・武具に代表される多様な器物が副葬され、墳丘には円筒埴輪（はにわ）や形象埴輪が配列されるなど、体系化された葬送儀礼を見ることができます。今回、赤堀茶臼山古墳（あかぼりちゃうすやま）と石山南古墳群（いしやまみなみ）では特徴的な形象埴輪を中心に紹介します。

年	時代	時期	出来事
200	弥生時代		
	古墳時代	前期	前方後円墳の築造が始まる
300			
400		中期	421 倭王讃、宋に遣使 438 倭王珍、宋に遣使。安東将軍の称号を受ける 443 倭王済、宋に遣使。安東将軍の称号を受ける 462 済の世子興、安東将軍の称号を受ける 478 倭王武、宋に遣使・上表。安東大将軍の称号を受ける 人物埴輪や動物埴輪などによる埴輪祭祀が盛んになる
500		後期	各地で群集墳が造られる 527 筑紫君磐井の乱 前方後円墳の築造が停止する
600	飛鳥時代		

赤堀茶臼山古墳

石山南古墳群

赤堀茶臼山古墳遠景（西から）

手前が前方部で奥が後円部。田んぼの向こうに古墳時代の豪族居館といわれる毒島城跡が見える。

古墳

赤堀茶臼山古墳・石山南古墳群

群馬県伊勢崎市

Data

古墳時代中期～後期（5世紀前半～6世紀後半）

出土した形象埴輪が東京国立博物館所蔵品と接合

赤堀茶臼山古墳は、赤城山南麓の丘陵上に立地しています。昭和4年に帝室博物館（現東京国立博物館）の後藤守一によって発掘調査され、家形埴輪8個体をはじめ、豊富な形象埴輪が出土したことで有名です。平成7～9年にかけて赤堀町（現伊勢崎市）が発掘調査を行い、全長62・4メートルの帆立貝形古墳で古墳時代中期（5世紀前半）の築造と判明しました。この調査で前方部の周溝から鶏形埴輪が出土しました。推定幅が75センチを超える大型品で、両足は止まり木をつかんでいて、雄鶏だけにある蹴爪も表現されています。さらに注目される点は、南に約3キロ離れた釜ノ口遺跡から出土した羽の破片と接合したことです。釜ノ口遺跡では、他にも家形埴輪や朝顔形埴輪が出土し、埴輪生産に関係する遺跡と考えられます。なぜ古墳に並べられた埴輪の一部が、遠く離れた場所にあったのか、いろいろな物語が想像できます。

石山南古墳群は、赤城山南麓の丘陵性台地上に立地しています。平成27・28年、倉庫建設に先立ち伊勢崎市が発掘調査を行った結果、古墳3基と近世の土坑墓2基を確認しました。そのうちの一つである赤堀村104号墳は、直径43メートルの円墳で、幅6メートルの周溝が巡ります。墳丘は、過去の開発によって削平されていましたが、

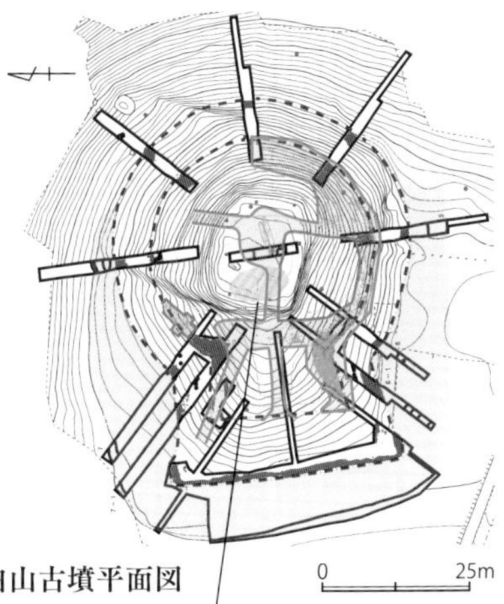

赤堀茶臼山古墳平面図

赤堀茶臼山古墳出土の形象埴輪

出典：ColBase(colbase.nich.go.jp)

椅子

切妻造（きりづまづくり）の家

切妻造の倉庫

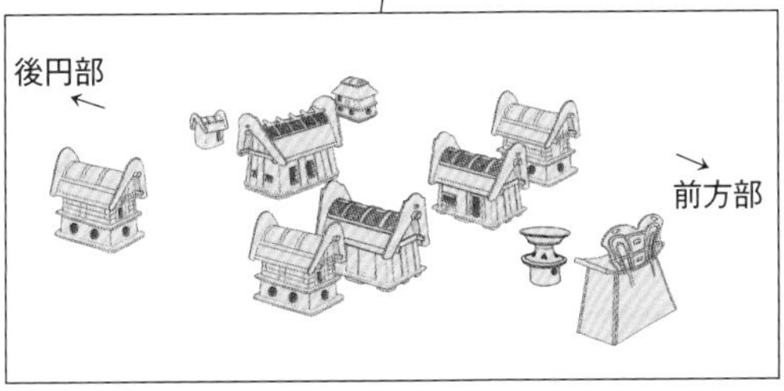

帝室博物館の形象埴輪配置図（昭和8年）

復元案を模式化したもの。

遺跡位置図

伊勢崎市内には赤城山から流れる中小河川がいくつもあり、市北部には赤城山の山体崩壊でできた丘陵（通称流れ山）が点在する。赤堀茶臼山古墳は流れ山上に、石山南古墳群は流れ山裾（丘陵性台地）に立地する。

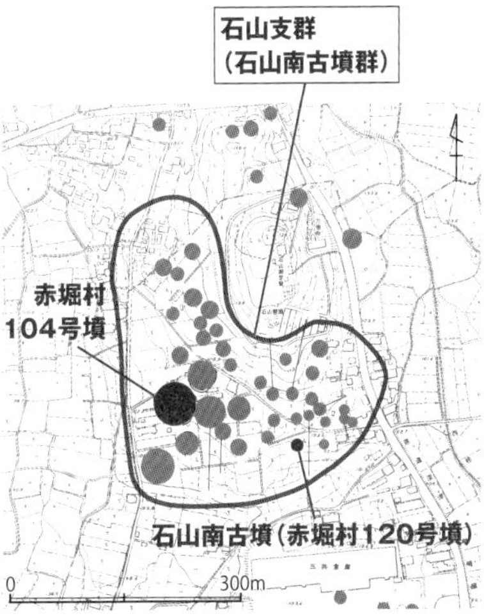

石山南古墳群古墳分布図

丘陵から波志江（はしえ）沼にかけて100基以上の古墳が5世紀から7世紀代に築かれ、下触町（しもふれいちょう）古墳群と総称されている。分布状態から四つの支群に分かれ、そのうち38基から成る石山支群が石山南古墳群で6世紀代に築かれた。

赤堀茶臼山古墳出土の鶏形埴輪

復元部分のうち、頭部は東京国立博物館所蔵品との比較から想定復元。右羽の色の濃いところは釜ノ口遺跡出土部分。

高さ86.4センチ、幅75センチ、奥行き41センチ

赤堀村104号墳（西から）

古墳全体の約4分の1を調査。左下隅は石材が抜かれた横穴式石室。人の立っているところが周溝。横穴式石室の痕跡からは多量の埴輪片が出土した。

横穴式石室の痕跡を検出し、そこから人物埴輪を含む多量の埴輪が出土しました。人物埴輪13個体以上、馬形埴輪2個体、家形埴輪2個体があり、一つの古墳から出土した人物埴輪としては伊勢崎市内で最多です。出土した埴輪の特徴から古墳時代後期（6世紀後半）と想定できます。

この場所では、かつて地元の人たちの開墾によって埴輪や須恵器（すえき）が出土しており、東京国立博物館（1体は九州国立博物館）に所蔵されています。その中にはスマートな笑顔で人気のある「鍬（くわ）を担ぐ男子」も含まれます。同館所蔵の埴輪のうち、4個体の埴輪の欠損部分に伊勢崎市の発掘調査で出土した資料が接合しました。これらの4個体は「鍬を担ぐ男子」と同地点で出土した埴輪であったため、「鍬を担ぐ男子」も出土古墳が特定できました。今回の発掘調査で、大型の個体と小型の個体の作り分けがなされていることや、「鍬を担ぐ男子」が馬形埴輪のそばから出土していることが判明し、古墳に樹立された埴輪の組成が明らかになったことで資料の価値が一層高まりました。

石山南古墳（赤堀村120号墳）は、伊勢崎市下触町にかつて所在した、無袖（むそで）横穴式石室を主体部とする6世紀後半の円墳（直径16㍍）です。昭和27年8月に群馬大学学芸学部の尾崎喜左雄（おざききさお）教授（当時）が発掘調査を行い、その様相が明らかになりました。

墳丘南の裾部より馬形埴輪3個体と女子埴輪1個体が出土しました。これらのうち、全体復元できたものは、今回展示の馬形1個体と女子1個体の2個体だけです。女子埴輪は半身像であり、耳飾りと首飾り、上衣のみが表現されています。馬形埴輪も、飾り馬としては標準的な馬装が表現されています。どちらも、比較的シンプルな装飾の形象埴輪ですが、人馬とも優しい表情の顔つき表現やバランスの良い作りなどから、これらの埴輪を数多く作り続ける手

鍬を担ぐ男子

東京国立博物館所蔵。伊勢崎市の調査で出土した埴輪とは接合しなかったが、この埴輪と同一地番から出土した他の埴輪が接合したため、赤堀村104号墳出土と特定できた。
出典：ColBase (colbase.nich.go.jp)
※展示はありません。

慣れた埴輪職人の熟練の技が感じられます。
赤堀茶臼山古墳出土の鶏形埴輪と釜ノ口遺跡出土の埴輪が接合したことや、赤堀村104号墳出土の埴輪が東京国立博物館所蔵品と84年ぶりの再会を果たしたことは、発掘調査で出土した資料そのものの検討だけでなく、来歴を含め丹念に調査した結果です。両者が別れ別れになった時期は異なりますが、どちらも資料が接合したことで、価値を見直すきっかけとなりました。
（横澤真一・深澤敦仁）

赤堀村104号墳の人物埴輪

同一個体と判明した4個体の一つ。着色部分が赤堀村104号墳出土の破片。それ以外は東京国立博物館所蔵。大型品。半身像だが、腰には大刀のはがれた痕跡がある。高さ71㌢、幅35㌢、奥行き27㌢。（提供：東京国立博物館）

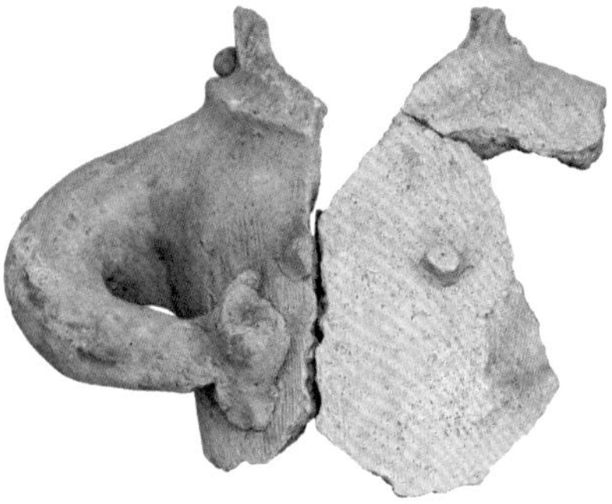

赤堀村104号墳の人物埴輪

着色部分が赤堀村104号墳出土の破片。それ以外は東京国立博物館所蔵。赤色は赤彩範囲。
（提供：東京国立博物館）
左：女子像。小型品だが首に段差をつけ襟元を表現している。高さ19センチ、幅20センチ、奥行き15センチ
中：女子像。大型品。高さ29センチ、幅19センチ、奥行き19センチ
右：男子像。大型品。高さ50センチ、幅29センチ、奥行き21センチ

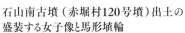

石山南古墳（赤堀村120号墳）出土の盛装する女子像と馬形埴輪

女子像：高さ90センチ、幅30センチ、奥行き24センチ
馬形埴輪：高さ100センチ、幅93センチ、奥行き30センチ。
（提供：群馬大学共同教育学部）

古代

東アジアの緊迫する国際情勢の影響を受けて新たな統治形態が模索され、7世紀を通じて律令国家への道が模索され、8世紀初頭に律令国家が成立しました。律令国家では全国を七道に区分し、地方統治の拠点として国府が置かれました。各地には寺院が建立され、寺院造営とともに瓦生産が開始されました。今回は、菅原(すがはら)遺跡で古代寺院を、六ノ域(ろくのいき)遺跡で相模国府関連遺跡を、穴田東窯跡(あなだひがしかまあと)と薬師堂東(やくしどうひがし)遺跡では瓦窯跡と梵鐘(ぼんしょう)鋳造遺構を紹介します。

古墳時代

600

飛鳥時代

592 推古天皇が即位し、飛鳥に都が置かれる

630 最初の遣唐使

646 大化の改新

700

701 大宝律令が制定される

奈良時代

710 平城京へ都を移す

743 聖武天皇が行基に東大寺盧舎那仏像造立への協力を依頼

745 聖武天皇が東大寺盧舎那仏像の制作を発願

749 行基が喜光寺(菅原寺)で入滅

752 東大寺盧舎那仏の開眼法会開催

800

平安時代

794 平安京へ都を移す

869 陸奥国に貞観地震が起こる

878 相模・武蔵地震が起こる

894 遣唐使を廃止する

900

901 菅原道真を大宰権帥に左遷。延喜の治

935 承平・天慶の乱が始まる(～41)

947 天暦の乱

969 安和の変。源高明を左遷

1000

1017 藤原道長、太政大臣に。藤原頼道、摂政に就任。

1051 前九年合戦(～62)

1083 後三年合戦(～87)

1086 白河上皇、院政を始める

1100

1156 保元の乱

1159 平治の乱

1167 平清盛、太政大臣となる

1200

鎌倉時代

1185 平氏滅亡。源頼朝、守護・地頭任命権を獲得

1192 源頼朝、征夷大将軍となる

六ノ域遺跡

穴田東窯跡と薬師堂東遺跡

菅原遺跡

遺跡全体（上が北）

円形建物は丘陵頂上の平坦地に位置する。西側に空閑地が見られるのに対し、東側の平坦面は盛土により広げられ、建物が展開する。

古代 ―

菅原遺跡

奈良県奈良市

Data

奈良時代（8世紀中頃）

行基ゆかりの地で円形建物最古の多宝塔の可能性

菅原遺跡は平城京の北西の丘陵上に位置します。丘陵頂部から東を眺めると、菅原寺（現喜光寺）や平城宮、遠くには東大寺を見通すことができる絶好の立地です。昭和56年度に奈良大学を中心とした菅原遺跡調査会が丘陵の谷奥の地点で発掘調査を行い、仏堂と考えられる基壇建物を確認したことから、行基が畿内に建立した「四十九院」の一つである「長岡院」の可能性が指摘されてきました。行基（668〜749年）は奈良時代の高僧で、東大寺大仏造立に携わった人物です。仏堂発見の調査から39年たった令和2年度、宅地開発に先立ち丘陵の北側頂部の2カ所（北区と南区）で発掘調査を行った結果、南区で平面が円形の建物と、それを回廊と塀で取り囲んで区画する囲繞施設を確認しました。出土遺物から奈良時代（8世紀中頃）に建てられたと考えられます。

円形建物は大きく2種類の遺構から構成されています。一つは、内側を円形に巡るやや大型の不整形な平面形を持つ土坑群（内周土坑列）です。内周土坑列は非常に浅く、底部の形態も一定しません。平面形も直線的な部分もあれば波打つ部分もあります。また、土坑の底面には凝灰岩片が散っている部分も確認されました。こうした状況から、基壇を化粧する基壇外装ではなく、建物を支える石材の痕跡と考えられます。もう一つは、内周土坑列の外周を巡る柱穴群（外周柱穴列）です。外周柱穴列は推定16基から成り、それぞ

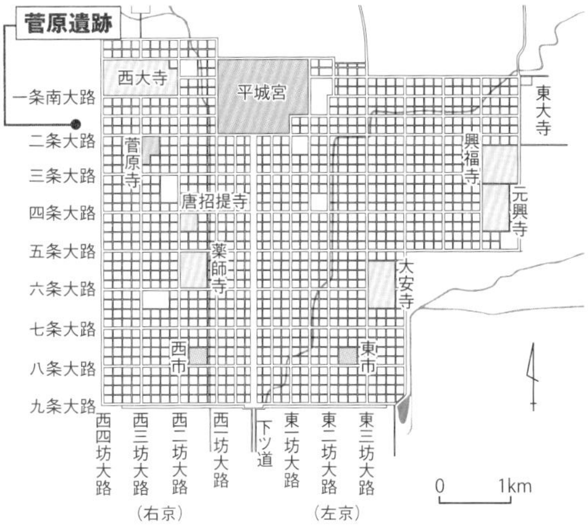

遺跡位置図

円形建物は平城京二条条間南小路の西側の延長線上にある。平城京との位置関係についても考慮されていた可能性がある。

遺跡遠景（西から）

近くには行基建立四十九院の一つで行基が生涯を閉じた菅原寺、遠くには平城宮、東大寺が見える。平城京を挟んで対峙する東大寺は、盧舎那仏（るしゃなぶつ）（大仏）造立に行基が関わる。

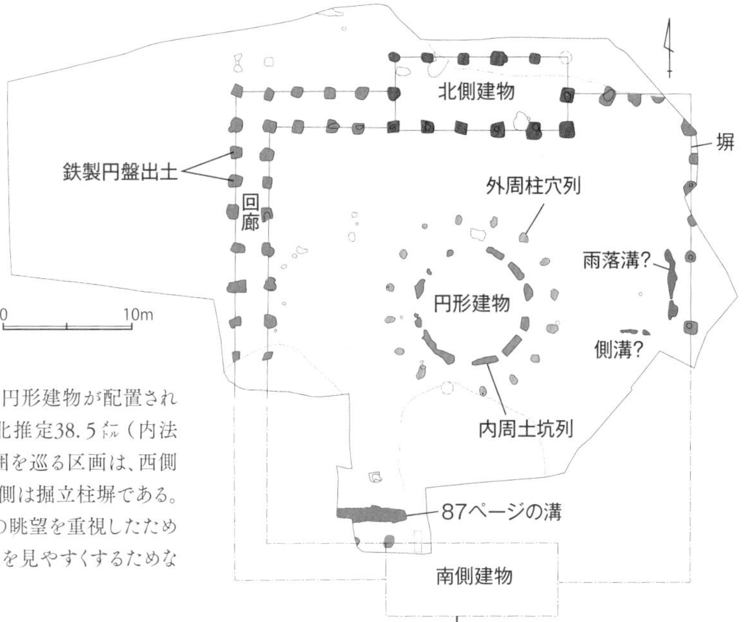

調査地南区全体図

方形の囲繞施設の中央に円形建物が配置されている。回廊の長さは南北推定38.5㍍（内法34.6㍍）。円形建物の周囲を巡る区画は、西側が回廊であるのに対し、東側は掘立柱塀である。これは円形建物からの東の眺望を重視したためと、平城京内から円形建物を見やすくするためなどの理由が想定できる。

昭和56年度に確認された仏堂

残存規模は南北約21㍍、東西約17㍍。今回発見された円形建物とは約50㍍離れている。（『菅原遺跡発掘調査報告書』より転載）

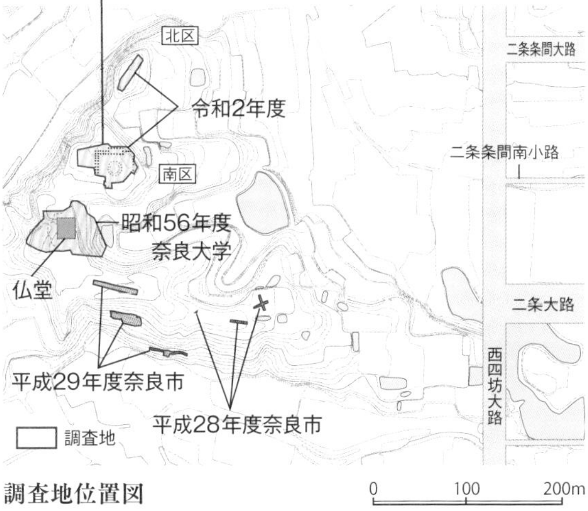

調査地位置図

円形建物

円形を成す内周土坑例と外周柱穴列により、多宝塔状の建物が建っていたと推定される。

れが等間隔で円状に配置されており、この点は内周土坑列と異なります。柱穴は直径約80センチで、柱の直径は約17センチとやや細いものです。

元興寺文化財研究所では、建築史の専門家と共に発掘調査で確認された遺構や瓦の特徴、当時の建築物の様相から円形建物の復元を試みました。その結果、平面円形の壁体を持つ下層建物の上に、平面方形で小型瓦を葺く上層建物が載り、周囲には檜皮葺の裳階が廻る多宝塔状の建築物と推定しました。しかし、下層建物が円形となり裳階が付属するなど、現存する平安時代以降の多宝塔とは異なる点も多く見られます。また、円形の壁体と裳階とを水平方向で連結できないなど、技術的な未成熟さも推定されることから、日本における宝塔建築の初現的なものであるという評価もできます。奈良時代には平面が円形となる建物は今まで確認できていませんが、円形と見立てて建てられた建築物に八角堂があります。一般にこのような建物は故人の追善供養を目的として建てられるもので、円形建物も同様の目的を持って建立されたと推測されます。令和2年度の発掘調査は、菅原遺跡が「長岡院」であるという想定を補強するだけでなく、「長岡院」が行基の供養を目的としたものであることも明らかにしました。

菅原遺跡は、9世紀初頭頃までしか維持管理されず、最終的に建物は解体されます。行基の火葬骨は竹林寺にある行基墓から発見されています。『大僧上舎利瓶記』に記される行基の墓誌には、行基の舎利と「多寶之塔」との密接な関係が読み取れ、この「多寶之塔」が供養と埋葬を兼ねる塔廟として機能していた可能性があります。菅原遺跡で見つかった円形建物はこの塔廟とみられ、塔廟から埋葬地である行基墓への変遷が、菅原遺跡廃絶の背景にあったと考えることができます。

（村田裕介）

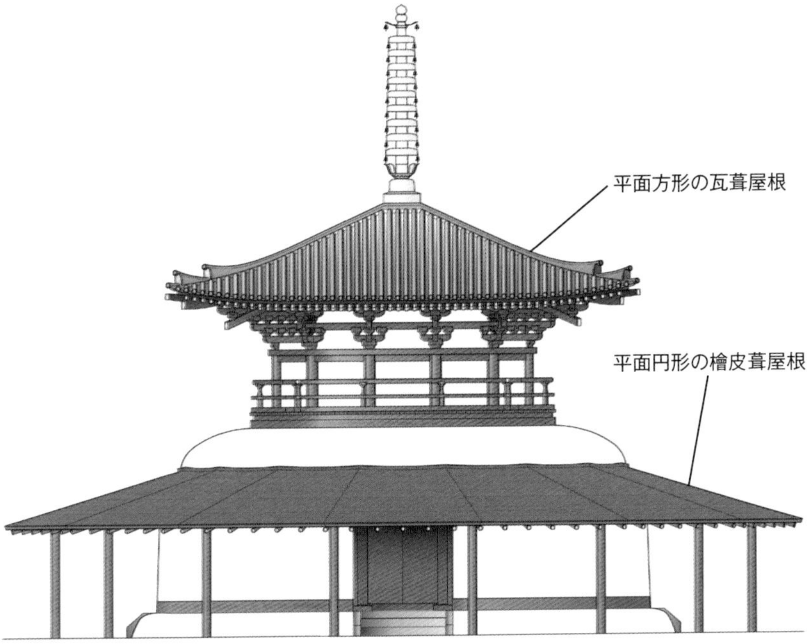

円形建物復元図

内周土坑列にあったと推定される石材は、完成時には外観に現れないと考えられる。この石材は上部の重量物を支えるものと考えられ、かつ平面が円形を呈することから、円筒状の壁を持つ建物が想定される。外周柱穴列は檜皮葺の裳階の屋根を支える柱で、内周土坑列上の壁体の外側に巡るものと考えられる。

檜皮葺

檜の樹皮で屋根を葺く方法。飛鳥時代に瓦葺が始まり、寺院の建物の多くは瓦葺が用いられるようになったが、平安時代になると国風文化の影響もあり、檜皮葺が最も格式の高い屋根工法となった。

裳階

寺院建築で建物外部の軒下壁面に取り付けた廂（ひさし）状の構造物。

円形建物復元模型

復元図を基に外観のみを50分の1で復元。

溝の遺物出土状況（西から）

柱穴や溝からは瓦を中心とした遺物が出土。瓦は細片となっているものが多い。

回廊柱穴の断面

すべての柱が抜き取られていた。施設の廃絶に伴い、すべての建物が解体されたと考えられる。

小型鬼瓦

昭和56年度の発掘調査で仏堂の基壇周辺から出土。通常の大きさの3分の2程度であり、小型瓦に組み合うと考えられる。意匠は平城宮内出土のものと共通性が高く、平城宮Ⅲ式と呼ばれる型式に含まれ、平城宮の瓦製作工人の関わりを示唆する。小型鬼瓦は6個体分出土しており、いずれも同じ意匠を持つ。縦23.4㌢、横20.4㌢、厚さ3.4㌢。

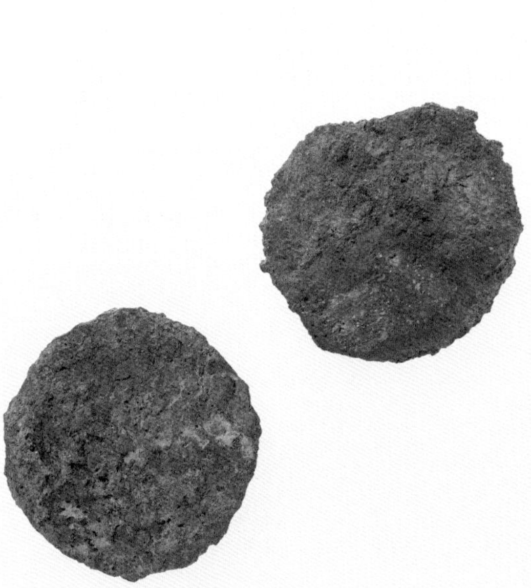

鉄製円盤

西面回廊を構成する隣り合う柱穴の掘方から1点ずつ出土。いずれも直径約6㌢の円形で、直径2寸、厚さ1分の規格で作られたものと考えられる。地鎮などの祭祀（さいし）に使用された鉄鏡の可能性がある。最大径5.9㌢、厚さ1.3㌢。

軒瓦

菅原遺跡では3種類の大きさの瓦が出土している。大きい方から中型瓦、小型瓦、超小型瓦と呼び、令和2年度調査では、中型瓦と小型瓦が出土した。軒平瓦の幅は、中型瓦26.3センチ前後、小型瓦17.3センチ前後、超小型瓦11.8センチ前後で、小型瓦は中型瓦の3分の2、超小型瓦は小型瓦の3分の2の関係にあることが分かる。写真は昭和56年度調査地の出土瓦。

小型瓦

円形建物の柱穴や周辺から出土していることから、円形建物の上層に葺かれていた可能性が考えられる。隅切瓦（すみきりがわら）が含まれていることから、隅棟（すみむね）を持つ構造であったことが分かり、さらにその角度が約45度であることから、正方形平面の屋根を持つと想定できる。右端の軒丸瓦：直径11.4センチ、奥行き約18センチ

隅棟

屋根の勾配部分が出会うことになる四隅にできる山形の部分。

隅切瓦

熨斗瓦（のしがわら）

中型瓦は平瓦が多く、丸瓦が少ない傾向がある。平瓦には半裁して熨斗瓦としたものが多く見られることから、円形建物の周囲に巡る回廊および掘立柱塀は、いらか棟としていたと考えられる。右端：長さ35.5センチ、幅15.5センチ、高さ3.5センチ

いらか棟（むね）

檜皮葺などの屋根の棟部分にのみ熨斗瓦とその下に軒丸瓦と軒平瓦を並べ、装飾効果を高めたもの。

古代

穴田東窯跡・薬師堂東遺跡

宮城県仙台市

1号窯の焚き口

窯では3度の焼成が行われ、焼成のたびに瓦を窯の壁際に貼り付けて補修している。

Data

平安時代（9世紀）

大量の瓦生産・梵鐘の鋳造を行い貞観地震からの復興を支える

穴田東窯跡と薬師堂東遺跡は、平安時代の貞観地震の復興に関わる遺跡です。今から約1150年前の貞観11（869）年5月26日、大地震が陸奥国を襲いました。当時の正史『日本三大実録』はその様子を「城の門や倉庫などの建物の多くが倒壊し、また津波が城下にまで及び、数多くの人が溺死した」と記しており、実際の発掘調査でも津波の痕跡が確認されています。朝廷は「陸奥国修理府」を設置し、多賀城や国分寺などの復興に乗り出しました。新羅人で瓦製作技術に長けた職人を陸奥国に派遣し、瓦生産に当たらせました。穴田東窯跡は、その際に瓦の生産を行った窯の一つです。

穴田東窯跡は、仙台市青葉区堤町の台原・小田原丘陵の標高約65～80メートルの南斜面に所在します。台原・小田原丘陵は梅田川と七北田川に挟まれ、穴田東窯跡以外にも数多くの窯跡が所在し、これらは台原・小田原窯跡群と総称されています。これまでの発掘調査で、5世紀代・7世紀末頃・8世紀中頃～10世紀頃と断続的に須恵器や瓦などを生産し、多賀城や陸奥国分寺、陸奥国分尼寺に瓦を供給していたことが判明しています。

調査区の正射投影図（オルソフォト）

大量の瓦が遺構に伴って出土したことから、それらを迅速かつ正確に記録するため、現場で撮影した写真から3Dモデルを作成し、それを基に正射投影図（オルソフォト）を作成した。

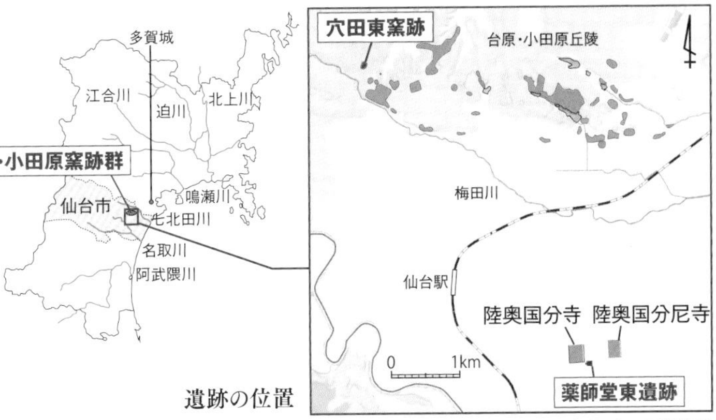

遺跡の位置

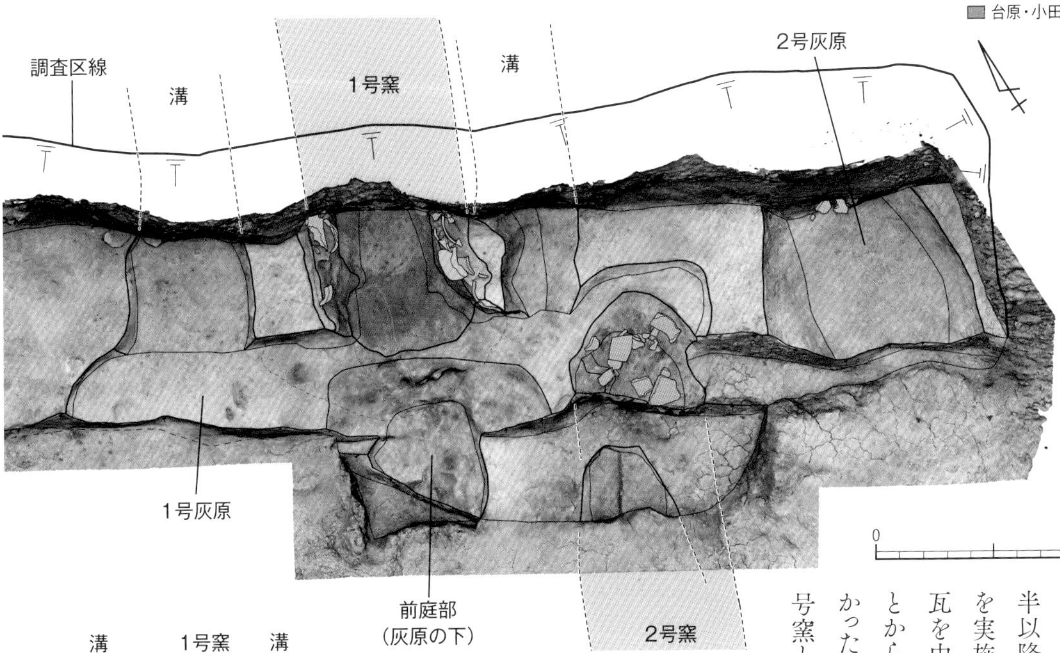

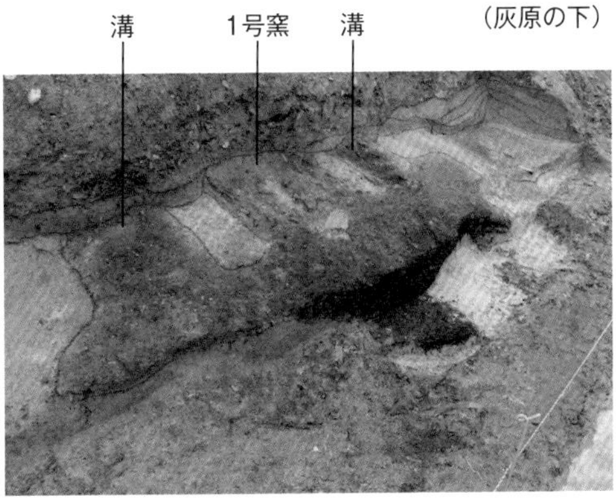

窯出土状況

中央の赤茶色の土が混入した溝状の遺構が1号窯。その両脇に作業用通路と推測される溝がある。窯の部分だけ土が赤茶色なのは、窯の天井が崩落したためと考えられる。窯の手前全体が灰原で、瓦や木炭が多数出土した。

窯（登り窯）の構造

灰原：灰や失敗した瓦が捨てられたところ
焚き口：窯の入り口
燃焼部：薪（まき）などを燃やすところ
焼成部：瓦などを焼くところ
排煙口：排気を行う煙突部分

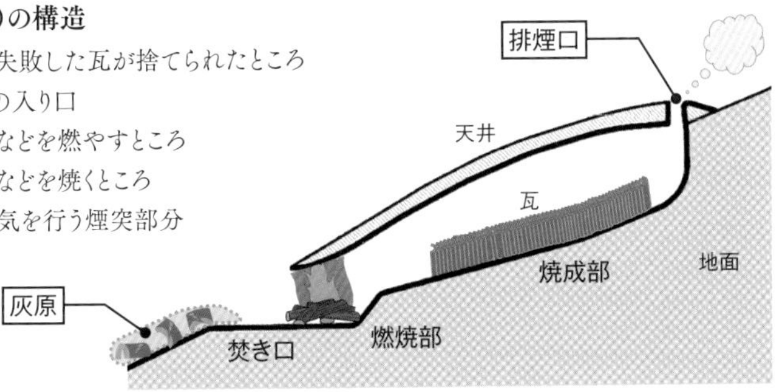

穴田東窯跡は、同窯跡群の最も西に位置しています。これまで発掘調査は行われていませんでしたが、採集された瓦から、9世紀後半以降の窯が存在すると考えられていました。令和3年に発掘調査を実施したところ、窯2基と溝2条、灰原（はいばら）2基が見つかりました。瓦を中心に多数の遺物が出土しましたが、その大半が平瓦であることから、窯では主に平瓦を生産していたものと推測されます。見つかった遺構のうち、斜面の下側にある2号窯が最も古く、その後、1号窯と溝2条が使用されたものと推定されます。2号灰原は最も

薬師堂東遺跡の梵鐘鋳造遺構

直径約77センチの円環状の底型を検出。この底型の上に鋳型を設置し、鋳型の隙間に溶かした金属を流し込んで鋳造を行ったと考えられる。堆積土の中から梵鐘の龍頭部分の鋳型の破片が出土。

陸奥国分寺・国分尼寺と薬師堂東遺跡の位置

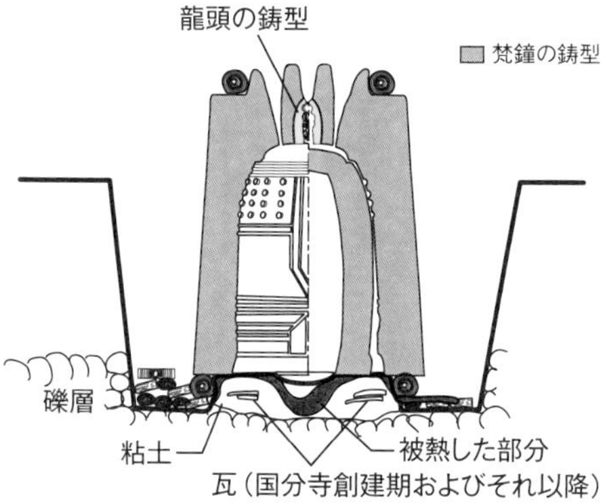

梵鐘鋳造の模式図

龍頭の鋳型は別に作られ、梵鐘の鋳型本体に埋め込む。龍頭とは、龍の頭の形をした梵鐘の吊り手。

薬師堂東遺跡出土の龍頭の鋳型

左：縦11.1センチ、横6.7センチ　右：縦14センチ、横10.7センチ

薬師堂東遺跡出土の須恵器

るつぼとして転用されたもので、溶けた金属を入れた際に熱を受けた痕跡と、金属に含まれていた不純物が残っていた。口径13.4センチ、高さ6.2センチ。

新しい遺構である可能性が高く、斜面の下側から順に窯を構築したと考えられます。また2基の窯はいずれも調査区外に延びており、周辺にはさらに多くの窯が存在していると推測されます。

出土した遺物が宝相華文軒丸瓦と連珠文軒平瓦などであることから、窯の時期は9世紀後半以降に位置付けられ、貞観地震の時期と一致します。また、穴田東窯跡の南東約5キロにある陸奥国分寺と国分尼寺からは、穴田東窯跡で出土した宝相華文軒丸瓦と連珠文軒平瓦が一定量出土していることから、穴田東窯跡で生産されたものが供給されたと考えられます。

薬師堂東遺跡は陸奥国分寺と国分尼寺の間に位置する遺跡です。9世紀後半頃に位置付けられる梵鐘などを鋳造した遺構群が見つかっており、梵鐘の鋳型や大型の羽口、鉄滓の付着した須恵器などが出土しています。この遺構群についても、営まれた年代から貞観地震の際に被災した陸奥国分寺の復興のためのものであったと考えられています。

被災した多賀城や陸奥国分寺などの復興については、これまでも国分寺での瓦の出土割合などさまざまな角度から論じられてきましたが、最近の発掘調査においても復興のための資材を生産した遺構が仙台市内各地で見つかっています。穴田東窯跡と薬師堂東遺跡の調査は、さらにそれを裏付けるものであり、生産の様相なども判明した点で非常に貴重な成果となりました。

（及川謙作）

生産地出土の瓦

宝相華文軒丸瓦（穴田東窯跡）

この文様の系譜は朝鮮半島に求められ、復興の瓦生産に新羅人が関わったことをうかがわせる。直径19.9㌢。

連珠文軒平瓦（穴田東窯跡）

瓦当面幅12.8㌢、同厚さ4.7㌢

連珠文軒平瓦（穴田東窯跡）

文様をよく見ると珠文の上端部が途切れたり、平瓦とは端が合わなかったりしている。これは文様を施すために使用された「笵」の湾曲が平瓦の湾曲と異なっていたために生じたものである。復興を急ぐため、他の地域から湾曲が異なる笵を持ち込んだ可能性が考えられる。頸部には山形文が施されている。

瓦当面幅7.6㌢、同厚さ4.4㌢、長さ20.8㌢。

瓦当面

上面

消費地出土の瓦

宝相華文軒丸瓦（薬師堂東遺跡）

縦9.5㌢、横8.6㌢

瓦当面

上面

連珠文軒平瓦（陸奥国分寺）

瓦当面幅27.8㌢、同厚さ4㌢、長さ17.3㌢

六ノ域遺跡

神奈川県平塚市

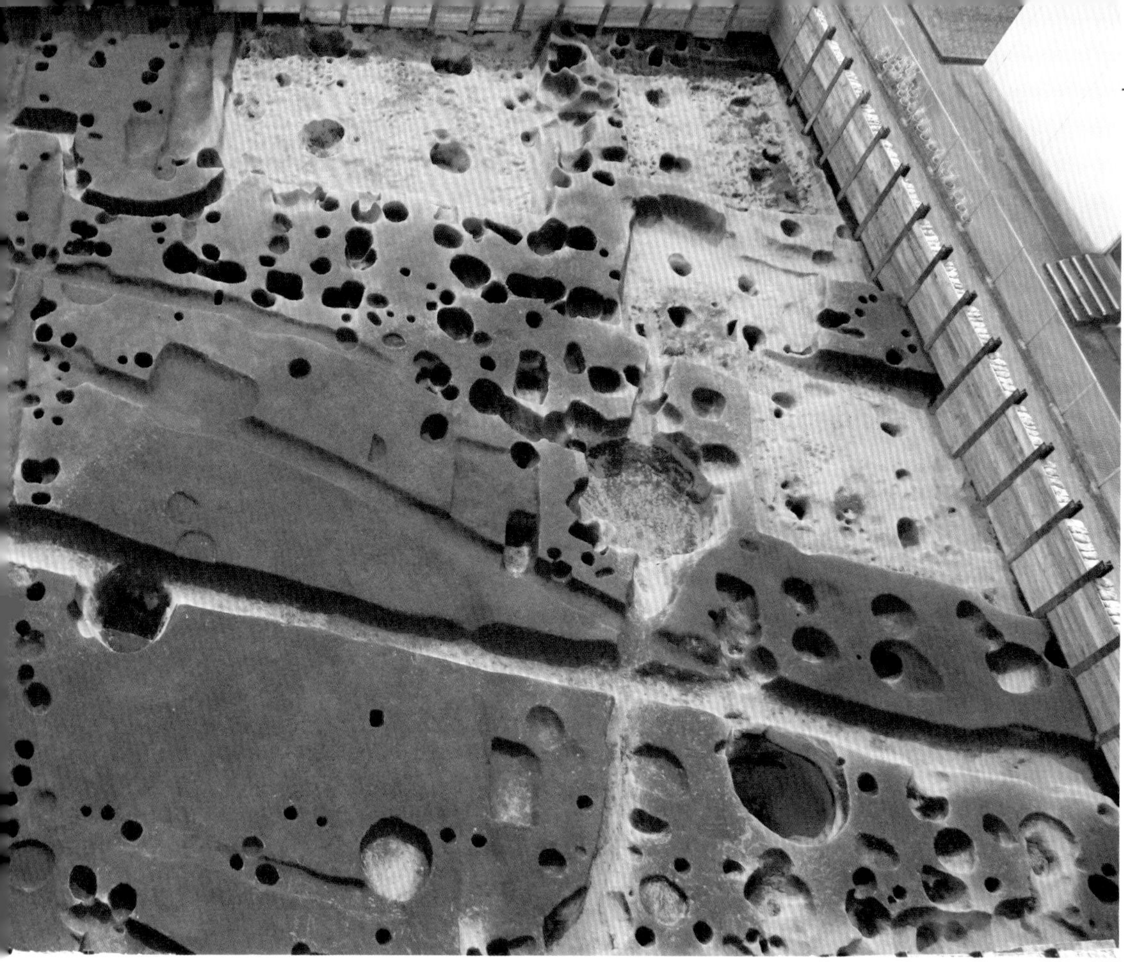

第20地点全景（北から）

南西側（右上）に8世紀前半以前の竪穴建物が重複して展開。その周囲に8世紀後半以降の掘立柱建物の柱穴が広がる。溝は東西方向が古く、南北方向が新しい。中央北寄り（中央手前）に遺構の空白域がある。

Data

飛鳥時代〜平安時代（7世紀後半〜12世紀前半）

相模国中心部の発展と復興を示す瑞花双鳥文八稜鏡も出土

六ノ域遺跡は、縄文海進後に形成された砂州・砂丘上に位置し、周囲は相模国府域に比定されています。これまで20次にわたり発掘調査を行い、縄文時代から中世の遺物・遺構を検出しました。主体となるのは飛鳥時代から平安時代で、本遺跡とその西側に隣接する坪ノ内遺跡の双方から8世紀代の大型廂付掘立柱建物が見つかりました。これらは国庁脇殿と推定されることから、遺跡周辺は相模国府の中心域と考えられています。

令和3年度に発掘調査を行った第20地点は国府推定域の北東寄りに位置し、飛鳥時代から奈良・平安時代の竪穴建物、掘立柱建物、柱穴列、溝状遺構、井戸、土坑、遺物集中などを検出しました。時代ごとの建物の変遷を見ると、まず7世紀後半から8世紀前半にかけて竪穴建物主体の居住域が形成されます。8世紀後半に竪穴建物が激減し、代わりに掘立柱建物が増加することから、居住域から官衙域に変化したと考えられます。9世紀後半に再び竪穴建物が増加し、以後、減少しつつ掘立柱建物と併存し、平安時代末期以降は耕作地となったようです。

調査区中央北寄りには遺構の空白域があり、そこで7世紀後半から8世紀第1四半期の土師器杯や甕の破片がまとまって出土しました（1号遺物集中）。何らかの祭祀が行われた空間と推測されます。

遺跡遠景（西から）

中央下寄りの小学校校舎手前（赤い矢印）が第20地点。東を相模川が流れ、相模湾に注ぐ。江の島や三浦半島などが望める。

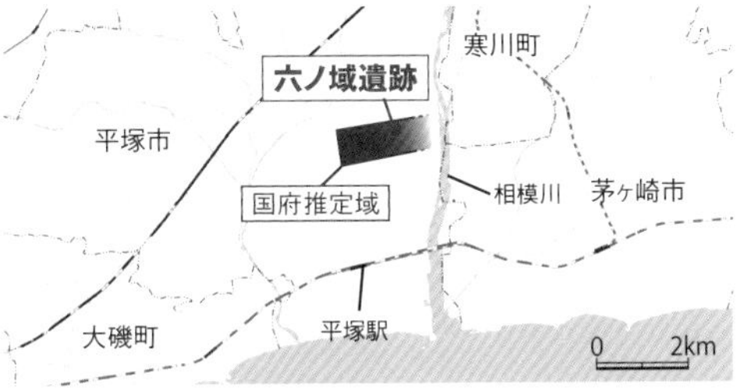

遺跡位置と国府推定域

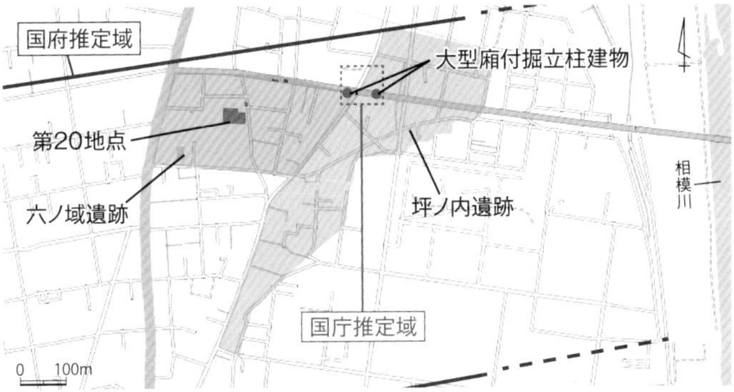

六ノ域遺跡と大型廂付掘立柱建物

坪ノ内遺跡側の大型廂付掘立柱建物（東から）

大きさは3間×9間以上。（提供：神奈川県教育委員会）

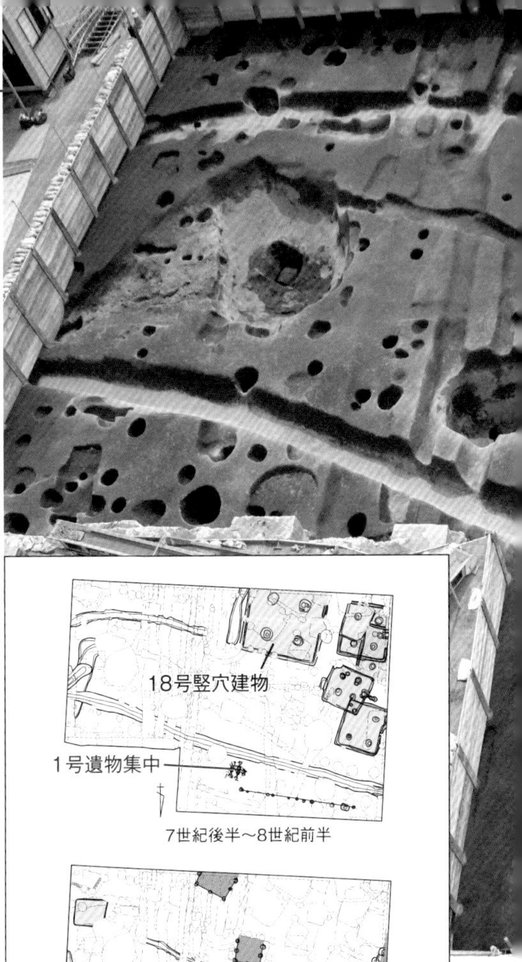

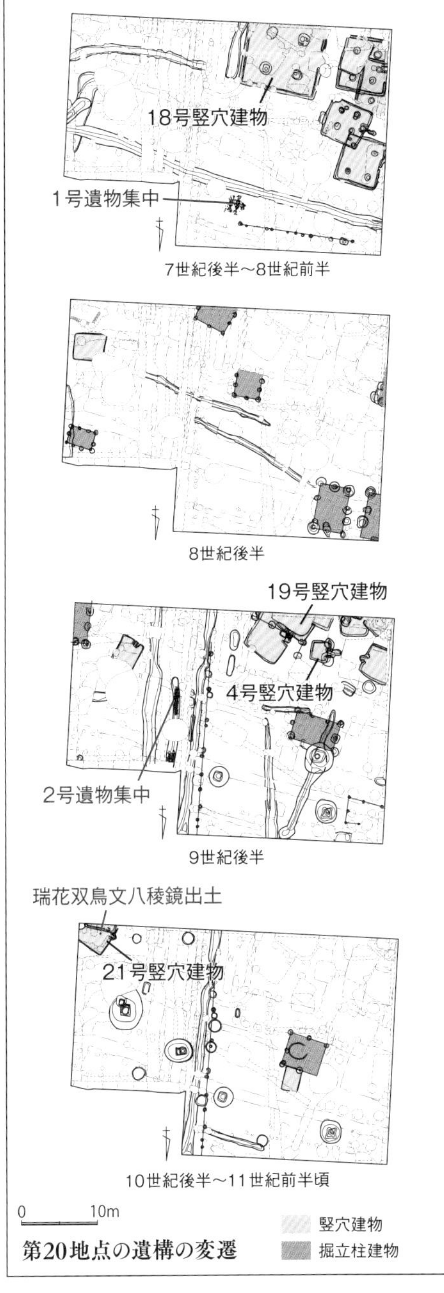

第20地点の遺構の変遷

2号遺物集中（北東から）

溝状遺構の覆土上層から、須恵器の甕や壺、陶器の壺や瓶類を中心とした大量の遺物が出土。六ノ域遺跡では遺物が集中的に出土する遺構が他に3地点（第3・9・16地点）で確認されており、いずれも土師器を中心とし、祭祀や饗宴に伴うものと想定されているが、当遺構は倉庫内の貯蔵具類が一度に破損して一括廃棄されたような様相を呈する。9世紀末頃。

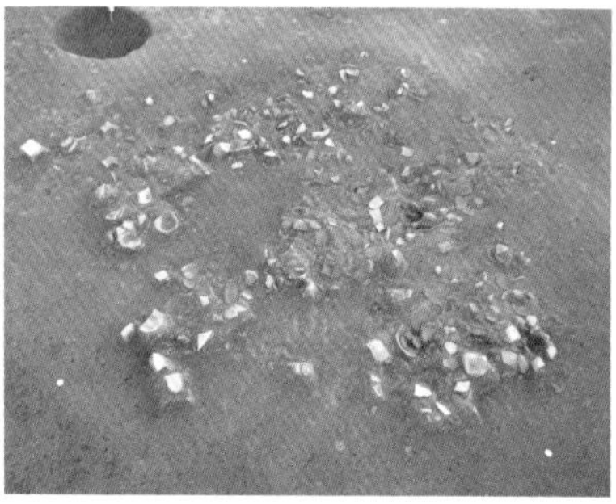

1号遺物集中（北西から）

東西約3㍍、南北約2.5㍍の範囲に土師器杯や甕などの破片が堆積。7世紀後半～8世紀前葉。

18号竪穴建物（東から）

1辺10㍍余りで第20地点最大の竪穴建物。4基の柱穴と西側にカマドを有する。7世紀末～8世紀前葉。

4号竪穴建物（東から）

1辺約2.5㍍。9世紀後半。

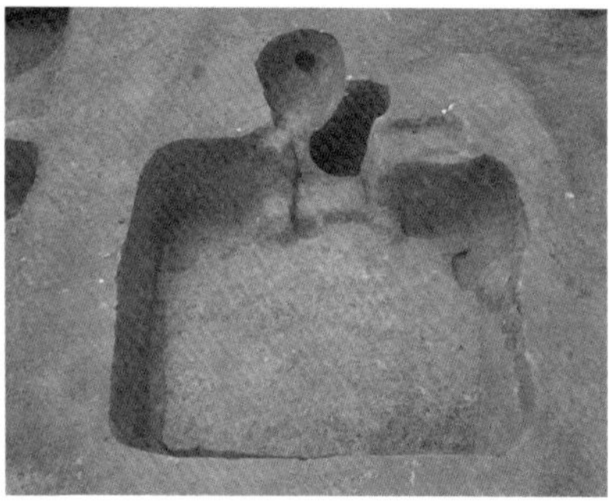

調査区東寄りでは南北に走る溝状遺構の上層で2号遺物集中が検出されました。おおむね8世紀後半から9世紀後半の須恵器や灰釉陶器の壺、瓶類など貯蔵具類を中心とした遺物が出土しており、9世紀末頃に投棄されたものと考えられます。

第20地点では、灰釉陶器や緑釉陶器の他、墨書土器や転用硯、刻書土器など、古代の役所に関連する遺物が多数出土しています。中でも特筆すべきなのが、奈良・平安時代の包含層掘削中に完全な形で出土した瑞花双鳥文八稜鏡です。瑞花双鳥文八稜鏡とは、唐の鏡の影響を受けて9世紀後半頃から日本で生産されるようになった鏡です。瑞花双鳥文八稜鏡を含め、八稜鏡は全国では300面を超える出土例がありますが、神奈川県内では逗子市池子遺跡群に次ぐ2例目の出土で、希少といえます。本遺跡で出土した背景は分かりませんが、出土地点の直下には10世紀後半以降に比定される21号竪穴建物が確認されており、建物が埋没する過程で、11世紀前半頃に埋納された可能性があります。

相模国府域の竪穴建物は8世紀前半と9世紀後半に増加が見られます。その理由として、相模国府の造営による人口増加と、元慶2（878）年の地震に伴う家屋の被災と再建が想定されています。本調査区の建物変遷や2号遺物集中の様相は、国府の造営や経営、災害や復興といった当時の社会情勢を反映しているものと考えられます。

（五十嵐睦・土　任隆）

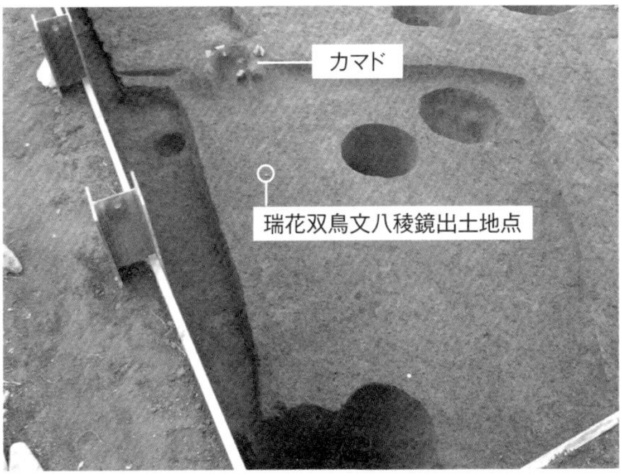

21号竪穴建物（南東から）

1辺約5m。10世紀後半以降の竪穴建物の検出面直上から瑞花双鳥文八稜鏡が出土。

19号竪穴建物のカマド煙道

土師器甕4個を連結させてカマドの煙道を構築。9世紀末頃。

瑞花双鳥文八稜鏡（原寸大）

鈕孔（ちゅうこう）は円形で、中央の鈕の上下に草花、左右に2羽の鳥が点対象の位置に配置され、草花は外側へ広がり、鳥は向かい合う構図となっている。鏡は10世紀末から11世紀初頭を境に唐風から、円形を基調とする和風の鏡「和鏡」へと移り変わるが、当鏡は唐風から和風へと移り変わる頃に製作されたと考えられ、唐鏡では線対称で相対する双鳥文が点対称で表現される構図や、唐鏡には表現されない瑞花文が表現されるといった特徴を持つ。11世紀前半に比定。最大径11.2cm、最大厚さ0.6cm、重さ144g。

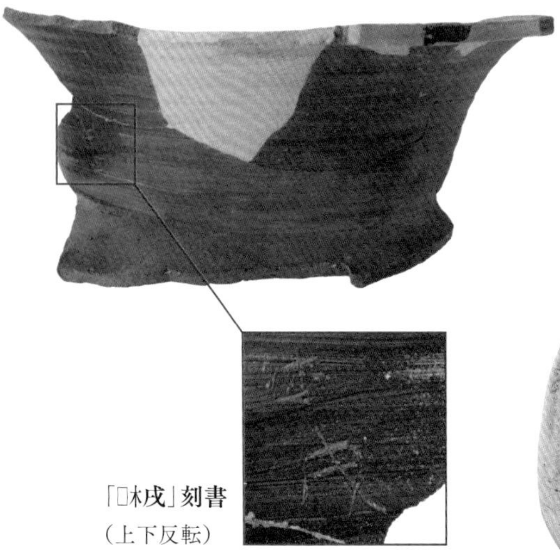

「□木戌」刻書
（上下反転）

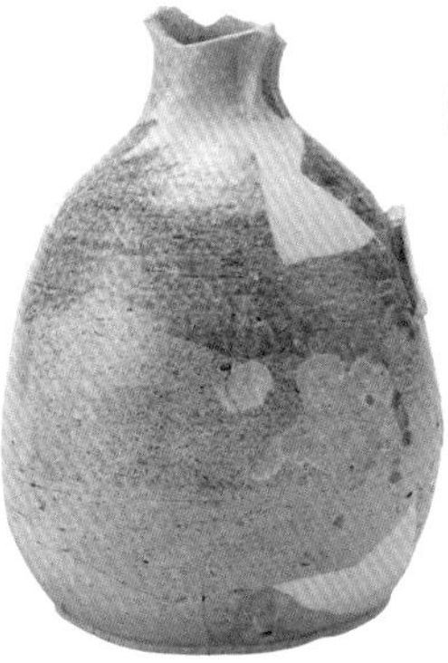

第20地点の2号遺物集中出土土器

左：須恵器甕　口縁部外面に「□木戌」の刻書がある。口径41センチ、残存高16.2センチ
中：灰釉陶器手付瓶　底径12.3センチ、残存高21.5センチ
右：灰釉陶器長頸瓶（ちょうけいへい）　口径15.8センチ、高さ33.2センチ

人面墨書土器

第8地点の8世紀後半の竪穴建物から出土。相模型の土師器杯で、器の外側の相対する位置に人の顔が墨書されている。少し困ったような顔つきが特徴。口径11.4センチ、高さ3.7センチ、底径7.3センチ。奈良時代～平安時代初頭（8世紀後半）。

刻書土器

第17地点の平安時代の土坑から出土。猿投（さなげ）産（愛知県）の灰釉陶器で、内側に「凡人部豊子丸」という人名が3カ所刻まれている。焼成前に刻まれたもので、意図は不明。口径14センチ、高さ4.3センチ、底径6.2センチ、高台径6センチ、高台長0.7センチ。平安時代（9～10世紀）。

近世

17世紀に江戸幕府が開かれると、幕藩体制の維持を目的として、幕府の命により江戸の日本橋を起点とする主要街道として、東海道（とうかいどう）、中山道（なかせんどう）、甲州街道（こうしゅう）、奥州街道（おうしゅう）、日光街道（にっこう）の五街道の整備が進められました。五街道には一定の間隔で宿場町が置かれ、宿泊や荷物運搬の拠点として栄えました。今回は、江戸と日光を往復する日光街道の宿場町として、栗橋宿（くりはししゅく）関連遺跡群を紹介します。

安土桃山時代

1600

1603 徳川家康、江戸幕府を開く

1624 新栗橋に関所が成立

1635 この頃より各宿駅に本陣・脇本陣を整える

1636 日光街道（江戸―下野国日光間）開通

1650

1654 新栗橋を栗橋宿に改称

1700

1725 栗橋上町から出火。家屋残らず消失

江戸時代

1750

1800

1810 栗橋宿大火（弥七火事）

1822 栗橋宿大火により宿内の130軒あまりが消失

1850

明治時代

1868 明治維新

1869 栗橋関所の廃止

栗橋宿関連遺跡群

近世

栗橋宿関連遺跡群

埼玉県久喜市

Data
江戸時代前期～後期（17世紀前葉～19世紀後葉）

宿場の区画施設（東から）

縦に走る白線部分が区画施設。板壁を杭で押さえた溝と考えられるが、大半が杭だけ残った状態で見つかった。左上の「ロ」字形に掘り込まれた構造物は、土蔵のような重厚な建物の基礎と考えられる。

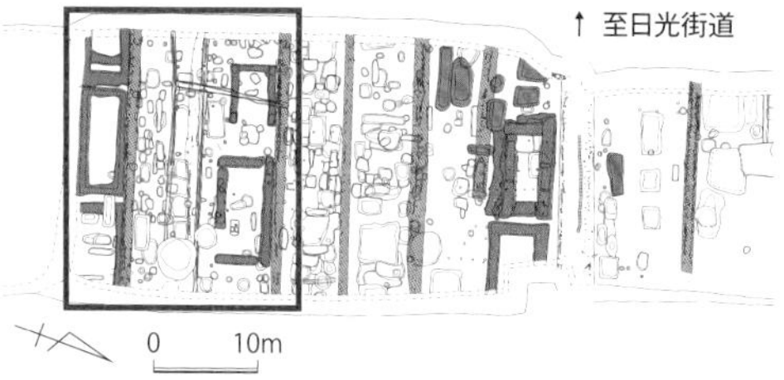

栗橋宿跡第9地点の遺構図

赤線で囲った部分が上の写真に該当

建物　区画施設　焼けた壁土などが埋められた穴　合の道

発掘調査で丸ごとよみがえる日光街道の宿場町

埼玉県北東部に位置する栗橋宿関連遺跡群は、栗橋宿跡・栗橋宿本陣跡・栗橋宿西本陣跡・栗橋関所番士屋敷跡・北2丁目陣屋跡から成ります。江戸と日光を往復する「日光街道（日光道中）」の宿場「栗橋宿」に関わる遺跡で、利根川の渡河点や関所に接する重要な宿場でした。平成24年から利根川の堤防拡幅工事に伴い発掘調査を行い、令和5年度に全ての作業を終了しました。発掘調査の対象面積は5万平方メートルを超え、街道に沿って南北700メートル以上にわたります。調査範囲は、街道に面した部分よりも少し奥まった町屋の裏手が中心で、街道や大名が宿泊した本陣（栗橋宿本陣跡）や鎮守の牛頭天王社（北2丁目陣屋跡）も含みます。

見つかった遺構は、江戸時代前期から明治時代以降にまで及び、江戸時代後半（18世紀中頃～19世紀中頃）のものが主です。ごみ穴と考えられる土坑が多く、陶磁器や木製品が大量に出土しました。焼土や焼けた瓦などが詰まった土坑は、火災の後片付けの痕跡と考えられます。特に19世紀初め、文化・文政年間に立て続いた火災の被害は大きく、復興に併せて敷地境を示す区画施設が整備されたようです。現在に続く町の区割りは、この頃に完成したものです。

本陣の敷地周辺からは、火災で焼けて廃棄された陶磁器が多く出土し、そろいの長皿・焼物皿・蓋付鉢・小型すり鉢や、中国産の磁器皿など、凝った意匠の陶磁器が多く見られます。地元に残された古文

遺跡遠景（南から）

栗橋宿の上流で利根川（左）と渡良瀬川（右）が合流し、水量を増して千葉県銚子方面へと南流する。堤防の上を走る国道4号線は右に折れて茨城県古河市に入るが、日光街道もここで武蔵国から下総国に入っていた。

「日光道中絵図」に描かれた栗橋宿

真ん中を利根川が流れ、その向こうに見えるのが筑波山、手前が栗橋宿。

（出典：国立公文書館デジタルアーカイブ）

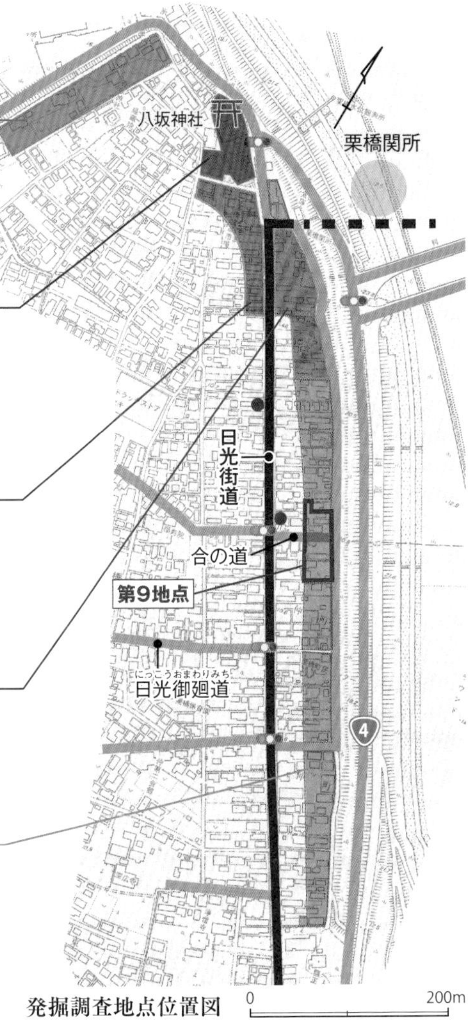

発掘調査地点位置図

栗橋関所番士屋敷跡

関所に勤め、その管理を行う番士が住む屋敷跡。洪水に備えて盛土の上に家屋が構えられていた。当時の図面に合致する位置で建物跡が発掘された。

北2丁目陣屋跡

牛頭天王社があった範囲。盛土の上に建つ大規模な社殿跡が調査された。石灯籠、絵馬など牛頭天王社に関連する遺物が出土。

牛頭天王社の社殿

栗橋宿西本陣跡

旅籠・茶屋などを含む町屋と想定される空間。江戸時代中期から幕末期の町人の住まいや焼けた壁土・瓦などが出土。

栗橋宿本陣跡

大名らの宿泊所であった本陣や町屋から成る空間。本陣の範囲を区画した溝や多数の井戸などが出土。

本陣と町屋を区画する溝

栗橋宿跡

街道沿いに広がる町屋空間。江戸時代後期の絵図に見える旅籠や、茶屋・餅菓子屋・青物屋・鍛冶屋・煙草屋・医師・舟問屋などの空間を調査した。第1～9地点に分かれる。

火災後に廃棄された陶磁器や瓦（栗橋宿本陣跡）

火災の廃棄物を捨てたと思われる本陣敷地内の土坑。焼土に混じって、肥前（ひぜん）系磁器皿（104ページ上段）などのそろいの皿が出土。栗橋宿では本陣跡にしか見られない組み合わせで、本陣が大きな被害を受けた文政5（1822）年の火災で廃棄されたと考えられる。

書には、文政5（1822）年の火災で「御賄向諸道具（おまかないむきしょどうぐ）」が残らず焼けたと記録されており、こうした資料を示していると考えられます。

周辺の町屋からも被熱した陶磁器の碗や皿がそろいで出土し、宿場での飲食に供された食器類と考えられます（107ページ写真）。その量は膨大で、商売の空間として発達した宿場の性格をよく示しています。商売に関わる遺物では、「とらや」・「板屋（いたや）」・「吉田屋（よしだや）」などの屋号を染め付けした磁器が各所から出土しています。

宿場という特性からか、地方では珍しい遺物も多く出土します。ベルギー産の軟質磁器皿や中国産の磁器製薬瓶、「浅紅（あさべに）」と書かれた紅容器などの陶磁器類に加え、ガラス製や金属製の髪飾り類・柄鏡も複数出土しました。土製の人形や玩具の出土量が多いのも特徴です。質量共に豊富な出土品は、江戸時代後期の宿場を行き来する人や物の実態を反映する資料といえるでしょう。

近世の宿場町としては全国的にも類を見ない大規模な発掘調査例であり、遺物の組成には本陣・町屋の性格差が反映されていました。また、町屋の中でも旅籠（はたご）の区画には古い土蔵が多いなど、職種が反映されている遺構、遺物も見られます。今後、宿場町の研究・復元に重要な役割を果たすことが期待されます。

（村山　卓）

井戸（栗橋宿本陣跡）

桶枠（おけわく）を重ねて使用していた。上段の桶の外径57㌢。

土坑から出土した箱枕（栗橋宿本陣跡）

筒形の枕の下に付く箱形の台部分。枕の部分は失われ、台には赤い漆が塗られている。

漆椀や木製品の出土状況（栗橋宿西本陣跡）

地下水位が高いため、台地上では朽ちて残らない木製品も多く残っていた。旅籠と推定される場所で、漆椀や下駄が多く出土。墨書きによる文字資料も多い。

火災層（栗橋宿西本陣跡）

栗橋宿の北部、本陣や脇本陣が集まるエリアは「上町」と呼ばれた。上町では、火災で堆積したと考えられる焼土層が2層確認できた。遺物の年代や文献に見える火災の記録から、19世紀初めの文化・文政年間に頻発した火災によって形成されたと考えられる。

土坑から出土した番傘（栗橋宿跡）

細い竹の骨組みに和紙を貼った昔の雨傘。土坑の底に木材と共に廃棄されていた。ここは江戸時代には「鍛冶屋」、明治時代には「棒屋」が所在した場所で、傘は一緒に出土した遺物から明治時代のものとみられる。

土蔵と考えられる建物基礎（栗橋宿跡）

再利用の樽を埋め、その内外を小砂利で固める樽地業といわれる工法で、上に土蔵が建てられていたと考えられる。ここは旅籠があった区画で、同じ区画からは十錦手といわれる色鮮やかな中国産磁器がまとまって出土した。江戸時代後期。

肥前系磁器皿(栗橋宿本陣跡)

本陣敷地内の土坑から出土。そろいの皿で、丸い皿9枚、長皿10枚。本遺跡群ではあまり出土しないデザイン。溶着した破片の様子から、重なった状態で保管されていたものが火事で割れたと推測される。右手前の長皿の長辺約20㌢。江戸時代中期(18世紀前半)。

鍋島焼(なべしまやき)色絵皿(栗橋宿本陣跡)

肥前鍋島藩の御用窯で焼かれた鍋島焼。高級な焼き物として将軍家や大名家への贈答品に用いられた。破片4点はすべて同一個体で、表面に牡丹唐草文(ぼたんからくさもん)、裏面に七宝繋文(しっぽうつなぎもん)が染め付けされている。加えて、表面は赤や緑の上絵付けで彩色されている。どのような経緯で栗橋宿にもたらされたのか、その来歴が興味深い遺物。大きい破片の幅8.5㌢。江戸時代中期(18世紀前半)。

揚羽蝶文鬼瓦（栗橋宿本陣跡）

本陣敷地内の火災による廃棄物を捨てたと考えられる土坑から出土。代々本陣の役割を務めた「池田家」の家紋瓦で、揚羽蝶の文。本来は黒っぽい色だったと思われるが、被熱により黄褐色に変色している。文化・文政年間の火災で本陣の建物が被害に遭ったことを示している。

縦42センチ、幅95.2センチ、厚さ8センチ

揚羽蝶文

「板屋」銘肥前系磁器皿（栗橋宿跡）

「板屋」と家印（¬に上△）が染め付けされている。板屋は栗橋宿の年寄を務めた家の屋号で、鎮守の牛頭天王社に奉納された文政元（1818）年の灯籠にも名前がある。近代の史料から板屋がこの店印を使用していたことが分かっている。宿場から生産地（肥前）に、屋号や家印の染め付けを注文していたことを示す。口径13.6センチ。

中国清朝の磁器小椀（栗橋宿本陣跡）

江戸後期の文人に人気があった煎茶を飲む茶器。中国・景徳鎮産で、粉彩という技法で緑色に彩られる。十錦手とも呼ばれる。江戸地域以外では滅多に出土しない。口径6.8センチ、高さ4.2センチ、底径2.6センチ。

簪の玉

栗橋宿本陣跡出土。直径1.3センチ。

猿形の土製品

人形。栗橋宿跡出土。全長7センチ。

犬抱き童子

人形。栗橋宿跡出土。高さ7.9センチ。

宝永一分判金（栗橋宿本陣跡）

江戸時代の金貨の一つ。日光街道の脇にある小さな穴から出土。一分判金の出土は少なく、遺跡全体で3点のみ。写真は裏面。

縦1.5センチ、横1センチ、厚さ1.3ミリ

ベルギー産軟質磁器皿（栗橋宿本陣跡）

中国の悲恋物語を主題に「ウィロウ・パターン」と呼ばれる東洋趣味の文様が描かれている。裏側の銘からベルギーのボッホ・フレール社で製作されたと考えられる。旅籠の区画から出土しており、その所有物だった可能性がある。口径23.4センチ。江戸時代末（19世紀中頃）。

「宝結び」

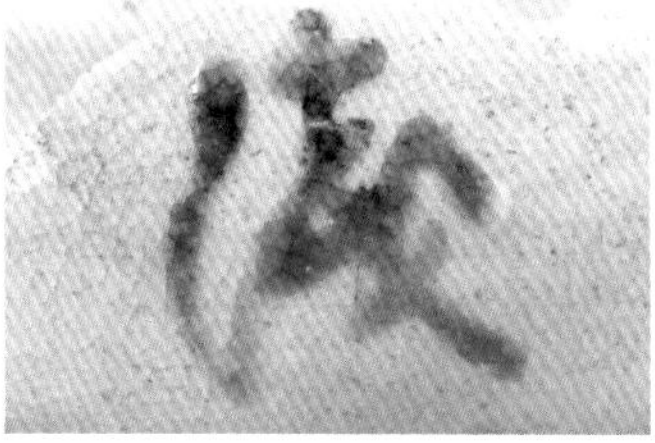

「浅」

「紅」

京都信楽系陶器杯「浅紅」銘（栗橋宿本陣跡）

「浅」「紅」と書かれた杯が100点以上出土。文字と共に描かれた宝結び文は、『江戸買物独案内』に掲載された浅草の紅屋「白粉紅問屋諫蔵」の商標と一致しており、紅猪口であったと考えられる。江戸地域ではほとんど出土例がなく、なぜ栗橋から多量に出土するのか謎。口径6.5センチ、器高3.8センチ、底径2.3センチ。江戸時代後期（18世紀末～19世紀初め）。

町屋で使われていたとみられる陶磁器（栗橋宿西本陣跡）

本陣から日光街道を挟み向かい側は、旅籠・茶屋などを含む町屋空間だった。その範囲でも文化・文政年間の火災で廃棄された遺物が大量に出土。本陣の出土品と異なり、中型の皿や蓋付きの碗が多い。

 遺跡に関する問い合わせ先：埼玉県教育局文化財・博物館課　TEL.048-830-6988／（公財）埼玉県埋蔵文化財調査事業団　TEL.0493-39-3955

掘っている人を深掘り！
調査研究の目

日本列島の発掘調査に関わる「人」に、どんな「研究」を進めているのかを聞きました。

器の実測中

京都市文化市民局文化財保護課
文化財保護技師　赤松佳奈さん

平安貴族が愛した器
京都の輸入陶磁器を再考する

——ご専門とされる研究は？

京都から出土する土器・陶磁器を研究しています。平安時代から近世までの土器の変遷やその意義を研究することが目標です。その一環で、今は平安京で受容された輸入陶磁器の全体像を把握する挑戦をしているところです。

——それが、赤松さんの発表された『京都出土中国産陶磁器の形・質・割合とその背景』シリーズ★1ですね。

そうです。中世土器の研究会で輸入陶磁器を集める機会があり、その時、11〜12世紀の白磁に、時間経過によって型が変わる「型式変化」が見えることに気が付いたのです。これは、多くの埋蔵文化財技師が発掘調査の際に参考にしている大宰府編年★2では明言されていない事実だったので、論文にしようと思いました。大宰府編年とは、古代日本における交易の中心であり陶磁器流通の中心地でもあった大宰府の発掘調査で出た輸入陶磁器を分類し、年代順に並べたものです。

さらに、長期的な土器の変化が見たかったので、平安時代前期（9世紀）から再考することにしました。京都出土の輸入陶磁器に特化した先行研究はほとんどなく、とりあえず800冊ほどある報告書に片っ端から目を通し、何がどれだけ出ているのかを調べました。

どんな器形がどれだけの数あるかが分かると便利だと思ってまとめていくうちに、生産地である中国（唐）の同時代の陶磁器と京都出土の陶磁器では、京都の方が種類が少ないことに気付きました。例えば、唐ではペルシャのグラスをまねた陶磁器が非常に流行ったのですが、日本にはほぼありません。そこから、陶磁器の「形・質・割合」だけでなく、輸入する側の意思という「背景」までが見えてきたのです。

——発掘調査で分かった、平安京の貴族が愛した陶磁器は何ですか。

平安時代前期には、優れた磁器を焼く中国の越州窯の青磁椀Aが最も多く出土し、その次が玉縁状の口縁部を持つ白磁椀です。これらは唐の『茶経』という書に出てくる茶椀と推定されます。その他、少量ながらも多様な器種が出土しており、これらについてよく調べると、唐代の宮廷でお茶に使用されていた道具B、あるいは奈良時代の仏具と似たものCであることが分かりました。さらに、珍しい輸入陶磁器は、京都の中でも貴族の邸宅跡など、限られた場所からしか出土していませんでした。つまり、平安京の貴族は、茶器と仏具の最高級品を選んで輸入していたのです。

——陶磁器の年代はどのようにして分かるのですか。

日本出土の輸入陶磁器は、生産地の中国と違って、死者の姓名や経歴、没年などを記した墓誌など、年代が分かる紀年銘資料と共に出土することはありません。そこで、土師器の編年を援用しています。

京都は、平安時代以降から江戸時代にかけて長期間人々が生活した都市で、この間ずっと土師器が使われました。そこで、京都の遺跡の年代を測る物差しとして土師器の編年を使用しています。平成8年に編年案が作成され、令和元年にその改訂版が発表されました。

輸入陶磁器の編年研究では、この改訂された土師器編年を基準にしています。土師器皿と輸入陶磁器が一緒に出土した遺構など、両者を同時期に消費したと考えられる一括資料を探し、輸入陶磁器を土師器編年に沿って年代順に並べていくのです。その時に、同時に出土した輸入陶磁器の種類も考慮します。こうして土師器と輸入陶磁器、あるいは輸入陶磁器同

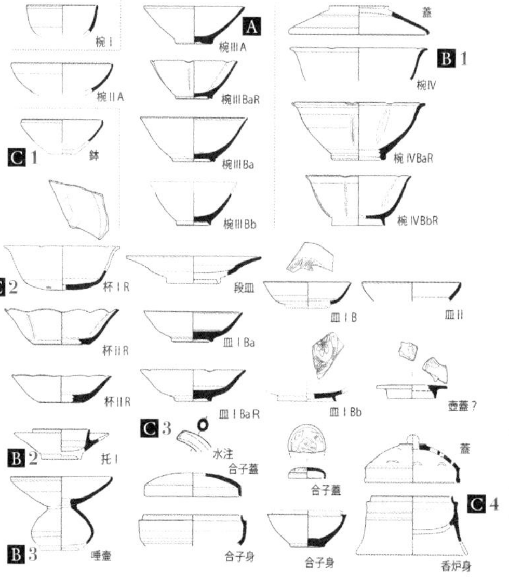

平安時代前期の青磁器形一覧
B 1 越州窯青磁の大椀で出土は少数。絵画資料から、唐の宮廷でお茶を入れて使用されていたものと分かった。2 茶椀を受ける皿。3 唾や不要な液体を捨てる壺。C 1 鉄鉢形仏器の系統。2 中国で寺院の塔に収められていた器形。3・4 宴会や仏前で使用。

★1 2020「(1)平安時代前・中期の文化人が憧れたものは何か」『京都市文化財保護課研究紀要』第3号、2021「(2-1)白磁分類への問題提起」同4号、2023「(2-2)量と質の変様」同6号

士の関係を整理し、仮の年代を決めていきました。

――そもそも土師器の年代を決める根拠は？

考古学の遺物の編年は基本的に、地層や遺構の重なりから分かる「順序」と、同種の器の形が徐々に変わる現象である「型式変化」を組み合わせて、相対的な順番（相対編年）を決めます。京都の土師器編年も基本はこの手法ですが、形だけでなく、土器の口縁部の直径を基準にした大きさの変化を統計処理したデータも利用しています。

こうして作られた相対編年に、状況証拠などから推測される年代を当てはめていきます。正史や貴族の日記などには、和暦何年にどこで何があったかが記載されていることがあります。例えば、内裏推定地の発掘調査で平安時代の火災の層を見つけたとします。天徳4（960）年に内裏で火災があったことが分かっているので、この層から土器が出土すれば、状況証拠から土器の年代観を推定できます。また、土器そのものに年号や干支の墨書があれば、使用されていた年代観が分かります。

この先、年代の分かる新資料が見つかったり、齟齬や矛盾が出てきたりするかもしれません。この輸入陶磁器の編年も使用しながら検証し、修正していくつもりです。物差しである編年は考古学研究の基礎なので、作ったら完成ではなく、見直し続けなければなりません。

高級白磁の皿（左）、椀と托。9世紀後半の、最高級官僚である公卿邸跡から出土。（提供：京都市）

――陶磁器研究の意義とは？

京都の土師器は京都ローカルな器です。作る人も、京都以外での使用を想定していないし、全国に行き渡るだけの量産もしませんでした。土師器は京都を発掘調査するための物差しとしては非常に役立ちますが、京都以外の世の中との付き合いについては分かりません。そこで、陶磁器の出番です。

土器づくり（窯業）は粘土と燃料の木が必要で、かつ運搬手段の確保も不可欠です。例えば、中世の京都には瀬戸・美濃の陶器や、兵庫県産・東海産の須恵器などが流入しています。特に日本全国で出土する広域流通品である瀬戸・美濃などの陶器の流入状況から、他地域とのつながりを推測できるのです。また、輸入陶磁器は中国から輸入しない限り手に入らないので、その質や量の変化を知ることで、輸入の実態や当時の外交関係も推測することができます。

さらに、陶磁器には明確な品質差があります。精緻に作られた器や調度品もあれば、容器として粗雑に作られたものもあります。また、薪を使う窯業は焼いた時に必ず品質差が出ます。こうした品質差は、消費地では価値の差になるので、どんな質のものが、どれだけ出土したかで、居住者の階層を推定できます。平泉出土の輸入陶磁器について研究したことがありますが、中国でも高級品とされる高品質な青白磁が多量に出土しており、奥州藤原氏の文化階層がとても高いことが分かりました。

「何があるか」だけでなく、「どんな形か」「どんな質か」「どれだけの割合で出ているか」という三つの要素を通時代的に見ていけば、時代の流行や特徴が浮かび上がります。これは土師器ではあり得ないことです。

――最後に、平安京を掘る醍醐味は？

平安京は千年の都といわれるように、長期間の生活により、場所によっては遺構面が10面以上あります。掘っていて一見訳が分からないところが難しいけれど面白いです。個人的に、上層を掘る段階では謎だった遺跡の状況が、下層を掘ることで明らかになるのは快感です。

さまざまな時代の商工業の担い手が暮らしたので、時には戦国時代の店を掘ることができるのも都市遺跡ならではです。また、文献記録は年代以外にも得られる情報が多く、考古学と文献史学の研究成果を突き合わせた歴史の復元が可能です。さらに、京都の土師器編年は年代観を裏付ける根拠資料が多く現段階での妥当性が高いので、広域流通品が持つ年代観と組み合わせて他地域でも利用できます。

このように、京都における土器・陶磁器は大変魅力的な研究題材ですが、遺跡や遺物の数が膨大な上、破片資料が多いため、作業が煩雑になり、これまで未開の荒野として残されていました。でも今後、地域ごとに出土する陶磁器の形・質・割合を研究していけば、いつか中国と比較できるし、中国陶磁器は世界に流通しているので世界との比較も可能でしょう。そのために国内を把握しようと京都の輸入陶磁器について、江戸時代まで黙々と研究していくつもりです。今は、鎌倉時代に入ったところです。

京都市内の遺跡の試掘調査の様子。左端が赤松さん。

★2 横田賢次郎・森田勉1978「大宰府出土の輸入中国陶磁器について」『九州歴史資料館研究論集4』、山本信夫2000『大宰府条坊跡ＸＶ』

日本列島発掘最新速報2024

旧石器時代（芝康次郎）

現生人類の驚異的な石材資源探索能力

日本列島に現生人類が出現して以降、彼らは生活に必要な資源をいち早く探索し、それを利用しました。考古学的に端的にそれを示す資料が、黒曜石です。この黒曜石を探し求めて、ある者は海を渡り、ある者は険しい山を登り、黒曜石を見つけ、そして利用したことが分かっています。令和5年度に奈良文化財研究所によって調査された、長野県佐久穂町のトリデロック遺跡もそんな遺跡の一つといえます。遺跡は、黒曜石原産地である八ヶ岳の麦草峠付近（標高約1700メートル）に立地し、3万5千年前に降灰した火山灰層の下から、小石刃とそれを剝ぎ取った石核が見つかりました。同種の黒曜石は、列島最古級の石刃石器群として注目されている佐久市香坂山遺跡でも出土しており、両者の関連性も想起されます。計画的な資源獲得能力は、現代人的行動の一つといえますが、日本列島に渡った当初、情報が全くない中で必要な資源を探索、発見する能力は、もはや驚異的とさえいえます。

相模野台地で次々と見つかる重層遺跡

近年、神奈川県では新東名高速道路や厚木秦野道路の建設等に伴って、次々と旧石器時代の遺跡が発見されています。これらの遺跡が所在する相模野台地は、これまでも数多くの旧石器時代遺跡が発見、調査され、旧石器時代の道具（石器）の移り変わりを考える上で重要な地域の一つです。その特色は、何といっても富士山の噴出物を起源とした分厚いローム層堆積にあります。近年調査された秦野市蓑毛小林遺跡や、伊勢原市粟窪・林遺跡、上粕屋・和田内遺跡などでは、幾重にも重なったローム層中から、3万年前の旧石器時代から縄文時代へ移り変わる時期（約1万7000年前）までの数時期の石器群や暮らしの跡が見つかっています。特に蓑毛小林遺跡からは、約2万年前の槍先形尖頭器250点以上、剝片類を含めると3万点以上の石器が出土しました。旧石器時代の遺跡は石器しか残らないことが一般的ですが、それらをつぶさに検討することで、氷期（寒冷気候）に人類がいかに適応し、生活していたのかに迫ることができます。発掘調査を終え、現在整理作業中の遺跡資料もあり、調査成果が期待されます。

蓑毛小林遺跡の調査（提供：（公財）かながわ考古学財団）

縄文時代（芝康次郎）

丸木舟が何隻も

房総半島北部、千葉県横芝光町の高谷川低地遺跡では、縄文時代後期（加曽利B式、約3500年前）の丸木舟が15隻出土しました。丸木舟は調査区の南北2カ所で密集して見つかり、このうち11隻が出土した北部の密集地点では、全長5～6メートルほどの丸木舟が並んだり重なったりした状態で確認されました。丸木舟は全国でこれまでに約160隻確認されており、その半数は房総半島で見つかっています。中でも本遺跡が所在する栗山川水系はそのメッカといえますが、1遺跡で10隻以上の丸木舟が出土することは極めてまれです。なぜここで、このような状態で出土したのか、その解明は今後の分析に委ねられます。本遺跡からは丸木舟の他に、漆塗りの櫛や樹皮を巻き付けた弓などの木製品、ヤスなどの骨角器（漁労具）が出土しており、縄文人たちの水域を巡る生活を知る上で貴重な成果です。

高谷川低地遺跡の複数の丸木舟
（提供：（公財）千葉県教育振興財団）

岩陰に埋葬された縄文人

國學院大學が平成26年から調査を継続している群馬県長野原町の居家以岩陰遺跡では、令和5年度も調査が実施されました。遺跡は群馬、長野、新潟の3県にまたがる上信越山地の南縁部に位置します。調査では、これまでに縄文時代早期の人々の活動痕跡が確認されています。中でも埋葬人骨は40体以上見つかっており、埋葬地として利用されたことも分かっています。注目されるのはその埋葬状態です。人骨が腰の位置で上半身と下半身に分断された状態で見つかったのです。この状況から、遺体がミイラ化した後に分離されて埋葬されたと考えられます。理由は分かりませんが、死者への畏怖の念が込められていたのかもしれません。

骨の形態分析も進められています。それによると、死亡年齢は20歳前後から30歳代と推定される個体が多く、DNA分析では母系血縁者が多数含まれることも明らかになっており、日本列島における最も初期の集団墓としても評価されています。調査・分析は現在も進行中で、縄文時代早期の社会組織や集団構造の解明に期待がかかります。

弥生時代（桑波田武志）

「謎のエリア」の謎が明らかに

佐賀県神埼郡吉野ヶ里町の特別史跡吉野ヶ里遺跡では、長年発掘調査が行われず「謎のエリア」とされていた北墳丘墓西側の発掘調査が進められています。令和5年度はエリア南側の調査が実施され、2世紀後半から3世紀中頃のものと考えられる板石を組み合わせた石棺墓が発見されました。石棺の石蓋には「×」や「キ」に似た線刻が確認され、4枚の石蓋のうち3枚は1枚の岩に線刻が施された後に分割されたことが分かりました。石材は遺跡から約40キロ離れた有明海西部の多良岳で産出する玄武岩で、3枚で重さ約400キロの石材を舟で運んだと考えられます。副葬品は確認されなかったものの、石棺内に赤色顔料が塗布されており、特異な石蓋であることから有力者の墓であった可能性があります。

特別史跡吉野ヶ里遺跡の石蓋を取り上げた後の石棺墓（提供：佐賀県）

同エリアからは紀元前2世紀頃のものとみられる青銅器鋳造に関連する鋳型も出土しており、国内最古級のものと想定されています。この度の調査で「謎のエリア」の様相が明らかになりつつあります。吉野ヶ里遺跡の集落構造や墓域の変遷の解明につながる重要な成果です。

大量の弥生人骨の謎に迫る

鳥取県鳥取市の史跡青谷上寺地遺跡では、平成12年に100体を超える多量の弥生人の人骨や脳などが出土した溝の近接地で、令和5年に発掘調査が実施されました。その結果、新たに約400点、約10体分と推定される人骨がまとまって発見され、中には2〜5歳の幼児や10歳代の子どもの骨もありました。過去の調査では幼児の人骨は全く見つかっておらず、埋葬の在り方を考える上で新たな資料が加わりました。

この他、人骨が埋まった後に木の杭や板を使って湿地部分を埋め立てることにより集落域を拡張した造成の痕跡が確認されるとともに、造成後の土地に建てられた建物の柱や壁材など、多くの建築部材や木製品も出土しました。木製品の中には、琴の一部や精巧な文様が施された用途不明の木製容器など、珍しいものも含まれます。

今後、出土した人骨や木製品を詳細に分析することにより、遺跡での弥生人の生活、土地利用の変遷、社会情勢の変化など、さまざまな側面が明らかになることが期待されます。

史跡青谷上寺地遺跡の人骨出土状況（提供：鳥取県）

古墳時代（大澤正吾）

木棺内部の調査が進む

奈良県奈良市に所在する富雄丸山古墳は、4世紀後葉に造られた直径約109メートルの造り出し付き円墳で、円墳としては日本最大です。令和4年度の調査で、造り出しの粘土槨の被覆粘土中から、他に例のない盾形銅鏡と国内最大の蛇行剣が出土しました。

令和5年度は、造り出しで見つかった木棺内部の発掘調査が行われ、木棺は全長約5・6メートルで、コウヤマキをくりぬいた割竹形木棺であることが分かりました。蓋の小口には縄掛突起も確認されました。縄掛突起が実際に遺存する割竹形木棺は初めての確認例です。身は小口板で両小口を塞ぎ、2枚の仕切板で3分割されています。主室の長さは2・4メートル、二つの副室はどちらも長さ1・3メートル（内法）です。主室の片側には水銀朱が密に付着し真っ赤に染まっている部分があり、こちらが頭側と考えられます。

富雄丸山古墳の木棺（提供：奈良市教育委員会）

足側副室の小口板周辺からは青銅鏡が3面重なって出土し、主室の足側の仕切板付近からは竪櫛が出土しました。また、蛇行剣のクリーニングが進んだことで、蛇行剣の把と鞘の構造が判明しました。造り出しの埋葬施設の被葬者像や、墳頂部の中心埋葬との関係性など、今後の調査研究が期待されます。

国内最多103面以上の銅鏡を確認

奈良県桜井市の史跡桜井茶臼山古墳は、3世紀末の築造と考えられる墳長204メートルの前方後円墳です。昭和24・25年、平成21年に奈良県立橿原考古学研究所による発掘調査が行われました。埋葬施設である竪穴式石槨は盗掘を受け、銅鏡は破片となっていましたが、81面以上が確認されていました。

同研究所が、過去の調査等で出土した銅鏡の破片385点の三次元計測を行い、その数が103面以上であったことが令和5年に判明しました。81面の時点で国内最多でしたが、その数が大幅に更新されたことになります。内訳は三角縁神獣鏡が26面、画文帯神獣鏡などの漢鏡（中国製）が56面、内行花文鏡などの倭鏡（国内製）が21面です。

古墳時代の三大鏡群と呼ばれるこれら3種類の銅鏡を大量に保有していることに加え、大型で精緻な文様の製品が多いことなどから、この時期のトップクラスの古墳の副葬品が、他とは隔絶した数と内容であることが明らかになりました。邪馬台国からヤマト王権へと移行する実態や、ヤマト王権の政治構造を考える上で極めて重要な成果です。古墳時代研究の一層の進展と深化が期待されます。

古代（長　直信）

古代軍事制度に関わる「鎮兵」木簡が日本初出土

福島県福島市に所在する西久保遺跡は、奈良時代から平安時代にかけての遺跡です。古代官道である東山道に近いところに立地し、方位を意識して配置された掘立柱建物や大型の掘立柱建物などが検出された他、流路から多量の土器や円面硯、関東系土師器、ミニチュア土器、直刀など多くの遺物が出土しました。

注目されるのは流路から出土した「鎮兵」の記載のある木簡です。木簡には「陸奥国司牒下野国司　鎮兵死□衆之状不罪□□〔郡郷ヵ〕」とあり、陸奥国司から下野国司に宛てた牒（同格の相手に送る際の書式）の形式が取られたものです。鎮兵の死亡が多いことについて、西久保遺跡周辺に留まっていた下野国司と鎮兵に対して、死亡は遺跡周辺の地域に落ち度がない旨を伝えた陸奥国司からの書状と解釈されています。鎮兵とは、奈良時代から平安時代初頭に陸奥国や出羽国を防備するため、関東などから派遣された兵士のことですが、実態はよく分かっておらず、本木簡は、行政制度や軍事制度を考える上で

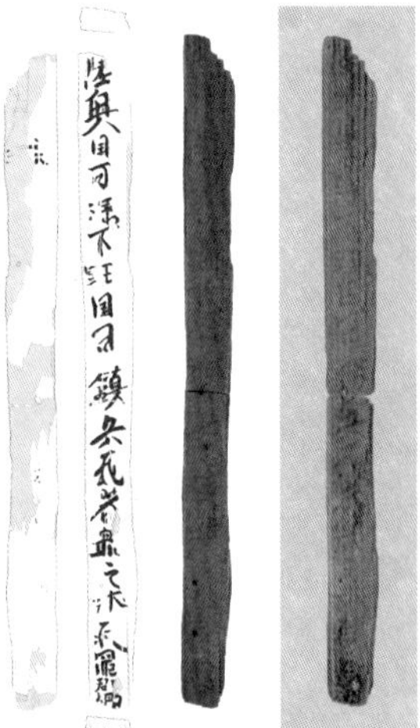
「鎮兵」と書かれた木簡。
右は赤外線写真（提供：福島市）

重要な発見となりました。

見つかった建物の配置や規模、公的文書が記されている木簡の出土を踏まえると、この地区一帯を管理するための役所施設が設置されていた可能性があります。「鎮兵」の記載がある木簡は全国初の出土であり、今後の調査研究が待たれます。

山陽道駅家推定地で建築部材や大型礎石を確認

岡山県矢掛町に所在する毎戸遺跡は、「馬」の文字が刻まれた土器や規画性の高い建物配置が確認されたことから、古代山陽道に伴う駅家「備中国小田駅」と考えられています。

これまで駅家内部の構造や遺跡の範囲の確認を目的とした発掘調査を行っていましたが、令和5年度の調査で駅家の北限と考えられる地点で奈良時代から平安時代の大量の瓦が出土し、その下層より3点の礎石を確認しました。礎石の規模は50～80センチ程度と大型であり、瓦葺建物の柱を支えていたと考えられます。また、令和4年度の調査では、同地点で検出された東西方向の溝2条のうち、北側の溝から遺存状態の良い木製建築部材が複数出土しています。部材の規模から柱の直径は30センチ以上と推定され、今回新たに発見された大型礎石に対応するものと考えられます。

山陽道は大宰府から都に向かう中国や朝鮮の外国使節が往来する重要な官道であり、今後の発掘調査や成果の検討が進められることで、古代山陽道の駅家の実態がより明らかになるものと考えられます。

中世（長　直信）

明智光秀の居城の石垣を発見

滋賀県大津市の坂本城跡は、明智光秀の居城として著名な琵琶湖に面する平城です。元亀2（1571）年、織田信長の命によって京と比叡山の抑えとして築城され、天正10（1582）年の本能寺の変後に焼失しました。その後、丹羽長秀により再建され、天正14（1586）年の大津城築城に伴って廃城となったとされます。絵図などは残っておらず、幻の城といわれていましたが、坂本城跡の三の丸推定地の発掘調査で、堀と石垣が発見されました。過去に検出された坂本城に関する遺構には、琵琶湖中にある石垣（湖中石垣）と、昭和54年度の調査で本丸と想定される区域で見つかった建物がありますが、その後の調査で、これに関する新たな遺構は確認されていませんでした。今回、高さ約1メートル、長さ約30メートル分の石垣が見つかった他、堀や礎石建物、石垣と並行する溝、石組井戸を検出しました。堀と石垣は三の丸の堀を構成するものと考えられ、坂本城の外郭を示す遺構である可能性があります。坂本城は、宣教師ルイス・フロイスの著書『日本史』で、安土城に次ぐ天下第二の城と評されるほど豪壮華麗なものであったと記載されています。織田信長が永禄10（1567）年に築城した岐阜城と天正7（1579）年に築城した安土城との間を埋める貴重な資料であり、今後の実態解明が期待されます。

坂本城跡で検出された石垣（提供：大津市）

近代（長　直信）

幕末志士も学んだ海軍操練所が見つかる

兵庫県神戸市の開発事業に伴う発掘現場から、「神戸海軍操練所」の遺構とみられる石積みの防波堤が見つかりました。神戸海軍操練所は、元治元（1864）年に江戸幕府軍艦奉行の勝海舟の進言により幕府が設置した海軍士官養成機関である海軍工廠です。1年足らずで閉鎖されましたが、軍艦を造船する機能や修繕のためのドックも併設していたとされます。発掘調査では、慶応3（1868）年に開かれた神戸港の開港期や、明治中期以前の防波堤などが出土しました。幕末に開港した5都市（神戸、函館、横浜、新潟、長崎）のうち、開港当時の遺構が見つかったのは本例が初めてです。操練所を土台に港湾施設が建設され、整備が行われていることから、神戸市は、港を中心に都市を形成してきた神戸の原点ともいえる重要な場所と評価しています。近年、近代の軍事に関連する発掘調査が増加しており、本遺跡も地域の歴史や日本近代史を知る上で貴重な発見となりました。

特集

遺跡から読み解く 多様な歴史文化

洞窟・岩陰遺跡、その多様な世界

巨大な岩体が作り出す「暗闇」やそこから流れる冷気を伴う独特の「空気」。洞窟に訪れたことがある人は、そこにある種の神秘性を感じたり、畏怖の念を抱いたことがあるかもしれません。今では観光地になっている洞窟でも、祠があったり、岩体自体が信仰の対象であったりするのは、我々の先人たちの心性の表れといえるでしょう。この洞窟（cave）と岩陰（rock shelter）は歴史上、人間が住まう場として、あるいは送りの場として利用されてきました。ここでは、洞窟・岩陰遺跡の世界へご案内します。

地質的に見た洞窟遺跡

自然の洞穴には、火山噴火に伴う溶岩流により生成されたものや、岩盤などが水の侵食作用を受けて形成されたものなどがあります。天井からつららのように鍾乳石が伸びる鍾乳洞も、石灰岩が地表や地下を流れる水により長期間侵食された結果、巨大な空洞を作り出すに至ったものです。

洞窟や岩陰でも過去の人類の活動痕跡が見つかることがあります。これらを開けた場所にある遺跡（開地遺跡）と区別して、洞窟・岩陰遺跡と呼んでいます。洞窟壁画を持つラスコーやアルタミラといった西ヨーロッパの洞窟遺跡、近年話題をさらった未知の人類の故地ロシア・デニソワ洞窟、フローレス原人が暮らしたインドネシア・リアンブア洞窟など、洞窟遺跡ではこれまで、考古学上のエポックメイキングとも呼べる数多の発見がなされてきました。洞窟遺跡は地質的な特性から骨などの有機物をよく保存します。そのため、酸性土壌の日本列島においても、洞窟遺跡は研究者にとって格好のフィールドなのです。

日本列島の洞窟・岩陰遺跡

日本列島では約680カ所の洞窟・岩陰遺跡が存在することが知られています。いつから洞窟が利用されたのかは難しい問題ですが、確実なのは後期旧石器時代（約3万年前）です。石灰岩洞穴である尻労安部洞窟（青森県）では、約3万年前頃の石器と共に、大型偶蹄類、ムササビ、ウサギの歯が出土しています。近年考古学上の大きな発見が続いているのが沖縄県です。サキタリ洞遺跡では旧石器時代の貝製釣り針や貝刃などが出土し、九州以北の遺跡とは異なる物質文化が広がっていることが分かってきました。そして、史跡白保竿根田原洞穴遺跡（沖縄県）▼1では、旧石器時代の人骨化石が20個体以上見つかり、遺跡は埋葬地と推定されています。人骨はDNA分析が試みられ、南方由来の人類である可能性が示されるなど、現在も研究が進行中です。世界的に見ても類例が極めて少ない旧石器時代人骨は、日本列島に暮らした人々のルーツや生活実態を解き明かす、大きな可能性を秘めています。

地球規模の気候変動が起き、ちょうど土器が出現する頃（約1万5千年前）、列島規模で洞窟の利用が広がりました。史跡日向洞窟（山形県）▼2や史跡小瀬ヶ沢洞窟（新潟県）、史跡上黒岩岩陰遺跡（愛媛県）、史跡福井洞窟▼3、史跡泉福寺洞窟（いずれも長崎県）など、この時期を代表する遺跡を挙げることができます。なぜ突然この時期に洞窟遺跡が増えるのかは明確ではありませんが、興味深いのは、これらの遺跡は遺物量が開地遺跡に比べ圧倒的に多く、炉なども残っていることです。それまで移動生活を送っていた人々が、温暖化とともに土地への定着度を高め、洞窟を生活拠点として利用していたと考えられます。

縄文時代早期以降（約1万年前〜）、洞窟では埋葬人骨が認められるようになります。それ以前にもお墓として利用された可能性もありますが、お墓としての利用が顕著となるのはこの時期です。史跡栃原岩陰遺跡や湯倉洞窟（いずれも長野県）、岩下洞穴遺跡（長崎県）、枌洞穴遺跡（大分県）などでは埋葬人骨が複数見つかっています。現在調査中の居家以岩陰遺跡（群馬県）では、人骨が切断された状態で埋葬されたことが分かっており、これは死者に対する畏怖の念の表れと考える研究者もいます。この時期の洞窟がお墓だけかというと、そう単純ではありません。生活財である土器や石器と共に食用の動物や植物など、当時の生活を物語る遺物も出土しており、炉なども多数見つかっているからです。洞窟遺跡を「山の貝塚」と形容することがありますが、中国山地の山中にある帝釈峡遺跡群（広島県）▼4はこうした遺跡の一つです。ここに、生と死がこの閉塞空間の中に混然一体としていた姿を見ることができます。

　縄文時代前期以降もこの状況は続きますが、これに加えて洞窟の特殊性を示す遺跡が現れます。縄文海進によって形成された海食洞穴がその一つです。史跡サルガ鼻洞窟住居跡（島根県）では、水産資源の獲得に関わる石器やヤスなどの骨角器が出土しています。海食洞穴は、房総半島や三浦半島の南端の海岸部に数多く見られ、主に弥生時代以降利用されたようです。三浦半島の毘沙門洞穴群（神奈川県）▼5では、弥生時代の貝製品や骨角器などの漁労具と共に、卜骨や卜甲が出土する特徴があります。特殊な生業と共に占いを行う習慣があったのでしょう。これらの遺跡も、古墳時代には埋葬の場に変化したようです。五松山洞窟遺跡（宮城県）や史跡磯間岩陰遺跡（和歌山県）▼6などでも海食洞穴での埋葬を見ることができます。弥生時代以降、通常の生活の場としてというより、特殊な生業の場、あるいは送りの場として利用される傾向がより高まったようです。北海道の史跡フゴッペ洞窟や史跡手宮洞窟も忘れてはなりません。続縄文時代のこの2遺跡では、仮装した人物像、舟、四足獣、魚などの図像が岩壁に彫刻され、いずれも祭祀遺跡と考えられています。こうした岩壁壁画は本州以南には存在しないため、その系譜は大陸に求められますが、狩猟採集社会にあって極めて特殊な遺跡といえます。

洞窟・岩陰の意味の変化

　洞窟や岩陰は、その地質的特性から山中や海岸部に立地します。狩猟採集社会においては、特定の季節や生業の拠点となり得ますが、平坦部を生活の中心とした農耕社会の人々にとっては特殊であったに違いありません。興味深いことに、ここで紹介した多くの洞窟や岩陰は、現在神社などの一部に取り込まれており、祭祀、信仰の機能が生き続けています。このように見ると、洞窟・岩陰遺跡は、生活スタイルの変化とそれに伴う心性の変化の映し鏡といえるかもしれません。

（芝康次郎）

日本列島の洞窟・岩陰遺跡の分布
（背景地図は国土地理院アナグリフ〈カラー〉を利用）

右ページ写真：毘沙門洞穴群のB洞穴、左ページ写真：帝釈峡遺跡群の天然記念物雄橋

1 沖縄県石垣市
史跡白保竿根田原洞穴遺跡
後期旧石器時代～近世
（約2万7000年前～17世紀）

発掘調査の様子（西から）

旧石器時代の包含層を発掘中。洞穴天井部は航空法により撤去した。白保竿根田原洞穴遺跡は数万年前、琉球石灰岩の洞窟の天井の一部が崩落し、光が差し込むことにより土砂の流入と人類による利用が始まった。写真奥には新石垣空港の滑走路と太平洋が見える。

世界最大級の旧石器時代の墓地

史跡白保竿根田原洞穴遺跡は、琉球列島の最南端の海域に広がる八重山諸島の石垣島に所在します。島の東海岸に面し、海岸線から約800メートル、標高約30メートルの台地に開口する琉球石灰岩によって形成された洞穴です。平成20年、新石垣空港の建設に伴い実施した洞穴の測量調査で発見され、平成22、24～28年に発掘調査を実施しました。

その結果、本遺跡は旧石器時代（約2万7000～1万9000年前）から、完新世初頭（約1万年前、縄文時代早期併行）、下田原期（約4000年前、縄文時代後期併行）、無土器期（約1700年前、古墳時代併行）、中森期（15～17世紀、中世～近世）まで断続的に人類によって利用されたことが分かりました。下田原期・無土器期・中森期は先島諸島を中心とする地域の時代区分です。これまで八重山諸島最古の遺跡は下田原期と考えられてきましたが、一気に2万3千年さかのぼり、旧石器時代には島への入植が始まっていたことが分かりました。

旧石器時代は洞穴全体が墓地として利用され、遺体は仰臥屈葬で風葬されていました。沖縄では遺体は埋葬せず、風葬する崖葬墓文化が縄文時代から確認されていますが、その文化が旧石器時代からの伝統である可能性も出てきました。完新世初頭になると洞穴の利用方法は一変し、イノシシなどを食べ、石器や土器を使う生活空間となります。ところが、下田原期になると再び墓となり、その後にまた生活空間となります。この洞穴は旧石器時代以来、時に墓として、時に生活空間として利用されてきたようです。約2千年前には巨大な津波がこの洞穴に押し寄せ、その膨大な堆積物によって遺跡がパックされました。

令和2年、本遺跡は史跡に指定され、現在は新石垣空港敷地内で大切に保存されつつ活用の時を待っています。

（片桐千亜紀）

旧石器時代の人骨の検出状況

頭を東に向け、膝を強く折り曲げた仰臥屈葬の風葬。壁際からはさらに5体分の人骨が出土。

旧石器時代の頭蓋骨の復顔

約2万7千年前に仰臥屈葬で風葬されたと考えられる白保4号人骨の頭蓋骨を形質人類学的な研究成果を基に肉付けし、南島旧石器人の顔貌を科学的に復元。

2 山形県高畠町
史跡日向洞窟

縄文時代草創期～縄文時代中期末
（約1万3000～4000年前）

第Ⅰ洞窟の開口部（幅約5メートル、高さ3.5メートル、奥行き11メートル）

旧石器時代から縄文時代の始まりの舞台

史跡日向洞窟は、流域に豊かな恵みをもたらす山形県の母なる川、最上川上流部に当たる山形県南部、米沢盆地東端に所在します。縄文時代草創期から中期末を主とする遺跡で、周辺には史跡一の沢洞窟、史跡火箱岩洞窟、史跡大立洞窟など縄文時代草創期を代表する洞窟遺跡が数多く点在しています。中でも日向洞窟は、昭和30～33年に山形大学の柏倉亮吉、東京大学の山内清男、鈴木尚らが中心となって発掘調査を行い、縄文時代早期をさかのぼる草創期を定義付けるきっかけとなりました。

日向洞窟は、第Ⅰ・第Ⅱ洞窟、第Ⅲ・第Ⅳ岩陰の4カ所から成り、主体となる第Ⅰ洞窟からは、厚さ50センチ余りの無遺物層を挟んで、上層から縄文時代早期以降の遺物が、下層から尖頭器・局部磨製石斧・石鏃等の石器群と共に、隆起線文土器・爪形文土器・押圧縄文土器などの土器群が出土しました。この最下層の土器・石器群は、縄文時代草創期の遺物群として一躍注目されました。

昭和52年に史跡に指定され、昭和62年～平成元年に洞窟の西側約150メートルの平地（日向洞窟西地区）の道路改良工事に伴い高畠町教育委員会が緊急発掘調査を行い、再び脚光を浴びました。3年間行われた調査の結果、洞窟周辺同様に無遺物層を挟んで遺物包含層を確認し、下層より縄文時代草創期の大型竪穴状遺構や土坑をはじめ、おびただしい量の石器や剥片が出土したのです。出土状況から日向洞窟周辺が、長期間にわたり人々が繰り返し訪れて営まれた生活跡であることが確認されました。

近年では、高畠町教育委員会による範囲確認調査や、東北芸術工科大学、愛知学院大学による洞窟周辺地区の調査が行われています。現在、過去の調査結果との比較検討、再整理が進められており、近年行われた調査結果と併せて、新たな知見が得られることが期待されます。

（水口　哲）

昭和30年代の調査参加者
前列左から柏倉亮吉、鈴木尚、山内清男。
（早稲田大学會津八一記念博物館所蔵）

日向洞窟西地区出土の石器
左：尖頭器、珪質頁岩、長さ18.2センチ
右：局部磨製石斧、頁岩、長さ24.6センチ

3 長崎県佐世保市
史跡福井洞窟

旧石器時代終末期～縄文時代草創期（約1万9000～1万年前）

遺跡外観

洞窟の規模は間口16.4メートル、廂高4.7メートル、奥行き5.5メートル。中央には福井稲荷神社の祠が建つ。祠の横の地面の色が変わっているところは発掘調査区。

稲荷神社の下に眠る 旧石器時代から縄文時代の狩猟キャンプ

史跡福井洞窟は、長崎県北部の福井川の浸食によって標高110メートルに形成された砂岩洞窟です。昭和30年代の最初の発掘調査から半世紀後に行われた再発掘調査で、深さ5・5メートルにわたる地層の堆積より、旧石器時代終末期から縄文時代草創期の狩猟キャンプの跡を確認しました。

地層の堆積は少なくとも8時期（15層）にわたり、細石刃といわれる石器や土器などの遺物が大量に出土しました。上から4番目の4層では細石刃のみが出土し、その上の2～3層では縄文土器と細石刃が同じ層で出土しました。このことから、4層の時期には煮炊きに用いたと考えられる土器がなく、3層以降のある時期から土器が加わったことが分かりました。

さらに、下層の7～9層、12層、13層では洞窟中央の地面で、火を焚いて赤く焼け残った炉を合計4基、重層的に確認しました。特に12層では、ほぼ完全な状態の炉と遺物約300点が見つかりました。炉の周囲に細石刃などが直径約1メートルの範囲で散らばり、旧石器時代の人々が炉の周辺で石器を作っていたことが分かります。洞窟内には何度も岩盤が崩落したことを示す堆積が見られることから、洞窟は断続的に繰り返し利用されていたと考えられます。

このように遺構や道具の組み合わせの変化を層位的に詳しく確認することで、旧石器時代から縄文時代までの9千年以上もの道具の細かな移り変わりや洞窟での生活の様子が分かってきました。

本遺跡の出土品や剝ぎ取った地層で復元した洞窟空間を福井洞窟ミュージアムで展示しています。福井洞窟からは4キロ離れていますが、点在する遺跡や文化財をフィールドミュージアムとして散策することで、より福井洞窟の理解を深めることができます。

（柳田裕三）

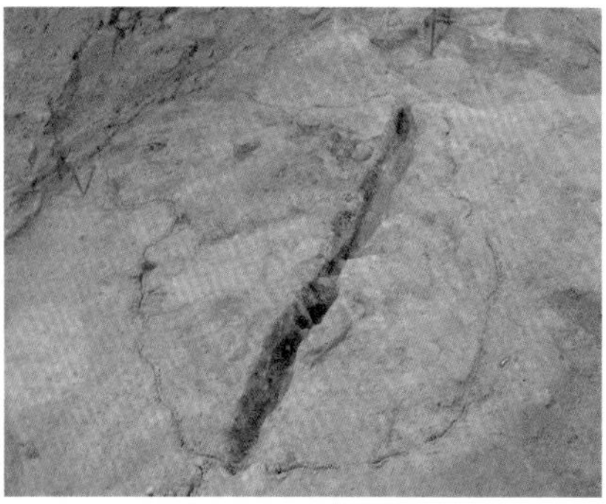

12層出土の炉

洞窟の中央部分の、乾燥した日当たりの良い場所で見つかった。

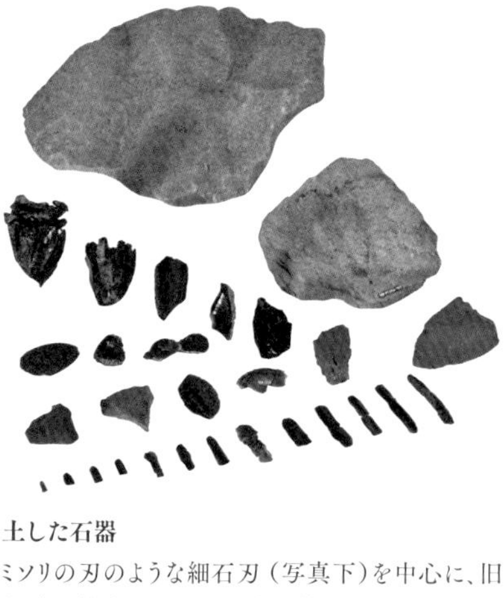

出土した石器

カミソリの刃のような細石刃（写真下）を中心に、旧石器時代終末期から縄文時代草創期の石器、土器（豆粒文土器、隆起線文土器、爪形文土器など）が出土。すべて重要文化財。

遺跡に関する問い合わせ先：佐世保市教育委員会文化財課　TEL.0956-24-1111

4 広島県庄原市

帝釈峡遺跡群

後期旧石器時代後半～近世（約2万年前～19世紀）

史跡寄倉岩陰遺跡

幅30メートル、奥行き15メートル以上の岩陰。縄文時代後期末～晩期（3000年以上前）頃、約50体分の人骨を集めて改葬する儀式も行われていた。

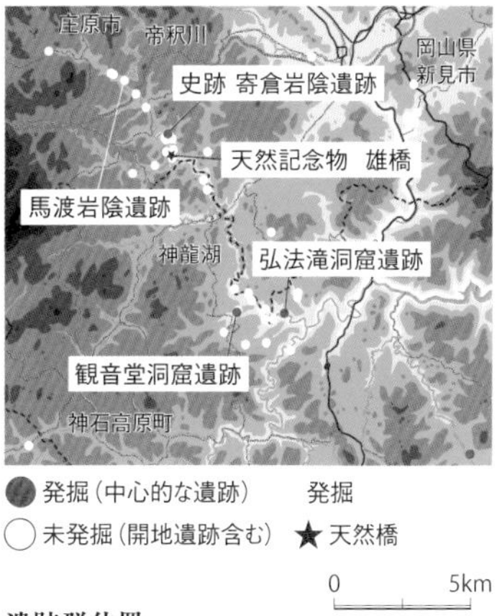

遺跡群位置

帝釈川の流域を中心に、高梁川の各支流や岡山県新見市にも広がる。

名勝帝釈峡周辺に広がる55カ所の遺跡群

帝釈峡遺跡群は、高梁川水系の石灰岩台地を浸食した名勝帝釈峡（帝釈川の谷）の周辺約20キロ四方の山間部の谷あいに所在します。開地遺跡4カ所を含む55カ所の遺跡群で、年代幅は縄文時代を中心に後期旧石器時代後半から近世の長期間に及びます。最大規模の史跡寄倉岩陰遺跡では、縄文時代早期から鎌倉時代（約1万～800年前）の13時期から成る地層が全部で7メートル以上堆積し、中国・四国の縄文土器の移り変わりを一遺跡でたどることができます。

遺跡群は、昭和36年の林道工事中に馬渡岩陰遺跡が見つかったのをきっかけに発掘調査が始まり、広島大学などが60年以上、13遺跡で調査・研究を続けてきました。観音堂洞窟遺跡・弘法滝洞窟遺跡などの中心的な遺跡からは多くの動物骨も出土しました。馬渡岩陰遺跡では、後期旧石器時代末の石器や、縄文時代草創期の石器と土器、土器で煮て食べたカワシンジュガイの貝殻、日本列島最後の生息確認例とされるヤベオオツノジカの骨も出土しました。

出土したカワシンジュガイ

天然の洞窟・岩陰を居住や埋葬、祭祀の場とし、小屋掛けなどの造作もありました。中心的な遺跡と仮泊的な遺跡から成る地域社会の総人口は、100人以下とみられます。広大な山河で、ニホンジカ、イノシシ、キジ、ヤマドリ、ウナギ、オイカワ、ドングリなど旬の恵みを得て暮らし、広く外部とも交流し、サヌカイトや黒曜石、海産貝類の希少な装身具も持っていました。交易のための交換財には、骨角器や毛皮、牙や角などが考えられます。

見どころは、洞窟・岩陰遺跡だけでなく石灰岩峡谷の渓谷美も含め、はるか先史時代の文化的景観が残る点です。例えば帝釈川にかかる天然記念物雄橋は、約4千年前に今の形ができたとされます。岩陰に眠る縄文時代後期の人骨の主も生前には、私たちと同じかそれ以上の畏敬の念で、雄橋の姿を仰ぎ見ていたことでしょう。（稲村秀介）

天然記念物 雄橋

旧石器時代（約2万5000年前）に大きな洞窟の天井が崩落し、奇跡的にアーチ状の原形ができた。近世の絵図に茶屋も描かれ、昭和30年代まで実際に人が渡っていた。

5　神奈川県三浦市
毘沙門洞穴群

弥生時代後期～古墳時代（約2000年前～7世紀頃）

B洞穴からの眺望

標高約7メートルの高さに位置し、眼前に海が広がる。晴れていれば右手に伊豆大島、左手は房総半島を望める。

大海原を望む生活・生産・送りの場

毘沙門洞穴群は三浦半島の突端、三浦市南東部の南下浦町毘沙門に位置します。三浦七福神の一つ、白浜毘沙門天が流れ着き、祀られたことがその地名の由来とされ、風光明媚という言葉が何よりもしっくりくるこの毘沙門の海岸に、洞穴群が時の流れを語るようにひっそりと佇んでいます。

昭和25年から2年間、赤星直忠を中心とした横須賀考古学会が三浦市南部の洞穴調査を行い、毘沙門洞穴群もそのうちの一つとして調査されました。

毘沙門洞穴群はA～Eの五つの洞穴が近距離に集まっているのが特徴の一つです。大きさは、最大のC洞穴が入り口幅11メートル、奥行き20メートル。最小のA洞穴は入り口幅2メートル、高さは1・4メートルに対し、奥行きは11・5メートルもあり、洞穴ごとに生活の場や墓所など、それぞれの機能を有していたと考えられます。

洞穴のある海蝕台地と磯

台地の上には畑が広がり、三浦の名産品が栽培されている。目の前の磯は関東大震災で隆起した。

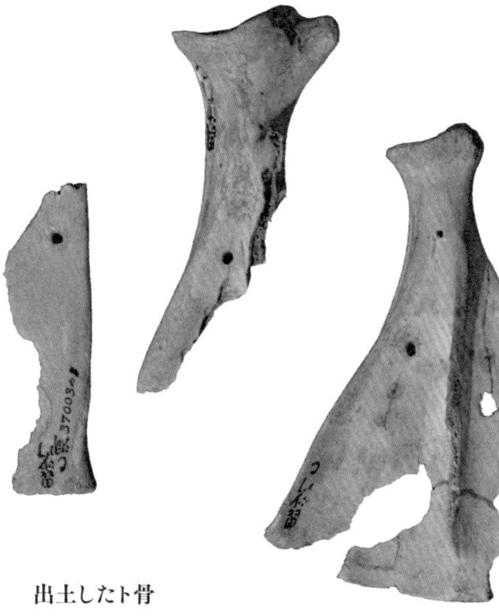

出土した卜骨

海沿いの洞穴であるため、アワビやサザエなど海に関連する自然遺物が多く、三浦半島では珍しいタカラガイの貝製品も出土しています。また、貝輪に用いられた破片も多く出土することから、自家用のみならず、他地域への供給を目的とした製作地であると考えられています。

また、この他にも弥生時代後期の土器や、占いで使用された卜骨、さらに上層部から古墳時代のものとみられる伸展葬の人骨も出土しています。これらの遺物はほとんどが国立博物館に寄贈され、保管されています。

毘沙門洞穴群は、弥生時代には生活や生産の場として、古墳時代には墓所として活用されていたと考えられています。弥生時代から古墳時代への移り変わりを一つの場所で観察できる洞穴群として非常に貴重です。

（湊　智彦）

遺跡に関する問い合わせ先：三浦市役所文化スポーツ課　TEL.046-882-1111（内線411）

6 和歌山県田辺市
史跡 磯間岩陰遺跡
古墳時代中期～後期（5世紀中頃～6世紀）

現在の遺跡

田辺湾沿岸には洞窟とは異なる奥行きが浅い岩陰がいくつも存在し、海辺の人々はここに埋葬された。

遺跡遠景

中央の丘陵（半月状の小山）崖面に位置する。

海沿いの岩陰に営まれた海人の墓地

史跡磯間岩陰遺跡は紀伊半島の西岸、太平洋に面した田辺市にある遺跡です。市街地の南側、田辺湾に向かってせり出した独立丘陵先端の崖面にあり、標高は5～10㍍です。海岸が埋め立てられたため、現在は海から少し離れていますが、遺跡が営まれた当時は海に面していました。

本遺跡は、昭和44年に宅地造成工事中に発見され、翌年発掘調査が行われました。その結果、幅約23㍍、奥行き約5㍍の岩陰内に、古墳時代の5世紀中頃から6世紀前半にかけてと6世紀後半の二つの時期の埋葬施設をはじめ、中・近世に至るまでの長期間にわたる遺構・遺物を確認しました。中でも古墳時代の埋葬施設は、小型の竪穴式石室や箱形石棺様のものなど8基が発見され、良好な状態で残された12体の人骨の他、多種多様な副葬品も見つかりました。

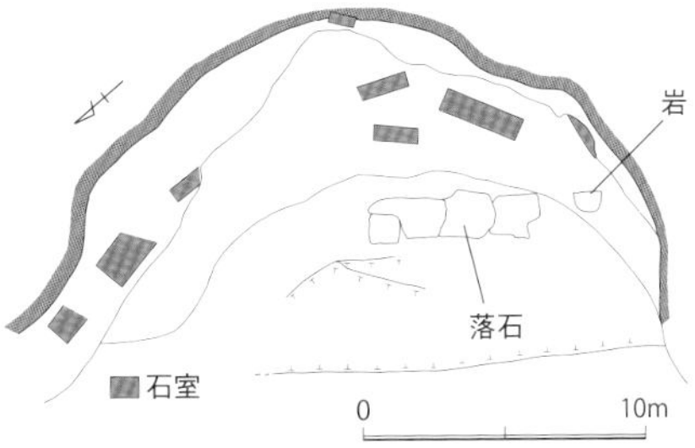

岩陰内の石室の位置図

特に注目されるのは、海と関わる生活道具が副葬品として納められていたことです。鉄や鹿角で作られた釣り針や銛、骨製のヤス、小型の巻貝を連ねた首飾りなどがあり、中でも軸と針を組み合わせた鹿角製の大型釣り針は、疑似餌の役割を狙ったもので、現在のカツオ釣り漁の原点と考えられています。鹿角装の鉄剣（鹿角で作った飾りを装着した剣）なども含めたこれらの副葬品や、岩陰に埋葬する独自性の強い風習は、海に関わる人々の社会や生活だけでなく、王権との関係や黒潮を介した交流を考える上でも貴重です。

本遺跡は、発掘調査後に埋め戻されたため、埋葬施設を現地で見ることはできませんが、岩陰には入ることができ、波の力でできた岩陰を鎮魂の場とした当時の人々の思いに触れることができます。また、遺跡から歩いて10分ほどの距離にある田辺市立歴史民俗資料館では、重要文化財に指定された出土品の他、周辺の岩陰遺跡から出土した資料を展示しています。

（中川　貴）

出土遺物（重要文化財）

文化的景観20年

～数字から見る重要文化的景観～

文化的景観は、平成16年の文化財保護法の改正により文化財として位置付けられ、令和6年で20年を迎えます。

日本の多様な風土の中で、人々は自然と関わりながら暮らしを営み、長い年月をかけて、その土地ならではの特徴的な景観を築き上げてきました。文化的景観は、このような景観を受け継ぐ土地をいいます。

文化的景観のうち、国が選定したものを重要文化的景観と呼びます。選定は、地方公共団体からの申し出に基づいて行われ、申し出の際には、地方公共団体によって保存のための措置が講じられていることが求められます。重要文化的景観は、令和6年4月現在、72件を数え、「風景の国宝」などの愛称により親しまれつつあります。

ここでは、重要文化的景観の多様な魅力を「数字」を切り口にご紹介します。「発掘された日本列島2024」展の特集展示と併せてご覧ください。

（永井ふみ）

パンフレットや動画など、詳しい情報は文化庁のホームページへ！

文化庁 景観

重要文化的景観（令和5年9月28日官報告示分まで）

1　アイヌの伝統と近代開拓による沙流川流域の文化的景観
2　一関本寺の農村景観
3　遠野　荒川高原牧場　土淵山口集落
4　最上川の流通・往来及び左沢町場の景観
5　最上川上流域における長井の町場景観
6　利根川・渡良瀬川合流域の水場景観
7　葛飾柴又の文化的景観
8　佐渡西三川の砂金山由来の農山村景観
9　佐渡相川の鉱山及び鉱山町の文化的景観
10　金沢の文化的景観　城下町の伝統と文化
11　大沢・上大沢の間垣集落景観
12　加賀海岸地域の海岸砂防林及び集落の文化的景観
13　越前海岸の水仙畑　下岬の文化的景観
14　越前海岸の水仙畑　上岬の文化的景観
15　越前海岸の水仙畑　糠の文化的景観
16　姨捨の棚田
17　小菅の里及び小菅山の文化的景観
18　長良川中流域における岐阜の文化的景観
19　近江八幡の水郷
20　高島市海津・西浜・知内の水辺景観
21　高島市針江・霜降の水辺景観
22　東草野の山村景観
23　菅浦の湖岸集落景観
24　大溝の水辺景観
25　伊庭内湖の農村景観
26　宇治の文化的景観
27　宮津天橋立の文化的景観
28　京都岡崎の文化的景観
29　日根荘大木の農村景観
30　生野鉱山及び鉱山町の文化的景観
31　奥飛鳥の文化的景観
32　蘭島及び三田・清水の農山村景観
33　智頭の林業景観
34　奥出雲たたら製鉄及び棚田の文化的景観
35　錦川下流域における錦帯橋と岩国城下町の文化的景観
36　樫原の棚田及び農村景観
37　遊子水荷浦の段畑
38　奥内の棚田及び農山村景観
39　宇和海狩浜の段畑と農漁村景観
40　四万十川流域の文化的景観　源流域の山村
41　四万十川流域の文化的景観　上流域の山村と棚田
42　四万十川流域の文化的景観　上流域の農山村と流通・往来
43　四万十川流域の文化的景観　中流域の農山村と流通・往来
44　四万十川流域の文化的景観　下流域の生業と流通・往来
45　久礼の港と漁師町の景観
46　求菩提の農村景観
47　蕨野の棚田
48　平戸島の文化的景観
49　小値賀諸島の文化的景観
50　佐世保市黒島の文化的景観
51　五島列島における瀬戸を介した久賀島及び奈留島の集落景観
52　新上五島町北魚目の文化的景観
53　長崎市外海の石積集落景観
54　新上五島町崎浦の五島石集落景観
55　通潤用水と白糸台地の棚田景観
56　天草市﨑津・今富の文化的景観
57　三角浦の文化的景観
58　阿蘇の文化的景観　阿蘇北外輪山及び中央火口丘群の草原景観
59　阿蘇の文化的景観　南小国町西部の草原及び森林景観
60　阿蘇の文化的景観　涌蓋山麓の草原景観
61　阿蘇の文化的景観　産山村の農村景観
62　阿蘇の文化的景観　根子岳南麓の草原景観
63　阿蘇の文化的景観　阿蘇山南西部の草原及び森林景観
64　阿蘇の文化的景観　阿蘇外輪山西部の草原景観
65　小鹿田焼の里
66　田染荘小崎の農村景観
67　別府の湯けむり・温泉地景観
68　瀬戸内海姫島の海村景観
69　緒方川と緒方盆地の農村景観
70　酒谷の坂元棚田及び農山村景観
71　北大東島の燐鉱山由来の文化的景観
72　今帰仁村今泊のフクギ屋敷林と集落景観

右頁写真の提供者と重要文化的景観（上記番号）
a：岩国市（35）b：遠野市文化課（3）c：佐渡市（9）d：（72）e：福井市（13）f：平取町教育委員会（1）g：飯山市教育委員会（17）h：智頭町教育委員会（33）

選定

重要文化的景観は、平成18年1月の「近江八幡の水郷」の第1号選定に始まり、令和5年3月には「緒方川の緒方盆地の農村景観」が72件目として選定されました。選定後も、追加選定として範囲の拡大などを重ねるものもあり、保護の充実が図られています。

選定後は、市区町村により、文化的景観保存活用計画に基づいて整備や活用の事業が進められています。

重要文化的景観の選定数（件）

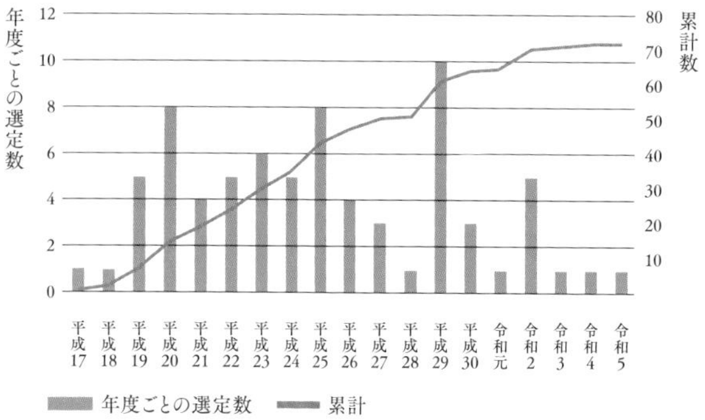

最初 1号
近江八幡の水郷（滋賀県近江八幡市）

伝統的な地場産業であるヨシ生産に代表される、琵琶湖の内湖と共生する暮らしを伝える重要文化的景観です。

昭和40年頃からの市内における景観保全運動を背景として、文化的景観制度の誕生直後に、内湖である西の湖を中心とする水郷を保護する方針が作られ、第1号選定に結び付きました。3度の追加選定を経て、西の湖・集落・農地・里山に範囲を広げました。

ヨシ原の中の迷路のような水路を和船で回る水郷巡りは、四季折々の自然の美しさや営みに触れられます。ヨシ地の維持のために行われるヨシ刈りやヨシ地焼きも、運が良ければ見ることができます。

（山本瑞姫）

琵琶湖最大の内湖「西の湖」を中心とした水郷

問い合わせ　0748-36-5529
（近江八幡市総合政策部文化振興課）

最新 72号
緒方川と緒方盆地の農村景観（大分県豊後大野市）

緒方川と緒方盆地の農村景観は、阿蘇火山の噴火がもたらした大地の上に、稲作を営むために水路を築いて形づくられたものです。近世までに河岸段丘に水田を広げ、近代には、この背後の丘陵地に棚田を築きました。

特に、江戸時代中頃には、藩の命令で丘陵地際に家屋が移転させられ、より多くの水田が確保されました。

ジオパークの調査で現地を見た専門家の「この景観が形づくられた過程にこそ価値がある」という一言が、景観を形づくる要素や土地利用に目を向け、選定に向けて取り組むきっかけとなりました。

（後藤　祥）

緒方川両岸に広がる水田と丘陵部の棚田

問い合わせ　0974-24-0040
（豊後大野市資料館ジオパークミュージアム）

分布

72件の重要文化的景観は、29都道府県、67市区町村に所在します。123ページの分布図が伝えるとおり、複数の重要文化的景観が所在する府県がある一方で、選定が待たれる県が18あります。文化庁では、都道府県内の文化的景観を把握するための調査への支援を続けています。

選定の多い県は、県を挙げて文化的景観に関連する調査などに取り組んだことがあるという点で共通しています。

複数の重要文化的景観のある市町は、このような県に所在している傾向が見受けられます。

重要文化的景観の多い都道府県

熊本県	10件
滋賀県	7件
長崎県	7件
高知県	6件
大分県	5件

重要文化的景観の多い市区町村

滋賀県高島市	3件
新潟県佐渡市	2件
高知県中土佐町	2件
長崎県新上五島町	2件

都道府県最多 10件

熊本県

熊本県には、10件の重要文化的景観があります。うち7件は、世界最大級のカルデラに位置する集落が維持し続けている草原や、水田・森林などから成る「阿蘇の文化的景観」で、7市町村が県と共に保護に取り組んでいます。

阿蘇火山の火砕流台地上での水田耕作の歴史を伝える「通潤用水と白糸台地の棚田景観」、リアス海岸の入り江に位置する漁村と後背の農村から成る「天草市﨑津・今富の文化的景観」、島々に囲まれた半島に近代に建設された港湾都市を現在に引き継ぐ「三角浦の文化的景観」を含め、重要文化的景観は熊本県の風土と歴史に根差した暮らしの多様性を伝えています。

（進藤菜々穂）

毎春の野焼きによって維持される草原と放牧中のあか牛（高森町）

問い合わせ　096-333-2706
（熊本県教育委員会文化課）

市区町村最多 3件

滋賀県高島市

琵琶湖をいだく滋賀県は、まさに文化的景観の宝庫です。県による調査では、68カ所の「琵琶湖と水が織りなす文化的景観」が確認されています。

高島市は、平成17年の市の誕生直後から文化的景観が市の魅力を表す文化財と考え、三つの重要文化的景観の選定申し出を行い、整備を含めた保護を進めてきました。

湖岸に堅牢な石積みが連なる「高島市海津・西浜・知内の水辺景観」、湧き水を利用した「かばた」で知られる「高島市針江・霜降の水辺景観」、城下町の面影が残る「大溝の水辺景観」を巡り、それぞれの違いや特徴を見つけることも、高島市ならではの楽しみです。

（山本晃子）

琵琶湖の波よけとなる海津・西浜の石積み

問い合わせ　0740-25-8559
（高島市教育委員会事務局教育総務部文化財課）

選定基準

選定の対象となる文化的景観は、重要文化的景観選定基準に照らして、地域の特色を示す代表的なものや、他に例を見ない独特なものとされます。選定基準には、暮らしに応じた8種類の景観地が示されています。

「居住に関する景観地」として位置付けられるものが最も多く、45件を数えます。これらは同時に「農耕に関する景観地」や「水の利用に関する景観地」に位置付けられる傾向にあり、水田のある農村の選定が多いことが読み取れます。

一方で、該当が少ない種類もあり、「漁ろうに関する景観地」は8件にとどまります。今後の選定により、幅広い文化的景観が共有されることが期待されます。

「重要文化的景観選定基準」
8種類の景観地別適用数（件）

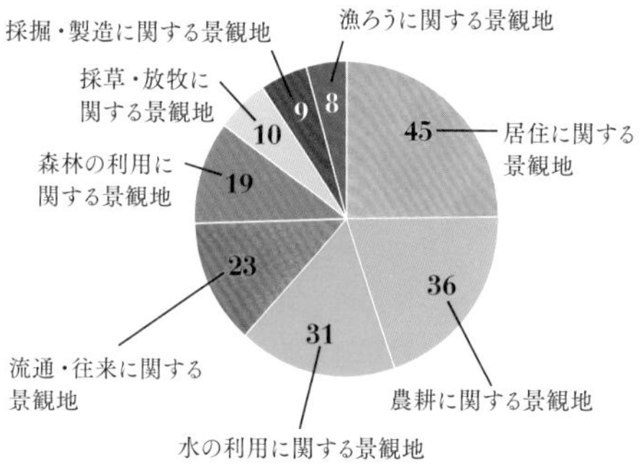

居住に関する景観地 45件

田染荘小崎の農村景観（大分県豊後高田市）

国東半島の南西部に位置する田染地区は、宇佐神宮の代表的な荘園の一つである田染荘のあった場所として知られ、中でも田染荘小崎の水田や集落の景観は、中世の荘園村落の様子を現代に伝えています。

集落の地割りは鎌倉時代の古文書群と小さな地名との対照からおおよそ復元でき、集落全体についても江戸時代の村絵図から景観に変化が少ないことが分かります。

また、地区を囲む里山には多くのため池が造られ、水田や畑の跡地を活用してクヌギ林を使ったシイタケ栽培が行われています。これらは限られた水資源の確保や、農業生物多様性の保全にも役立っています。（松本卓也）

夕日岩屋から見下ろす田染荘小崎の農村景観

問い合わせ　0978-53-5112
（豊後高田市教育委員会）

漁ろうに関する景観地 8件

長良川中流域における岐阜の文化的景観（岐阜県岐阜市）

岐阜の人々は、古くから長良川と共に生活を営んできました。長良川では、今でも鵜飼漁をはじめとする伝統的な川漁が行われています。また、長良川は、かつて材木や和紙などを運ぶ水運の主航路として利用され、両岸には鵜匠家を含む集落と、水運で繁栄した町並みが形成されました。両地区は堤防より川側にあるため、川との距離が近く感じられます。斎藤道三や織田信長が整備した城下町の形をほぼ変えることなく、廃城後も長良川を介した物資集散地としての地の利を活かし、材木・和紙などの問屋業や、提灯・和傘などを製作する手工業が盛んな町として発展し、今に受け継がれています。（河合一希）

1300年以上の歴史を誇る長良川の鵜飼

問い合わせ　058-214-7157
（岐阜市ぎふ魅力づくり推進部文化財保護課）

面積

重要文化的景観の面積は、他の文化財に比べて大きい傾向にありますが、重要文化的景観の中でも大きな差が見られます。これは、選定範囲の設定が、保護の考え方と深く関わっていることによります。

例えば、近世以前にさかのぼる村や浦を範囲としている場合や、重要な場所からの眺望を保全する観点から範囲が設定されている場合などは、面積が大きくなる傾向があります。

一方、面積が比較的小さいものは、核となる棚田や段々畑を中心に選定されています。今後の追加選定により範囲を拡大していく可能性を持つケースも見受けられます。

重要文化的景観72件の面積分布

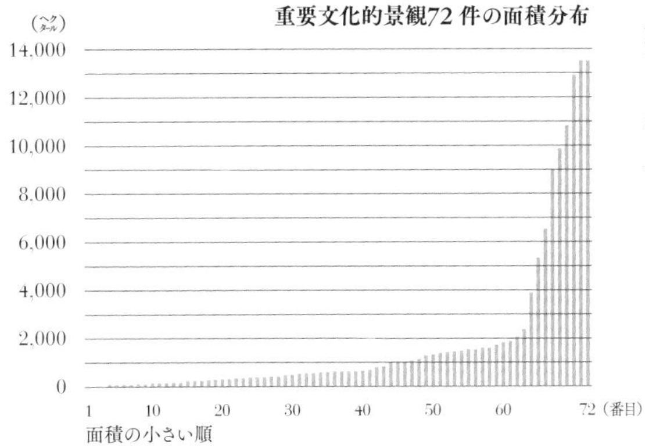

最大　四万十川流域の文化的景観

中流域の農山村と流通・往来（高知県四万十町）

約1・3万ヘクタール

四万十川流域の文化的景観は、全国で初めて複数の自治体がそろって申し出を行い、平成21年2月に選定された広域的な重要文化的景観です。高知県内の1市4町にまたがり、面積は合計で約3・6万㌶です。そのうち、四万十町には、全国で最大の約1・3万㌶が所在します。面積が広大な理由は、川があり山に囲まれた集落の眺めを保全するために、四万十川本流および第一支流から最も近い山の稜線までを範囲としているからです。この美しい眺めは、地形に沿った効率的な暮らしと、林業・農業・漁業などの自然環境を生かした産業が作り出しています。（森　文哉）

低地は水田、傾斜地は植林、微高地は居住に利用

問い合わせ　0880-22-3576
（四万十町教育委員会生涯学習課）

最小　遊子水荷浦の段畑（愛媛県宇和島市）

約8・3ヘクタール

国内有数のリアス海岸地帯で、イワシ漁場として知られていた宇和海沿岸に位置します。強い季節風が当たる急峻な斜面地に、段々畑を石積みで築き、近世・近代はサツマイモ、現在はジャガイモといった、風土に適した作物を栽培することで、近世から今日に至るまで半農半漁の暮らしが営まれてきました。

宇和島市遊子水荷浦地区景観計画により、海と陸を含めた約166㌶を保全した上で、まず、段々畑の広がる斜面などを中心とした約8・3㌶の区域について、選定申し出を行い、重要文化的景観に選定されました。（廣瀬岳志）

4月の早掘りジャガイモの収穫風景

問い合わせ　0895-49-7033
（宇和島市教育委員会文化・スポーツ課）

選定範囲内の国指定等文化財数

重要文化的景観は、地域が総体として持つ文化的な価値を見いだし、共有する役割を果たします。国により指定や登録がなされた文化財を含めたさまざまな要素は、重要文化的景観を伝える語り部として位置付けられています。

多い 55件

金沢の文化的景観 城下町の伝統と文化（石川県金沢市）

町割りや用水による城下町の構造が戦禍に遭わずに残り、藩が奨励した文化や工芸も、生活の中に息づいています。金沢城跡や辰巳用水といった文化財に加え、街区や歴史的な建物などを、重要文化的景観の特徴を表す要素とし、一体としての価値を伝え、保護を図っています。（米田友行）

大野庄用水

問い合わせ　076-220-2208
（金沢市文化スポーツ局歴史都市推進課）

少ない 1件

宇和海狩浜の段畑と農漁村景観（愛媛県西予市）

重要文化的景観は、狩浜初の国の文化財です。狩浜は宇和海に面する漁村で、山腹に開いた段畑で農業を兼業し不漁を補ってきました。「〝普通の場所〟やけど、この壮大な段畑には値打ちがあると言われて誇らしかった」。調査から選定を通じ、改めて身近にあるものの文化的価値が注目されるようになりました。（三瀬有寿紗）

山頂に迫る段畑

問い合わせ　0894-62-6415
（西予市教育委員会まなび推進課）

名称

重要文化的景観の名称の多様性には、驚かれる方も多いでしょう。これは、市区町村により、名称も含めて選定申し出が行われていることによります。多様な名称は、重要文化的景観の価値や特徴、選定範囲を色濃く映し出しています。

最長 27文字

五島列島における瀬戸を介した久賀島及び奈留島の集落景観（長崎県五島市）

五島列島の中ほどで、瀬戸を介して向かい合う久賀島と奈留島北西部。この名称は、両地域が共通する集落の特徴を持つこと、漁業や農業、信仰を含めた日常生活の中で瀬戸を舟で行き来する交流があったことを表します。

波がきらめく瀬戸越しに眺める、対岸の島の美しさは、その歴史と文化を伝えています。（谷口富美子）

奈留島上空から奈留瀬戸、久賀島（右奥）を望む

問い合わせ　0959-72-6369
（五島市地域振興部文化観光課）

最短 5文字

姨捨の棚田（長野県千曲市）

姨捨の棚田は、平安時代の和歌に冠着山（姨捨山）に昇る月を望む名所として詠われ、江戸時代には棚田1枚ごとに月が映る情景を表現した「田毎の月」として知られました。この25㌶、1500枚に及ぶ棚田を選定範囲としています。

棚田は、耕作者や保存会が営農する他、棚田オーナー制などを取り入れ、田植えや稲刈りを通して都市住民との交流を深め、その力を得て維持されています。（小野紀男）

棚田オーナーらによる田植え

問い合わせ　026-214-2741
（千曲市教育委員会歴史文化財センター）

世帯数

重要文化的景観の選定範囲内の世帯数にも幅があります。重要文化的景観の3分の2は過疎地域にある一方、城下町や港町などに由来する市街地に所在するものもあるためです。各地域の課題に対し、創意工夫により関わる人の輪を広げながら、保存と活用が進められています。

多い　1万超 世帯

葛飾柴又の文化的景観（東京都葛飾区）

古くは江戸川の渡河地点として栄え、農業を基盤としながら、江戸東京の東郊の行楽地として賑わい続ける葛飾柴又。映画で映し出された住まいながら草団子などを作り対面で販売する帝釈天題経寺参道沿いの店舗、農家であった旧家、伝統行事と人情味あふれる地域の絆などが息づいています。

開発圧力が高く、人口が多く流動も激しい都市ならではの課題に対し、葛飾区では普及啓発と観光活用に力を入れています。文化的景観ニュースを作成し地域全戸へ配布する他、商店街などと連携したユニークベニューやAR謎解きラリーを実施するなどして、シビックプライドの醸成を図っています。

（藤原大志・山下書子）

所在不明になっていた板本尊が1779年の
庚申の日に見つかったことから、
庚申の日は、60日ごとに訪れる
柴又帝釈天の縁日になったんだよ。

端末に映し出された参道の拡張現実（AR）

問い合わせ　03-5654-8477
（葛飾区教育委員会事務局生涯学習課）

少ない　数十 世帯

樫原の棚田及び農村景観（徳島県上勝町）

樫原の棚田は、標高500〜700メートルに開かれた棚田で、文化10（1813）年の精度の高い実測絵図と変わらない、江戸時代そのままの農村風景を今も見ることができます。100平方メートル程度の小さな水田が多く、等高線に沿った曲線を持つ畦畔が、階段のように連なります。棚田を潤す14系統の水路網を流れる水の音が一帯に響き、迎えてくれます。

住民は多くはなく高齢化も進んでいますが、地域内外の団体などと連携し、ファンを増やし続けています。棚田オーナー制度や早乙女田植え、LEDライトアップの他、近年は遊休農地を活用した棚田キャンプがスタートしています。

（浅野　豪）

樫原の棚田

問い合わせ
0885-45-0111
（上勝町教育委員会）

20年マークで広げよう！文化的景観の輪

全国文化的景観地区連絡協議会

全国文化的景観地区連絡協議会（文景協）は、重要文化的景観を有する自治体および選定を目指す自治体などが主な会員です。共同して保存や整備に関する調査研究、施策の推進や情報交換を行っています。

文景協では、文化的景観制度創設20年の記念として、さらなる普及啓発を目指して、20年マークを作成しました。20年マークは、文化庁と協力してデザインした3案に対し、文景協の令和5年度全国大会（一関大会）の参加者と、都道府県や関係市区町村、研究所などの関係機関からの投票を経て、決定しました。

20年マークは、文化的景観の取り組みを盛り上げるために、文景協のホームページからダウンロードし、どなたでも使っていただくことができます。ポスターやリーフレットをはじめ、映像・ウェブでの活用、グッズの製作などを通して、大いに発信し、文化的景観の輪をますます広げていきましょう！

20年
文化的景観
Cultural Landscapes

美しい写真が盛りだくさんの
文景協のサイトはこちら

特別付録

発掘された日本列島の30年

列島展の始まりとこれから

1995年に始まった「発掘された日本列島展」（列島展）は、今年で第30回という節目を迎えます。列島展が始まった当時はバブル経済末期に当たり、開発に伴う遺跡の発掘調査件数は右肩上がりで増え続け、年間1万件に達する状況でした。一方で、各地の発掘調査により新たに得られた成果について、広く国民が目にする機会は、地理的な制限等から極めて限られていました。そこで文化庁は、当時話題を呼んだ発掘調査成果を幅広く紹介するため、全国各地の博物館を巡回する展覧会として実施することとしました。列島展の始まりです。

それから30年。列島展は全47都道府県の延べ166館で開催され、延べ270万人の入館者をお迎えし、国民の皆様が文化財への興味関心を深めることの一翼を担ってきました。これまで展示された遺跡の内容を見ると、時代的には縄文時代の155遺跡を筆頭に、古代の138遺跡と続き、旧石器時代から近代に至る全国の750余りの遺跡を紹介してまいりました。そして、そのうち150近くの遺跡や遺物が後に史跡や重要文化財に指定され、うち四つがその後、特別史跡や国

CONTENTS

宝に指定されるなど、列島展で取り扱った遺跡、遺物には我が国の歴史、文化を理解する上で不可欠なものも多く含まれます。また、この間、東日本大震災、熊本地震など災害に伴う発掘調査も実施され、その成果をもって復興の後押しをする意味を込めて特集展示を行っています。

現在、発掘調査の年間件数は8千件前後で推移していますが、以前のような大規模な発掘調査は減少しつつあります。こうした社会的な変化を受けて、近年では、従来の速報展示「新発見考古速報」に加え、各地で蓄積された発掘調査成果をまとめて地域史の特色を示す「我がまちが誇る遺跡」を柱として装いを新たにしています。今後も地域、遺跡の種別、広域的なテーマ設定など、多角的な視点による特集展示を充実させていきたいと考えています。30年の節目においてこれまでの展示を振り返り、今後の列島展に向けた新たな起点としたいと思います。

（桑波田武志）

「発掘された日本列島2006」展での観覧者数100万人達成記念セレモニー（平成18年11月19日、福井県立若狭歴史民俗資料館）

執筆者（五十音順）

宇佐美亮
内田真雄
大川勝宏
小笠原雅行
岡田圭司
黒川忠広
桑波田武志
櫻井友梓
柴田将幹
宍道年弘
長崎　浩
中村啓太郎
平田　健
藤田若菜
古川　匠
増田浩太
松見裕二
松村愉文
水村直人
森　一欽
安和吉則

協力者（五十音順）

小川忠博
佐藤雅彦
中村一郎

協力機関（五十音順）

藍住町教育委員会
青森県埋蔵文化財調査センター
阿賀野市教育委員会
我孫子市教育委員会
壱岐市教育委員会
石川県埋蔵文化財センター
稲美町教育委員会
磐田市教育委員会
岩手県教育委員会
宇治市
浦添市教育委員会
恵庭市教育委員会
遠軽町埋蔵文化財センター
大垣市教育委員会
鹿児島県立埋蔵文化財センター
鹿児島県歴史・美術センター
加須市教育委員会
香取市教育委員会
釜石市
群馬県
群馬県立がんセンター
（公財）茨城県教育財団
甲州市教育委員会
荒神谷博物館
埼玉県教育委員会
佐賀市
相模原市教育委員会
佐渡市
三内丸山遺跡センター
滋賀県埋蔵文化財センター
島根県
島根県立古代出雲歴史博物館
下野市教育委員会
市立岡谷美術考古館
新富町教育委員会
外ヶ浜町教育委員会
高槻市
多久市教育委員会
玉村町教育委員会
田原本町教育委員会
茅野市尖石縄文考古館
千葉市立加曽利貝塚博物館
東京都教育庁
鳥取県青谷かみじち史跡公園
鳥取県埋蔵文化財センター
鳥取県立博物館
鳥取県立むきばんだ史跡公園
鳥取大学
奈良県立橿原考古学研究所
奈良文化財研究所
成田市教育委員会
野辺地町立歴史民俗資料館
函館市教育委員会
八戸市埋蔵文化財センター是川縄文館
兵庫県立考古博物館
笛吹市教育委員会
福井県立一乗谷朝倉氏遺跡博物館
福岡市
富士山かぐや姫ミュージアム
舟形町教育委員会
松浦市教育委員会
松阪市教育委員会
松本市教育委員会
三重県
三重県埋蔵文化財センター
みなかみ町教育委員会
壬生町立歴史民俗資料館
妙高市教育委員会
むつ市教育委員会
山形県立博物館
与謝野町教育委員会
和歌山市

特別史跡・国宝になった遺跡・遺物

列島展で紹介されたのちに、その価値が認められ、特別史跡や国宝（史跡や重要文化財のうち特に価値の高いもの）に指定された遺跡・遺物があります。ここでは、それらの日本を代表する遺跡・遺物を紹介します。

平成8（1996）年列島展初出展→令和5（2023）年国宝指定

史跡白滝（しらたき）遺跡群

北海道遠軽町

後期旧石器時代（約3万～1万5000年前）

国宝北海道白滝遺跡群出土品　石器（撮影：佐藤雅彦）

日本最古の国宝
旧石器時代の黒曜石製石器

黒曜石産地の赤石山
（八号沢露頭）

史跡白滝遺跡群

遠軽町埋蔵文化財センター
2万年前の人々が残した国宝を含む石器約1700点を展示公開。黒曜石を利用した石器やアクセサリー作りなどの体験学習も実施。

国宝北海道白滝遺跡群出土品　接合資料（撮影：佐藤雅彦）

遠軽町白滝地域には、石器の材料として広く利用される黒曜石の国内最大級の産地である「赤石山」があります。その麓を流れる湧別川の河岸段丘上には約100カ所もの遺跡が存在し、中でも保存状態の良い地点（白滝第13地点・上白滝8・奥白滝1・奥白滝11・奥白滝12・服部台・服部台2遺跡）は白滝遺跡群として史跡に指定されています。

この地域では旧石器時代研究の初期から調査研究が行われており、東北アジア一帯に分布する細石刃製作技法の「湧別技法」の存在が確認されました。平成7年度から20年度にかけて高規格道路建設に伴い実施された発掘調査では、約700万点、13トンもの遺物が出土し、豊富な黒曜石を原材料に1万年以上にわたって石器製作が繰り返されていた、他に類を見ない遺跡であることが明らかになりました。

出土した石器には後期旧石器時代を代表する尖頭器や細石刃などの狩猟具をはじめ、黒曜石を割った際に生じる剝片も大量に見つかっています。これらの剝片をつなぎ合わせることで割る前の状態まで復元した「接合資料」は、当時の石器製作過程を知るための貴重な手掛かりとなりました。また、黒曜石は成分分析により産地を推定することができます。これまでに白滝産の黒曜石は、サハリンから新潟県までの広範囲の遺跡で確認されており、これは当時の人々の移動や交易によるものと考えられます。列島展では、上白滝8遺跡の大形尖頭器や旧白滝15遺跡の大形石刃と接合資料などが出展されています。

このような世界的にも貴重な資料の価値が高く評価され、令和5年に「北海道白滝遺跡群出土品」1965点が国宝に指定されました。これは旧石器時代の資料では初めての指定であり、日本最古の国宝となります。現在、遠軽町埋蔵文化財センターにて展示公開しています。

（松村愉文）

 提供：遠軽町埋蔵文化財センター

三内丸山遺跡の復元された大型掘立柱建物（左）と大型竪穴建物（中央）

平成7（1995）年列島展初出展→平成12（2000）年 特別史跡 指定

特別史跡三内丸山遺跡（さんないまるやま）

青森県青森市

縄文時代前期中葉〜中期末（約5900〜4200年前）

クルミが入っていた編みかご（縄文ポシェット） 重文

三内丸山遺跡は青森市西部に位置し、標高約20㍍の段丘先端部に立地する縄文時代前期中葉から中期末（約5900〜4200年前）の遺跡です。県総合運動公園拡張事業に伴う大規模な発掘調査は平成4年度に始まり、野球場建設予定地の約4万平方㍍が調査対象となりました。

平成6年度までの調査では、直径1㍍のクリの柱を用いた大型掘立柱建物、厚さ2㍍もの盛土遺構や多数の竪穴建物などの

クリ林を利用した暮らし
大型建物のある北の縄文集落

復元された環状配石墓

6本柱の大型掘立柱建物の調査

三内丸山遺跡センター

遺跡区域とガイダンス施設「縄文時遊館」とで構成。遺跡区域では、実物の遺構や遺構の立体表示、植栽などを通して「縄文のムラ」を体感できる。縄文時遊館では、編みかご・大型板状土偶・ヒスイ製大珠など重要文化財約500点を含む約1700点を展示。

遺構、土器や石器の他、編み物などの植物製品、獣骨や魚骨、植物遺存体、黒曜石などの交易品、土偶などの精神文化を示す遺物が多数検出されました。列島展では、編みかごやヒスイ製大珠（152ページ）、ニワトコやヤマグワの種子などが展示されました。これらは、当時の集落、生業、自然環境などを詳しく知ることができる貴重な資料です。

遺跡の重要性が認識され、平成6年度に野球場の建設が中止され、遺跡の保存が決定しました。その後、特徴的な遺構の実物展示や立体表示、仮設展示室などが整備され、平成9年に史跡に指定されました。

その後、さらに遺跡東側で約420㍍の道路とその両側に並ぶ土坑墓列、遺跡南西側で本遺跡に特徴的な環状配石墓が検出されました。このように、存続期間が長く、広大な範囲に計画的に配置された多様な遺構が評価され、平成12年に特別史跡に、平成15年には出土品1958点が重要文化財に指定されました。

遺跡は平成6年度から公開されており、平成31年には三内丸山遺跡センターが設置され、増築されたガイダンス施設「縄文時遊館」では常設展示室に加えて、企画展示室、収蔵庫が整備されました。令和2年には新たな整備計画が策定され、事業が進行中です。令和4年度の見学者数は20万人を超え、令和5年度はそれを上回っています。ガイド活動は一般社団法人三内丸山応援隊が25年以上継続しています。

令和3年には、本遺跡が世界遺産「北海道・北東北の縄文遺跡群」の中核として登録され、現在はその価値を未来へ継承する取り組みが行われています。

（小笠原雅行）

 提供：三内丸山遺跡センター

平成7（1995）年列島展初出展→平成12（2000）年 特別史跡 指定

特別史跡原の辻遺跡

長崎県壱岐市

弥生時代～古墳時代初頭

朝鮮半島と九州本土をつなぐ海上の弥生拠点集落

原の辻遺跡は、約2千年前の弥生時代を代表する大規模な環濠集落遺跡の一つです。この遺跡がある壱岐島は、九州本土と朝鮮半島との間に位置し、中国の歴史書『魏志』倭人伝に記された邪馬台国への道のりに登場する「一支国」の比定地とされています。

壱岐島内で確認されている弥生集落遺跡の中でも原の辻遺跡は、多重の環濠に囲まれた集落の規模と日本最古の船着き場の発見から、一支国の拠点集落に特定されています。『魏志』

整備された原の辻遺跡

倭人伝に記された国で「国の位置」と「拠点集落の位置」の両方が特定されているのは、この原の辻遺跡だけであり、記された内容と遺跡の発掘調査成果を見比べながら「弥生時代における東アジアとの交流の歴史」を解明できる国内唯一の遺跡です。こうした点が高く評価され、平成9年に史跡に指定され、平成12年には特別史跡に格上げ指定されました。

原の辻遺跡からは、朝鮮半島や中国大陸で使われていた土器だけでなく、当時最先端の鉄製品や青銅製品、ガラス製の勾玉や小玉など、バラエティー豊かな交易品が見つかっており、その中でも「原の辻遺跡における対外交流の歴史」を象徴する資料1670点は、平成25年に重要文化財に指定されています。

大陸からは文物だけでなく、渡来人と共に最新の技術や文化も伝えられています。船着き場の建設には、当時の中国における最先端の土木技術「敷粗朶工法」が採用されており、『魏志』倭人伝に記されている「灼骨而卜」（骨を灼いて占いを行う）を裏付ける卜骨も発見されています。

列島展では、原の辻遺跡と同時期に栄えたカラカミ遺跡で発見された、中国大陸で使用されていた「周」の文字が刻まれた瓦質土器が展示されました。国内に文字があったことを裏付ける最古の事例であるこの瓦質土器は、列島展での展示以降、最先端の文物が集まる一支国を象徴する資料として、新たに仲間入りを果たしました。

約2千年前、中国大陸や朝鮮半島から多くの渡来人を迎え入れ、彼らと共に珍しい文物が持ち込まれた一支国には、弥生時代の対外交流の歴史を物語る史跡や文化財が数多く残っています。

（松見裕二）

復元公園内に設置された国内最古の船着き場の模型

遺跡の東方に玄界灘を望む

重文

人面石（原の辻遺跡出土）

周文字線刻遼東系土器
（カラカミ遺跡出土）

重文

青銅製品
（原の辻遺跡出土）

壱岐市立一支国博物館
遺跡のジオラマ模型、トンボ玉・人面石・卜骨・瓦質土器などの重要文化財を展示。平成22年開館。

原の辻一支国王都復元公園
弥生時代にタイムスリップし、当時の息吹が聞こえてきそうな原風景に浸ることができる。

 提供：壱岐市教育委員会

平成10（1998）年 国宝 指定

史跡荒神谷遺跡

島根県出雲市斐川町

弥生時代中期

平成9（1997）年列島展初出展→平成20（2008）年 国宝 指定

史跡加茂岩倉遺跡

島根県雲南市

弥生時代中期

荒神谷遺跡は、島根県出雲市斐川町神庭の小さな谷間にある青銅器埋納遺跡です。昭和59年7月12日、丘陵の急傾斜地に設けられた試掘トレンチから銅剣の一部が複数見つかり、最終的には当時の全国の銅剣出土総数を上回る358本が確認されました。翌年には銅剣出土地から東に7メートルのところで、銅鐸6個と銅矛16本が同時に見つかりました。この二度の歴史的な大発見は、古代出雲の歴史を大きく見直すきっかけとなりました。出土した青銅器は、平成10年に「島根県荒神谷遺跡出土品」として国宝に指定されました。

荒神谷遺跡の銅剣出土状況

復元整備された荒神谷遺跡の発掘現場

加茂岩倉遺跡の銅鐸出土状況

国宝鳥取県荒神谷遺跡出土品　青銅器
（文化庁所蔵、島根県立古代出雲歴史博物館保管）

古代出雲王国の謎解くカギか
圧倒的数量の銅剣・銅鐸

遺跡は昭和62年に史跡に指定され、斐川町（現出雲市）が出土地の復元整備を行いました。平成7年には荒神谷史跡公園を開園し、平成17年には荒神谷博物館を開館しました。（宍道年弘）

※荒神谷遺跡出土品は列島展では取り上げていませんが、加茂岩倉遺跡の関連遺跡として紹介しています。

国宝島根県加茂岩倉遺跡出土品　銅鐸（文化庁所蔵、島根県立古代出雲歴史博物館保管）

加茂岩倉遺跡は、荒神谷遺跡から直線距離で約3キロの位置にある遺跡です。平成8年10月14日、農道工事中に発見され、1遺跡として日本最多となる39個もの銅鐸が出土しました。その後の調査で、これらは2×1メートルほどの埋納穴に鰭を立てた横倒しの状態で隙間なく埋められており、高さ45センチ前後の中型鐸20個に高さ30センチ前後の小型鐸19個をはめ込んだ「入れ子」の状態であったことが明らかになりました。銅鐸の埋納状況が把握できた例は極めて少なく、弥生時代の青銅器を研究する上で貴重な事例です。また、銅鐸自体も、同じ鋳型で作られた同笵銅鐸が複数組存在すること、トンボやウミガメなど独特な絵画を持つ銅鐸が含まれることなど、見どころ満載です。遺跡は平成11年に史跡に指定され、整備が行われました。

列島展では39個の銅鐸のうち、大型で流水文を持つ31号、小型の17号、入れ子で出土した35・36号が、35号に36号がはめ込まれたままの状態で展示されました。出土した銅鐸は平成20年に国宝に指定されました。（増田浩太）

島根県立古代出雲歴史博物館の青銅器展示室

島根県立古代出雲歴史博物館
両遺跡から出土した国宝の銅剣・銅鐸を常設展示。出雲大社本殿10分の1模型、神話シアターなども見どころ。

荒神谷博物館
毎夏の特別展で銅剣を里帰り展示。周囲は史跡公園として整備され、夏には約3千株の古代ハスが咲き誇る。

加茂岩倉遺跡ガイダンス
発掘時の映像、銅鐸レプリカなどを展示。周囲には散策コースが整備され、出土時を再現した模型などを設置。

 提供：荒神谷博物館、島根県

行ってみよう! 整備・復元されている遺跡

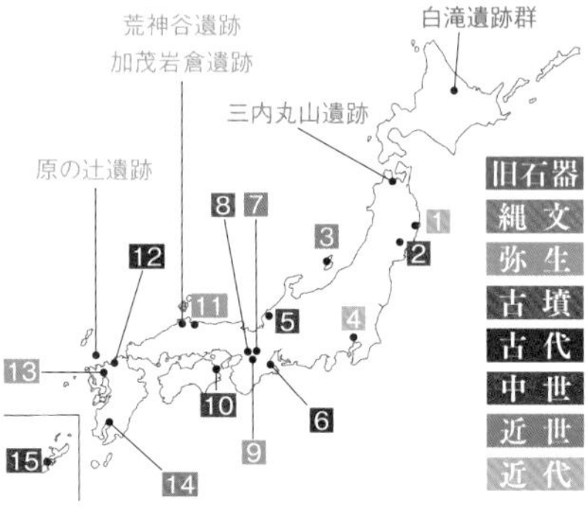

列島展で紹介された遺跡の中には、整備や復元を行い、展示公開施設を設けているところも多くあります。現地に足を運んでみてほしい遺跡の一部を紹介します。 施＝展示公開施設

1 現存する日本最古の高炉 | 岩手県釜石市

原燃料を産出する山と橋野一番高炉（提供：釜石市）

近代 幕末～明治時代

史跡

史跡 橋野高炉跡

幕末、欧米諸国の接近に対抗する海防に迫られ、鉄鉱石で鉄製大砲の素材となる鉄を製造するため、蘭書を参考に西洋技術を取り入れ、在来技術と融合させて高炉を建設し、操業に成功しました。3基の高炉、風を送るためのフイゴを動かす水車用水路、山神社など、鉱山集落を物語る遺構が残っています。世界遺産「明治日本の産業革命遺産」の構成資産の一つです。

（森　一欽）

施 橋野鉄鉱山インフォメーションセンター、釜石市立鉄の歴史館、釜石鉱山展示室「Teson」（国登録有形文化財旧釜石鉱山事務所）

2 奥州藤原氏の居館・政庁「平泉館」か | 岩手県平泉町

復元された園池（提供：岩手県教育委員会）

中世 平安時代末

史跡

史跡 柳之御所・平泉遺跡群 柳之御所遺跡

平安時代末、現在の岩手県平泉を拠点に東北を支配した奥州藤原氏。北上川沿いの広大な面積に堀や建物、優美な園池が残り、土器や陶磁器類、木製品、銅印・木簡など10トン超の出土品が、彼らの居館の規模、生活や政務、権力や威勢の大きさを物語ります。堀や園池など代表的な遺構を当時の規模で整備し、西行や芭蕉が訪れた景観の中、中尊寺や浄土庭園と共に北の都の往時の繁栄を今に伝えます。 （櫻井友梓）

施 岩手県立平泉世界遺産ガイダンスセンター

3 日本を代表する鉱山 | 新潟県佐渡市

復元された佐渡奉行所（提供：佐渡市）

近世 中世～近現代

史跡

史跡 佐渡金銀山遺跡

16世紀末に発見され、江戸時代に徳川幕府の直轄鉱山として幕府の財政を支えた新潟県佐渡島の相川金銀山。慶長9（1604）年に完成した佐渡奉行所は、佐渡一国の統治だけでなく鉱山管理に重要な役割を果たし、選鉱場や製錬場を併設していました。昭和17年の火災で全焼しましたが、発掘調査の成果や絵図などの資料を基に、御役所などの一部が復元され公開中です。

（宇佐美亮）

施 史跡佐渡奉行所跡、佐渡金銀山ガイダンス施設きらりうむ佐渡

4 日本初の鉄道の起点となる駅舎とプラットホーム ｜東京都港区

史跡

駅舎の基礎が見える見学窓と出土遺物の展示（提供：東京都教育庁）

近代　明治時代

史跡 旧新橋停車場跡及び高輪築堤跡（旧新橋停車場跡）

明治5（1872）年に開業した日本初の鉄道駅の遺構。汐留地区再開発に伴う平成3年からの発掘調査で見つかり、駅舎とプラットホームの基礎である凝灰岩の切石が現地保存されました。基礎は、駅舎とプラットホームで切石の積み方が異なり、見学窓から見ることができます。外観を復元した駅舎の一部を展示室として公開するとともに、鉄道関係遺物やお雇い外国人が使用した西洋陶磁器などを展示しています。　（平田　健）

施 旧新橋停車場鉄道歴史展示室

5 戦国大名・朝倉氏が築いた城下町にタイムトリップ ｜福井県福井市

春の一乗谷（提供：福井県立一乗谷朝倉氏遺跡博物館）

中世　室町時代

特別史跡

特別史跡 一乗谷朝倉氏遺跡

約100年にわたり朝倉氏が領国支配の拠点として築いた城下町が、極めて良好な状態で残る大規模遺跡。半世紀以上の調査・研究で、城門、道路、当主館、家臣の屋敷、寺院、町屋に至るまで、戦国時代の城下町の全体像が明らかになりました。本物の遺構の迫力を感じられる露出展示や建物復元エリアがあり、隣接する博物館では重要文化財を含む約800点の出土品や原寸再現した当主の館を展示しています。　（藤田若菜）

施 福井県立一乗谷朝倉氏遺跡博物館

6 伊勢に派遣された皇族女性のための宮殿と役所 ｜三重県明和町

史跡

斎宮の役所「斎宮寮」が復元された「さいくう平安の杜」（提供：三重県）

古代　飛鳥時代～南北朝時代

史跡 斎宮跡

古代から中世にかけて、伊勢神宮の祭祀に参加する未婚の皇女「斎王」を住まわせた宮殿と役所の遺跡。正史だけでなく『源氏物語』や『伊勢物語』にも登場し、約137ヘクタールの広大な敷地には飛鳥・奈良時代の中心施設や、都のように区画された平安時代の都市空間があったことが分かっています。平安時代の儀礼空間が再現され、史跡全体模型（10分の1）の見学や平安文化体験も楽しめます。　（大川勝宏）

施 斎宮歴史博物館、いつきのみや歴史体験館など

7 太閤・豊臣秀吉が宇治川に造った大規模な堤 ｜京都府宇治市

史跡

復元された宇治川太閤堤跡（提供：宇治市）

近世　安土桃山時代

史跡 宇治川太閤堤跡

文禄3（1594）年、豊臣秀吉が伏見城築城を契機に前田利家ら諸大名を動員し、宇治川に城の石垣の工法を応用した大規模な堤を築きました。この堤により宇治川の流れが安定し、水陸の交通網が整備されました。現地では、発掘調査で見つかった堤の遺構が精密に復元されています。さらに、堤が土砂で埋まった後に営まれた19世紀の宇治茶の茶園景観を再現するなど、現在に至る遺跡の変遷過程も見学できます。　（古川　匠）

施 お茶と宇治のまち歴史公園

8 真の継体大王墓とされる前方後円墳 ｜ 大阪府高槻市

上空から見た今城塚古墳（提供：高槻市）

古墳　古墳時代後期

史跡

史跡 今城塚古墳

6世紀前半に築造された淀川流域最大級の前方後円墳です。調査によって古墳の形状・構造が明らかになり、内堤北側の張り出しからは約230点の形象埴輪が出土しました。整備された史跡公園では、大王の儀礼を表した埴輪群像を復元して現地に設置し、1500年前の風景を再現。歴史館では出土した埴輪や復元石棺、映像などで大王墓今城塚古墳と摂津三島の古墳時代を紹介しています。　（内田真雄）

施　今城塚古代歴史館

9 絵画土器に描かれた楼閣を復元 ｜ 奈良県田原本町

うずまきの屋根飾りを持つ楼閣（提供：田原本町教育委員会）

弥生　弥生時代

史跡

史跡 唐古・鍵遺跡

奈良盆地中央部にある大規模環濠集落遺跡です。弥生時代に稲作が行われていたことが初めて証明され、後の調査で弥生時代の豊かな生活や高度な技術が明らかになりました。平成30年、集落の中心約10㌶が史跡公園として開園しました。周囲の山並みを借景に、出土した土器に描かれていた絵画を基に楼閣を復元し、集落を巡る環濠を再現しました。CGで復元した大型建物やマツリ風景のAR（拡張現実）体験も楽しめます。　（柴田将幹）

施　唐古・鍵遺跡史跡公園

10 阿波守護細川家と阿波三好家の本拠地 ｜ 徳島県藍住町

復元された枯山水庭園の北側の会所（提供：藍住町教育委員会）

中世　室町時代後期～戦国時代

史跡

史跡 勝瑞城館跡

最大幅13㍍以上、深さ3.5㍍の方形の濠に囲まれた複数の曲輪から成る阿波細川家・阿波三好家の居館跡。発掘調査で、阿波産の青石を景石として用いた細川家守護館の池泉庭園と三好家の枯山水庭園が確認されました。希少な三彩桃形水滴や青磁梅瓶などの輸入陶磁器が出土し、両家の文化的な活躍がうかがえます。城跡の大規模な濠を巡らした曲輪や、館跡の立派な濠と枯山水庭園が見どころです。　（岡田圭司）

施　史跡勝瑞城館跡展示室

11 大山の麓に甦った弥生時代の国邑 ｜ 鳥取県米子市・大山町

掘立柱建物や竪穴建物が復元された弥生のムラ
（提供：鳥取県立むきばんだ史跡公園）

弥生　弥生時代中期後葉～古墳時代前期

史跡

史跡 妻木晩田遺跡

国内最大級の広さを誇る弥生時代の大規模集落。千棟近い建物や、山陰特有の形をした四隅突出型墳丘墓が確認されました。中国や朝鮮半島など他地域との交流を示す遺物も多く出土しています。園内には、調査成果を基に弥生時代後期後葉のムラが復元されており、竪穴建物に入ったりモノづくりを体験したりできます。雄大な景観の中で当時を体感できる弥生のフィールド・ミュージアムです。　（水村直人）

施　鳥取県立むきばんだ史跡公園

12 外交使節や遣唐使・遣新羅使が利用した迎賓館 ｜ 福岡県福岡市

鴻臚館跡展示館の遺構展示（提供：福岡市）

古代　飛鳥時代～平安時代

史跡

史跡 鴻臚館跡

唐や新羅からの使節・商人をもてなし、遣唐使や遣新羅使の送迎にも用いられた施設。平安京や難波にも類似施設はありましたが、遺跡が確認されているのは筑紫の鴻臚館のみです。奈良時代には筑紫館と呼ばれ、平安時代に唐の外交機関「鴻臚寺」にならい「鴻臚館」に改称。7世紀後半から11世紀前半の約400年間、対外交渉の窓口として機能し、鴻臚館の廃絶後、17世紀には福岡城が築かれました。（中村啓太郎）

施 鴻臚館跡展示館

13 ムラからクニへ、国内最大級の弥生環濠集落 ｜ 佐賀県神埼市・吉野ヶ里町

周囲を環濠で囲まれた南内郭（提供：佐賀県）

弥生　弥生時代

特別史跡

特別史跡 吉野ヶ里遺跡

弥生時代の全時期を通して、小さな集落が大規模環濠集落へと成長した過程をたどることのできる遺跡。発掘調査により、建物・環濠・墳丘墓などの遺構、青銅器・鉄器などの遺物が出土しました。集落の最盛期に当たる弥生時代後期後半（3世紀）の遺構（竪穴建物・高床倉庫・物見やぐらなどの建物、環濠などの防御施設）の一部は、発見された位置に同じ形と大きさで復元されており、弥生時代の集落構造を体感できます。（長崎　浩）

施 吉野ヶ里歴史公園

14 二つの時代エリアを整備、南の縄文文化の大集落 ｜ 鹿児島県霧島市

1万600年前のエリアにある復元集落（提供：鹿児島県立埋蔵文化財センター）

縄文　縄文時代早期～晩期

史跡

史跡 上野原遺跡

縄文時代早期から晩期にかけて続いた大規模集落。1万600年前のエリアは霧島連山を背景にした台地北部に位置し、再現された落葉樹の森の中に展示館や地層観察館、復元集落があり、季節ごとの新緑や紅葉が見どころ。8600年前のエリアは桜島と鹿児島湾を望む台地南部に位置し、照葉樹の森に埋蔵文化財センターや体験学習館、古代家屋群、アスレチックを整備。展望の丘から眺める桜島や霧島連山は壮大です。（黒川忠広）

施 上野原縄文の森

15 琉球王国初期の王墓 ｜ 沖縄県浦添市

浦添城跡の北側に位置する浦添ようどれ（提供：浦添市教育委員会）

中世　13世紀（造営）・17世紀（改修）

史跡

史跡 浦添城跡（浦添ようどれ）

「ようどれ」は琉球語で夕凪から転じて墓を意味するとされています。咸淳年間（1265～1274）に英祖王により築かれ、尚寧2（1620）年に尚寧王が改修し一族の墓としました。西室（英祖王陵）と東室（尚寧王陵）に石厨子（石棺）があります。沖縄戦で大破したものの、発掘調査や古写真分析などに基づき、二つの墓室と外周の石積みを修復し、ガイダンス施設内に西室内部を原寸大で復元しています。（安和吉則）

施 浦添グスク・ようどれ館

発掘された

土偶

縄文人がさまざまな祈りを込めて作った土偶は、現代の私たちにとって異世界性を帯びた芸術品。列島展でも主役級の人気者で、来場者の注目を集めました。

縄文の女神

国宝

西ノ前(にしのまえ)遺跡（山形県）

中期

©舟形町教育委員会（山形県立博物館所蔵）

最古級のビーナス

相谷熊原(あいだにくまはら)遺跡（滋賀県）

草創期

©滋賀県埋蔵文化財センター

粥見井尻(かゆみいじり)遺跡（三重県）

草創期

©三重県埋蔵文化財センター

縄文中期　縄文前期　縄文早期　縄文草創期

板状土偶

特別史跡三内丸山(さんないまるやま)遺跡（青森県）

中期

©三内丸山遺跡センター

表情豊かな土偶

白神山地東麓縄文遺跡群(しらかみさんちとうろくじょうもん)（青森県）

前期後半～後期前半

©青森県埋蔵文化財調査センター

壺(つぼ)を持つ妊婦土偶

目切(めきり)遺跡（長野県）

中期

©市立岡谷美術考古館

睫毛土偶

重文

二枚橋遺跡（青森県）
晩期
©むつ市教育委員会（展示施設がないため非公開）

山形土偶

特別史跡加曽利貝塚（千葉県）
後期
©千葉市立加曽利貝塚博物館

仮面の女神

国宝

中ッ原遺跡（長野県）
中期前半～後期前半
©茅野市尖石縄文考古館

← 縄文晩期 ―――― 縄文後期

遮光器土偶

石船戸遺跡（新潟県）
晩期
©阿賀野市教育委員会

合掌土偶

国宝

風張1遺跡（青森県）
後期後半
©八戸市埋蔵文化財センター是川縄文館

ヤッホー土偶

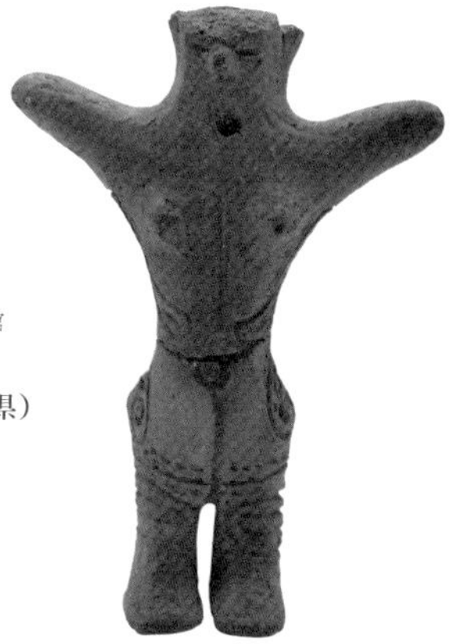

桂野遺跡（山梨県）
中期後半
©笛吹市教育委員会

耳穴土偶

観音寺本馬遺跡
（奈良県）
晩期
©奈良県立橿原考古学研究所

ミミズク土偶

下ヶ戸貝塚（千葉県）
後期～晩期
©我孫子市教育委員会

縄文くらら

有戸鳥井平4遺跡
（青森県）
後期
©野辺地町立歴史民俗資料館

発掘された
埴輪

埴輪に表現された人物、動物、道具などは当時の装いやマツリの様子を教えてくれます。同時に、その愛らしい姿や表情が見る人に癒やしを与えることも。

最大級の埴輪

古墳の墳頂部から出土した家形埴輪は、組み合わせ式で、赤と黒で塗り分けられた三角文が屋根全体に表現されています。船形埴輪は伊勢湾西岸で最大の前方後円墳で出土しました。大刀や蓋、威杖といった飾りを持つ船は、絵画資料などでは知られていましたが、埴輪としては国内初の発見でした。

富士山古墳
（栃木県）
©壬生町立歴史民俗資料館

入母屋づくりの家
高さ168センチ

円柱の家
高さ159センチ

船形埴輪
長さ140センチ

宝塚1号墳（三重県）
国宝
©松阪市教育委員会

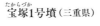

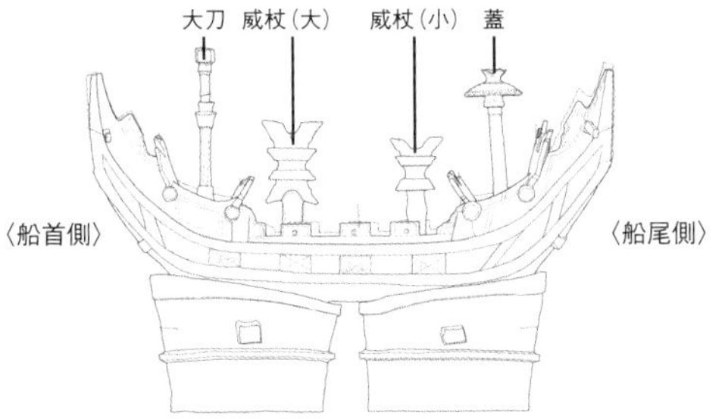

何のカタチ?

双脚輪状文は、北部九州の古墳の装飾などで知られていましたが、この発見により冠帽状のかぶり物の鍔部分の表現であることが分かりました。女性が布を織っている様子を表した埴輪の出土は全国初。『古事記』の記載によると、機を織るという行為は神聖なこととされていました。

岩橋千塚古墳群（和歌山県）
©和歌山市

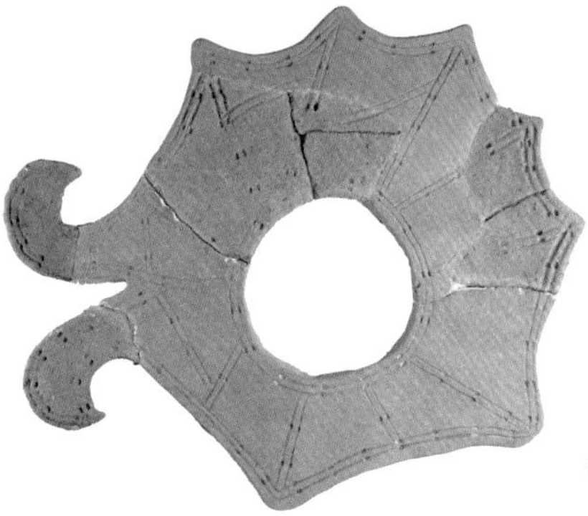
双脚輪状文埴輪

冠帽をかぶる人物

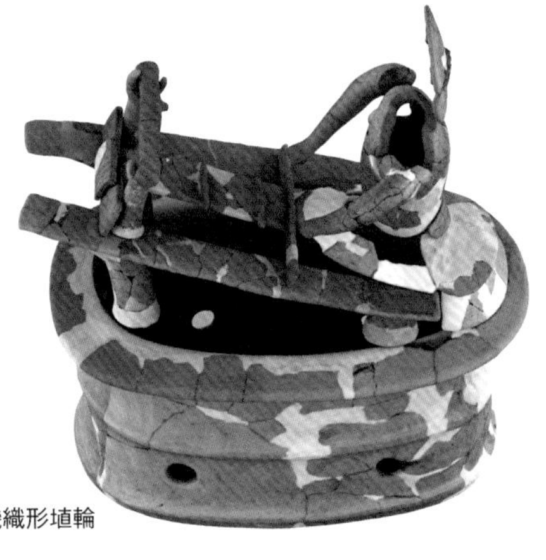
機織形埴輪

復元

甲塚古墳（栃木県）
©下野市教育委員会

巫女(みこ)の埴輪

塚廻り(つかまわ)4号墳（群馬県）

©群馬県立歴史博物館

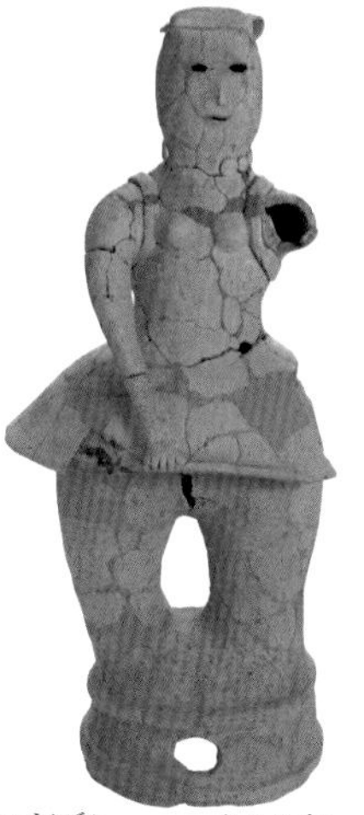

新田原(にゅうたばる)古墳群百足塚(むかでづか)古墳（宮崎県）

©新富町教育委員会

武人や男子の埴輪

城山(じょうやま)1号墳（千葉県）

©香取市教育委員会

高塚(たかつか)古墳（群馬県）

©群馬県立歴史博物館
（群馬大学共同教育学部所蔵）

埴輪に乗る

高林西原(たかばやしにしはら)古墳群（群馬県）

©群馬県立歴史博物館
（群馬県立がんセンター所蔵）

埴輪人が乗る裸馬

塩顔埴輪

小泉大塚越(こいずみおおつかごし)第7号古墳（群馬県）

©玉村町教育委員会

人面付円筒埴輪

何の動物?

動物埴輪は、4世紀に鶏が最初に登場し、水鳥や馬などが段階的に加わります。シカやイヌは、しばしば人物とセットになり、狩りのシーンを表現したと考えられています。

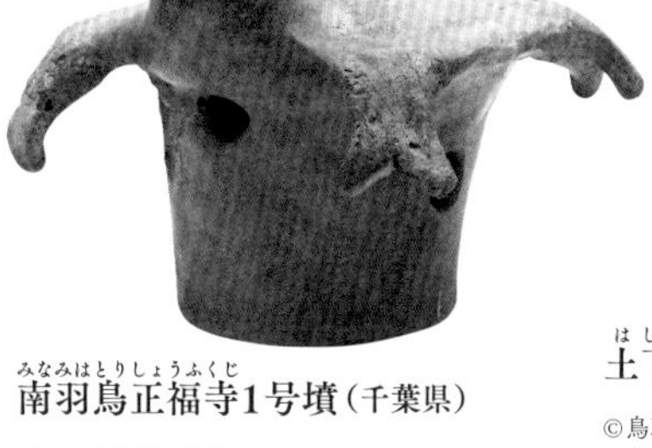

ムササビ形埴輪

南羽鳥正福寺(みなみはとりしょうふくじ)1号墳（千葉県）

©成田市教育委員会

鹿形埴輪

土下(はした)211号墳（鳥取県）

©鳥取県立博物館
鳥取大学

犬形埴輪

仁田埴輪窯跡(にたはにわかまあと)（佐賀県）

©佐賀県

いつから？
発掘された
最古

従来知られていた「日本最古」は新たな発見により度々塗り替えられます。列島展で取り上げた遺跡からその一部をご紹介します。

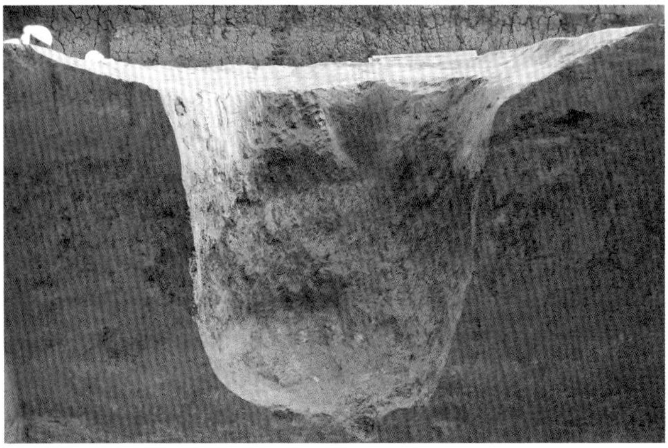

旧石器 **最古の落とし穴**

史跡立切遺跡・横峯遺跡（鹿児島県）

鹿児島県の南に位置する種子島にある旧石器時代の遺跡です。立切遺跡では、約3万5千年前の火山灰層の下から落とし穴が発見されました。この落とし穴は、世界でも最古に位置付けられ、この地域でいち早く落とし穴猟が行われていたことが明らかになりました。

©鹿児島県立埋蔵文化財センター

旧石器 **最古の建物**

史跡田名向原遺跡（神奈川県）

相模野台地にあり、旧石器時代（約2万年前）の地層から、直径10㍍の環状に配置された礫とその内側に沿って10基の柱穴が確認されています。中央に2カ所の炉があることから、住居と考えられています。

復元

©相模原市教育委員会

縄文 **最古の土器**

史跡大平山元遺跡（青森県）

津軽半島にある旧石器時代から縄文時代への移行期の遺跡から、特徴的な石斧や石槍などに伴って土器が出土しています。土器に付着した炭化物の年代測定により、約1万6千年前のものであることが分かっています。

©外ヶ浜町教育委員会　（撮影：小川忠博）

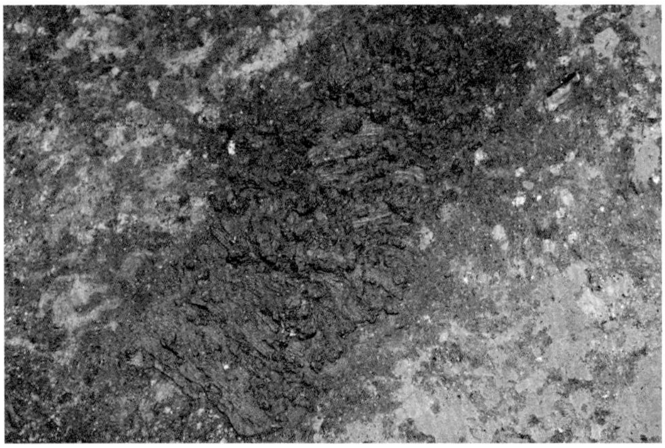

縄文 **最古の朱漆塗り衣装**

史跡垣ノ島遺跡（北海道）

函館市にある縄文時代早期（約9千年前）の集落跡で見つかった土坑墓の一つから、埋葬された人物の身体を飾ったと考えられる、漆が塗られた織物状の装飾品などが出土しています。

©函館市教育委員会

復元

縄文 **最古の編みかご**

史跡東名遺跡（佐賀県）

有明海に注ぐ旧河川沿いにある縄文時代早期末（約8千年前）の遺跡から、貝塚やドングリの貯蔵穴などと共に、ムクロジやイヌビワなどのツルを素材とした編みかごが発見されました。ドングリ類の貯蔵に用いられたものと考えられています。

©佐賀市

重文

弥生 **最古のヤリガンナ**

八日市地方遺跡（石川県）

日本海側屈指の弥生時代中期の拠点集落から、木を削る工具であるヤリガンナが木製の柄に装着された状態で出土しました。日本列島で鉄器の生産が本格的に始まる前に大陸からもたらされたものと考えられています。

©石川県埋蔵文化財センター

古代 **最古の銅銭**

史跡飛鳥池工房遺跡（奈良県）

最古の本格的寺院である飛鳥寺の東南に接した谷にある古代の工房群から、それまで最古とされていた貨幣「和同開珎」を25年さかのぼる「富本銭」の鋳造工房が確認されました。

©奈良文化財研究所

重文

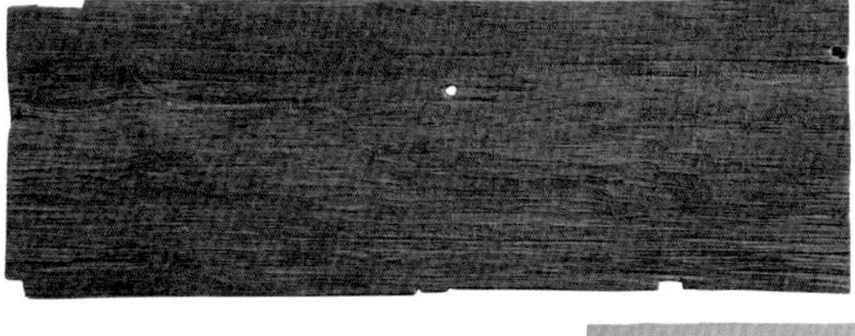

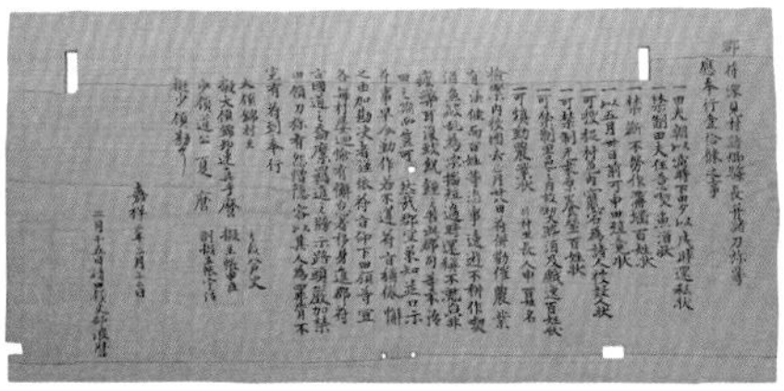

復元

古代 **最古の御触書**

史跡加茂遺跡（石川県）

金沢平野の北端に位置する古代北陸道の要衝にある遺跡で、北陸道に接する大溝から、平安時代前期に当時の加賀郡が道端に掲示していた御触書が出土しました。村人に農業を勧め、その方法を示していたことなどが明らかになりました。

©石川県埋蔵文化財センター

ずらり！

発掘された

最多

祭祀行為を、時に短期間、時に長期間繰り返すことで、一つの遺跡から大量の遺物が発見されることがあります。それらからは、先人たちの祈りのかたちが見えてきます。

縄文 **エリ穴遺跡**（長野県）

土製耳飾り 2643点

縄文時代後期から晩期の祭祀施設を持つ集落脇の斜面から出土した大量の耳飾り。儀礼を行った人々が身に着けていた装身具を廃棄したと考えられています。

©松本市教育委員会

古墳 **池田古墳**（兵庫県）

重文 水鳥形埴輪 24体以上

古墳の東側の渡土堤から墳丘、造り出しにかけての裾付近から出土しており、いずれもガン・カモ類をまねたもので、中には子鳥を伴ったものもあります。

©兵庫県立考古博物館

古墳 **北大竹遺跡**（埼玉県）

子持勾玉 45点

6世紀中頃から7世紀中頃にかけて継続的に営まれた祭祀遺構において、まとまった量の子持勾玉が須恵器の甕とセットで発見されました。

©埼玉県教育委員会

古墳 **明ヶ島5号墳**（静岡県）

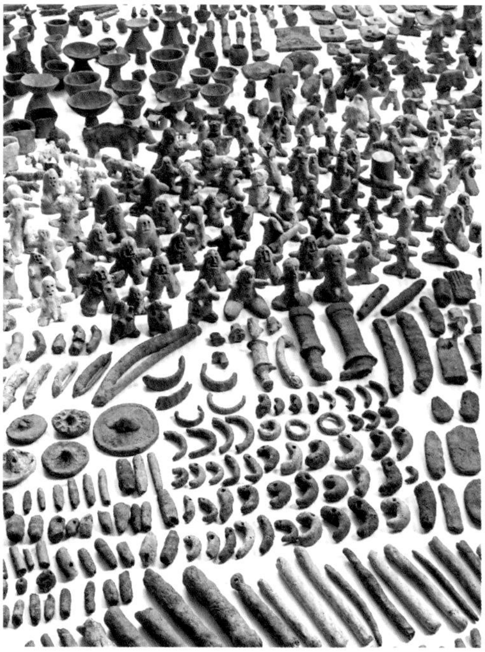

重文 土製模造品 4千点以上

墳丘の盛土の中や周濠内から人物・動物・武具・農漁具・楽器の形をした土製模造品が大量に出土しており、古墳を造りながら何度も儀礼を行っていたと考えられています。

©磐田市教育委員会　（撮影：中村一郎〔奈良文化財研究所〕）

古墳 **史跡島の山古墳**（奈良県）

重文 腕輪形石製品 133点

木棺を覆う粘土の上に大量の腕輪形石製品が置かれており、上半身部に車輪石を、下半身部に鍬形石と石釧を意識的に配置していました。

©奈良県立橿原考古学研究所

描く！書く！
発掘された
絵と字

発掘資料に描かれた文字や記号などは、当時の人々の思いや精神性を直接的に表す貴重な資料です。それぞれに込められた思いについて、想像してみましょう。

縄文 **矢瀬遺跡**（群馬県）

縄文人の線画が刻まれた石

縄文時代後期から晩期（約3500～2300年前）の住居から出土した線刻石。弓矢を持った人が描かれています。

©みなかみ町教育委員会

古墳 **史跡東町田墳墓群**（岐阜県）

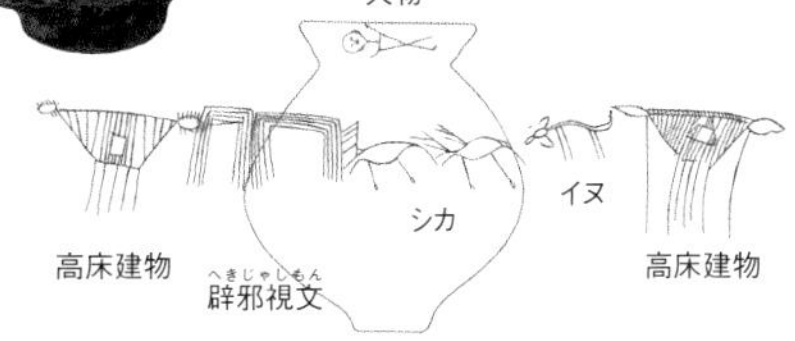

人物・シカ・イヌ…絵画土器

弥生時代終末期から古墳時代初頭（3世紀）の方形周溝墓から出土した線刻絵画土器。複数の高床建物やイヌ、シカなどが表現されています。

©大垣市教育委員会

古代 **特別史跡キトラ古墳**（奈良県）

国宝

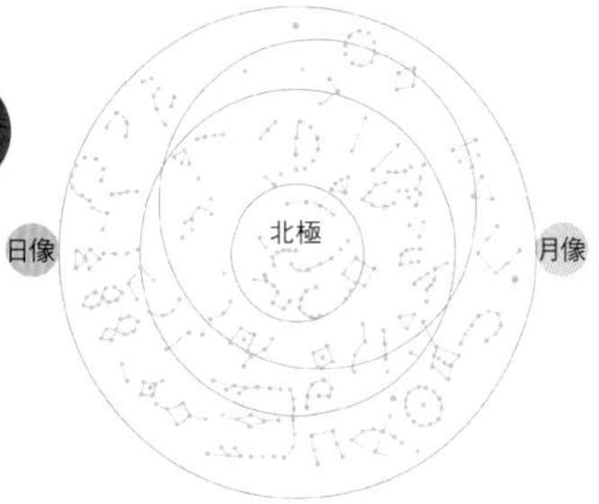

360以上の星がある天文図

石室の天井に内規・赤道・外規という三つの同心円の中に74以上の星座が朱線と金箔で描かれており、現存する世界最古の精緻な天文図といわれています。

©奈良文化財研究所

古代 **青谷横木遺跡**（鳥取県）

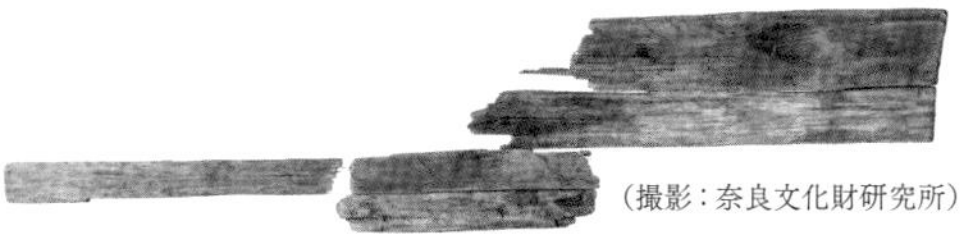

（撮影：奈良文化財研究所）

復元

美人群像を描いた木板

7世紀後葉から8世紀初頭に敷設された古代山陰道の脇から出土した木の板に、6人の女性が列を成してゆっくりと歩く姿が描かれています。

©鳥取県埋蔵文化財センター

古代 **ケカチ遺跡**（山梨県）

われにより
おもひくゝらむ
しけいとの
あはすやみなは
ふくるはかりそ

日本初、和歌が刻まれた土器

奈良・平安時代（8世紀）の大型竪穴建物から出土した土師器皿に、恋歌仕立てで惜別の気持ちを詠んだ和歌が平仮名31文字で刻まれています。

©甲州市教育委員会

カラフル！ 発掘された 色

遺物の色は時に当時の人々の精神性を表します。ここでは「色」に注目して過去に列島展で取り上げた遺物を紹介します。

Clear

水晶製石器

旧石器 **小組遺跡**（茨城県）

旧石器時代（約2万年前）に作られた水晶製の槍先。

©（公財）茨城県教育財団

Purple & Green

古墳 **月廻古墳群**（島根県）

紫水晶の勾玉、碧玉製管玉、ガラス製小玉で作られた首飾り。古墳の副葬品。

©島根県立古代出雲歴史博物館

紫水晶製勾玉他

Green

ヒスイ製大珠 重文

縄文 **三内丸山遺跡**（青森県）

新潟県糸魚川周辺から運ばれたヒスイ原石で作られています。

©三内丸山遺跡センター

Colorful

雁木玉

古墳 **伝法古墳群**（静岡県）

赤・黄・緑・白の4色のガラスを緻密に割り付けて作られたトンボ玉。

©富士山かぐや姫ミュージアム

Blue

ガラス釧

重文

弥生 **大風呂南墳墓群**（京都府）

弥生時代の墳墓に埋葬された人物に着装されていました。外径約10センチのガラス製腕輪。

©与謝野町教育委員会

Glay

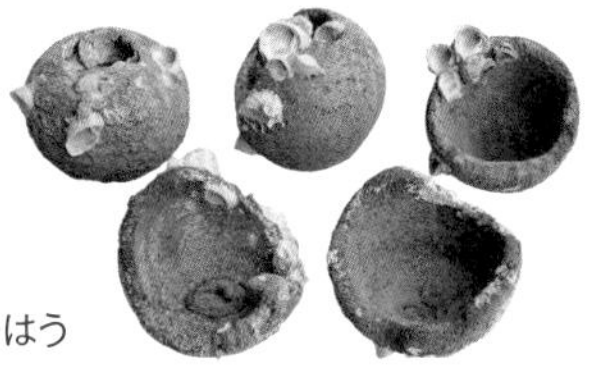

てつはう

中世 **史跡鷹島神崎遺跡**（長崎県）

陶器の容器に鉄片を入れた手りゅう弾のような武器。蒙古襲来の際に元軍が用いました。

©松浦市教育委員会

Gold

獅噛文帯金具

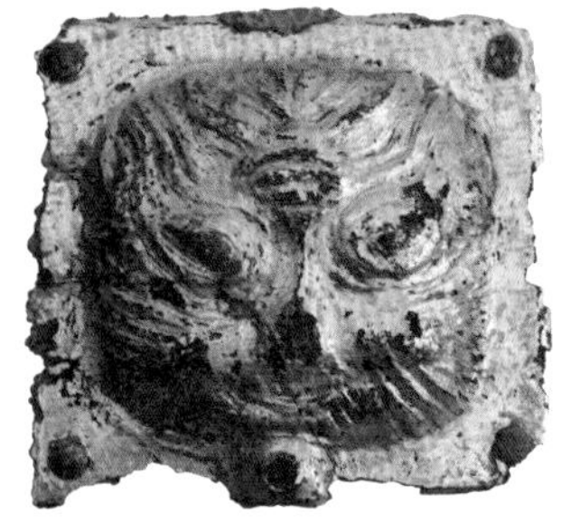

古墳 **牟田辺遺跡**（佐賀県）

古墳に埋葬された人物に装着された帯飾り。獅子の顔をあしらっています。

©多久市教育委員会

Red

重文

漆塗り櫛

縄文 **カリンバ遺跡**（北海道）

縄文時代後期の土坑墓に副葬されていた漆塗りの装身具。

©恵庭市教育委員会

Ivory

貝符・竜佩・貝玉

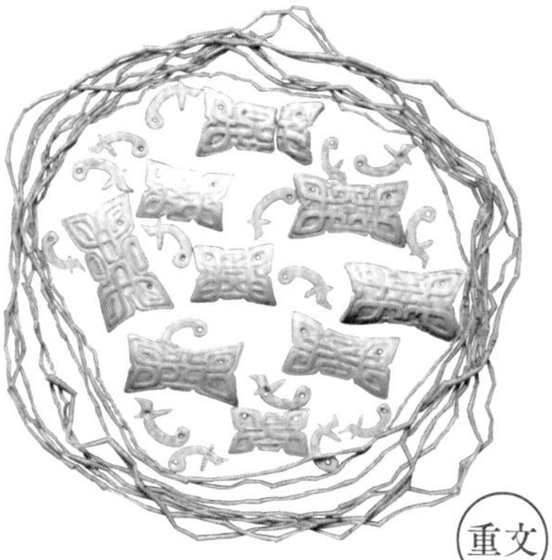

重文

古墳 **史跡広田遺跡**（鹿児島県）

弥生時代から古墳時代の墓に副葬された南海産の貝殻で作られた装身具。

©鹿児島県歴史・美術センター黎明館

こんなのあった！

発掘された

変わった遺構・遺物

発掘調査では予想もしないような遺構や遺物が出土することがあります。こんな発見があったんだ、という驚きとわくわくを感じます。

弥生 **史跡青谷上寺地遺跡**（鳥取県）

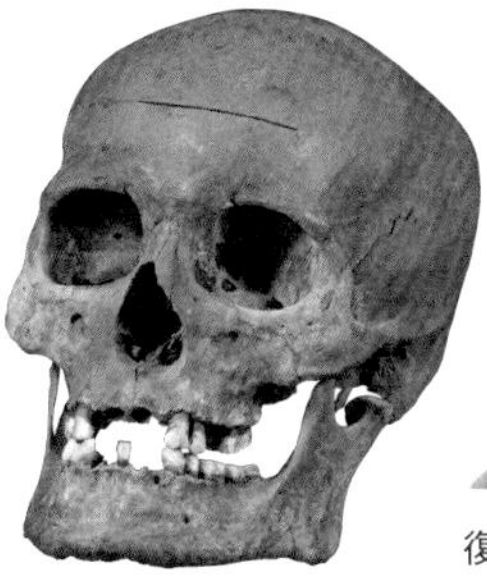

復顔像「青谷上寺朗」

弥生人の脳

山陰の日本海に面する弥生時代の交易拠点集落内の溝から、100体を超える大量の人骨が折り重なるように発見され、うち3体の頭蓋骨の中には脳も残っていました。世界でもわずか6例しかない貴重な資料です。

©鳥取県青谷かみじち史跡公園

古墳 **金井東裏遺跡**（群馬県）

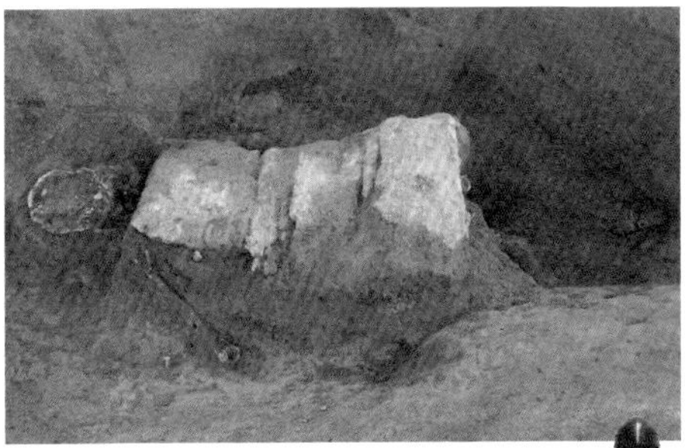

噴火跡に残った鎧を着た人

6世紀に群馬県の榛名山の噴火により埋没した遺跡で、古墳時代の成人が甲冑を着た状態で火砕流により被災して埋もれたという衝撃的な状況が明らかになりました。「日本のポンペイ」と呼ぶにふさわしい遺跡です。

©群馬県

復元された古墳人

中世 **騎西城跡**（埼玉県）

十六間筋兜

戦国武将が落とした兜

城を巡る障子堀の堀底から、戦国時代の兜がほぼ完全な形で発見されました。永禄5（1563）年に上杉謙信が北条氏の最前線の城である騎西城を攻略する際、上杉方の大将がこの地点まで攻め込み、激闘の中、落としたものかもしれません。

©加須市教育委員会

中世 **史跡鮫ヶ尾城跡**（新潟県）

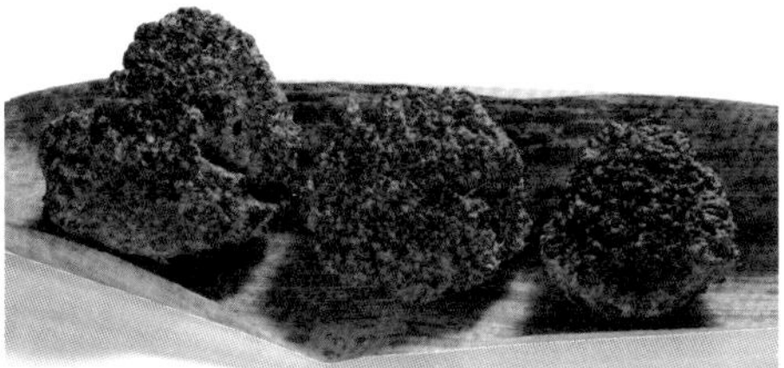

戦国時代のおにぎり

天正7（1579）年に上杉謙信の養子である景虎と景勝による家督相続争いの戦場となった城で、発掘調査により炭化米の塊がいくつか発見されました。握り飯を携えて籠城した景虎が、炎に包まれつつ無念のうちに自刃した姿が目に浮かびます。

©妙高市教育委員会

近代 **史跡播州葡萄園跡**（兵庫県）

日本初のワイン醸造プロジェクト

兵庫県にあった明治時代の国営ワイナリー。当時、殖産興業の一つとしてブドウの栽培とワイン製造のプロジェクトがありました。発掘調査により木箱に入った10本のガラス瓶が出土し、うち3本には約100年の眠りから覚めたワインも残っていました。

©稲美町教育委員会

地下ワインセラー

データで見る列島展

95年の開始以来、列島展の「新発見考古速報」で取り上げた遺跡は約750超。都道府県ごとや時代区分ごとに遺跡数を振り返ります。後に史跡と重要文化財の両方に指定された注目の遺跡も紹介します。

最も取り上げた遺跡

出展回数ランキング

1位 4回

- 史跡 白滝遺跡群（北海道）
- 特別史跡 三内丸山遺跡（青森県）
- 史跡 飛鳥京跡苑池（奈良県）
- 特別史跡 原の辻遺跡（長崎県）

5位 3回

- 史跡 柳之御所遺跡（岩手県）
- 八日市地方遺跡（石川県）
- 史跡 飛鳥池工房遺跡（奈良県）
- 史跡 唐古・鍵遺跡（奈良県）
- 特別史跡 キトラ古墳（奈良県）
- 特別史跡 大坂城跡（大阪府）
- 特別史跡 吉野ヶ里遺跡（佐賀県）
- 史跡 鷹島神崎遺跡（長崎県）
- 史跡 上野原遺跡（鹿児島県）

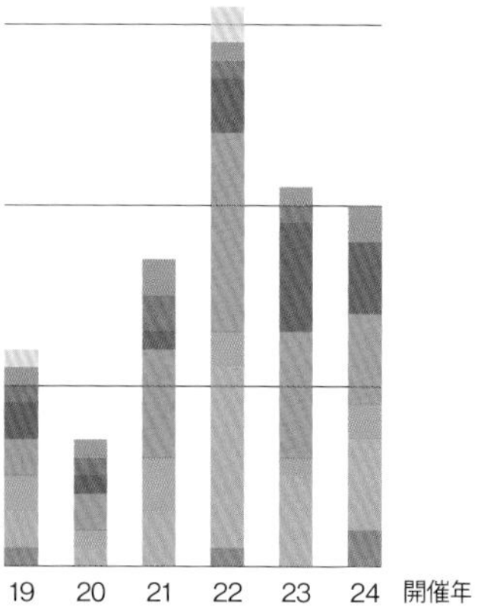

最も取り上げた都道府県

都道府県別遺跡数ランキング

順位	都道府県	遺跡数
1位	奈良県	59
2位	大阪府	42
3位	群馬県	34
	福岡県	34
5位	京都府	32
6位	北海道	31
	青森県	31
	鹿児島県	31
9位	千葉県	26
10位	新潟県	25

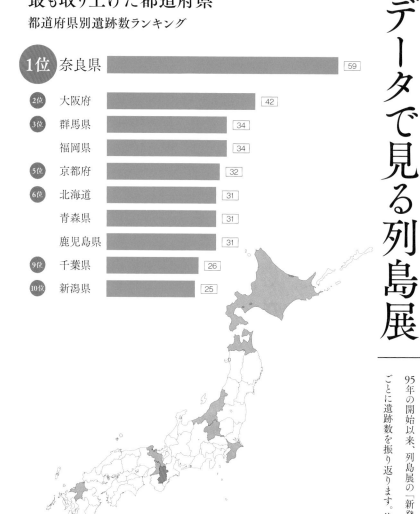

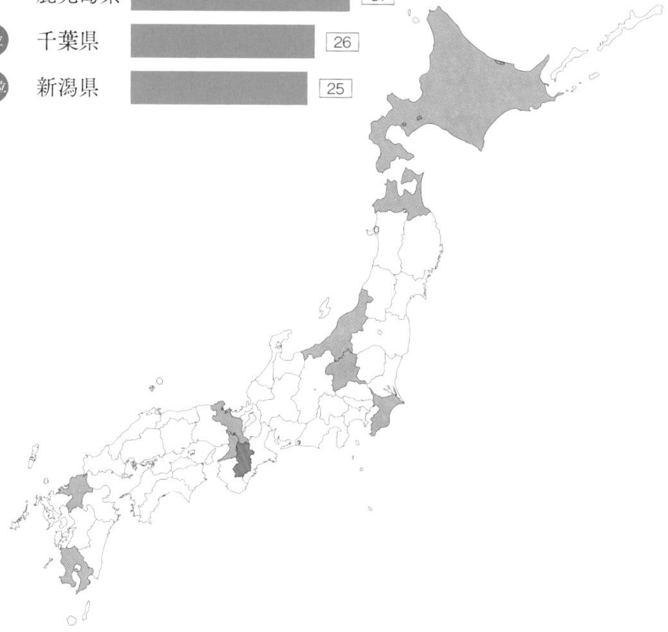

最も取り上げた時代

時代区分別遺跡数ランキング

※「新発見考古速報」で取り上げた遺跡を中心に集計しています。

順位	時代	遺跡数
1位	縄文	155
2位	古代	138
3位	古墳	133
4位	弥生	114
5位	中世	86
6位	近世	65
7位	旧石器	49
8位	近代	15

注目度がアップされた遺跡　出展後に史跡と重要文化財の両方に指定された遺跡

※複数回取り上げた遺跡については1回目の展示年を記載しています。

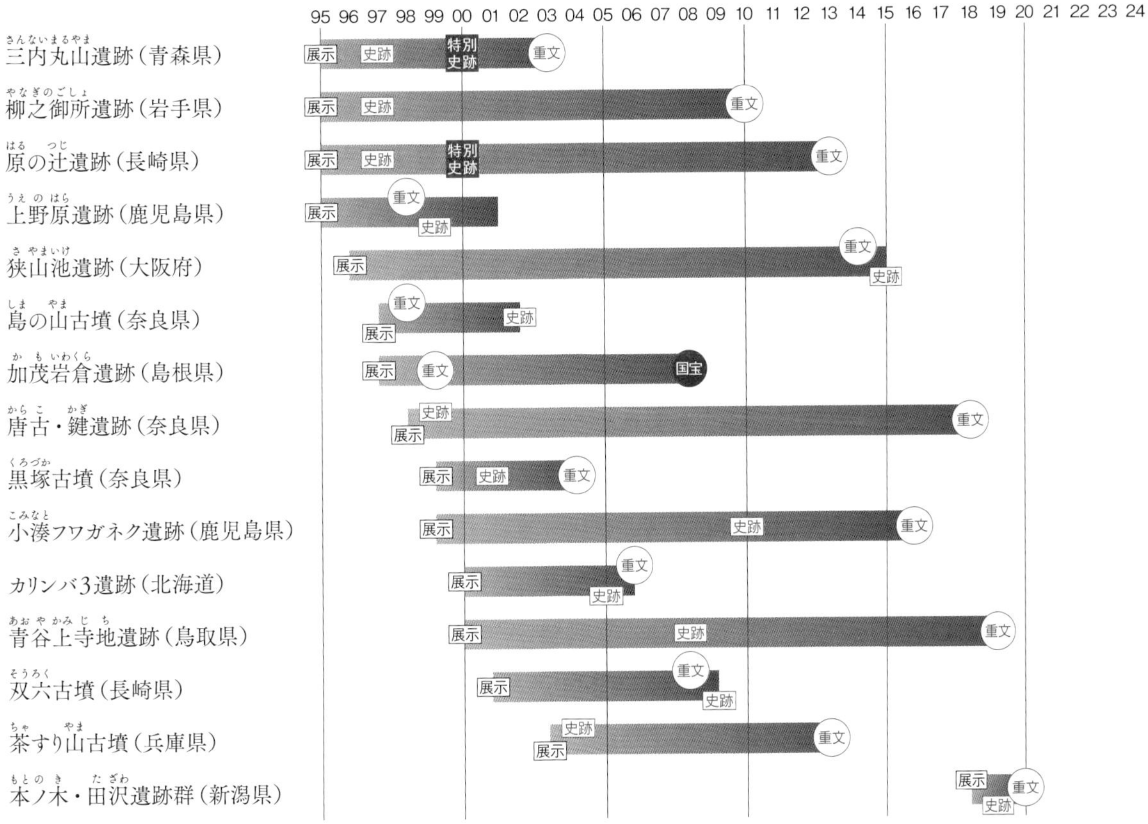

各開催年に取り上げた遺跡数

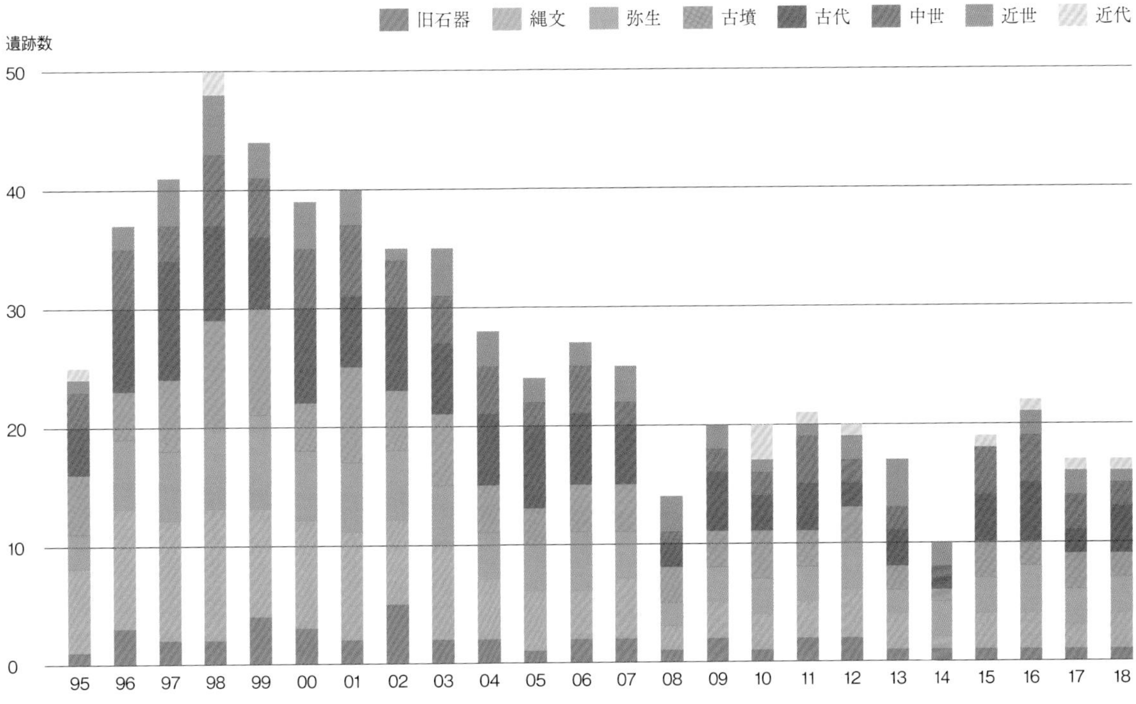

列島展を詠む

列島展では、紹介する各遺跡にまつわる川柳を創作してきました。「発掘された日本列島2024」までに詠まれた川柳の数は140句以上。それらの作品をまとめて紹介します。※西暦は川柳が詠まれた列島展開催年。

旧石器時代

半世紀　経って掘り出す　新事実	史跡 福井洞窟	長崎県佐世保市	2015
接合品　狩人たちの　キャンプ跡	北中島西原遺跡	熊本県山都町	2016
半世紀　曜く百花　返り咲く	百花台遺跡	長崎県雲仙市	2017
石片が　ぴたぴたくっつき　「おまんじゅう」	天神段遺跡	鹿児島県大崎町	2018
環状に　めぐる石器は　ムラの跡	墨古沢遺跡	千葉県酒々井町	2019
石を割る　広場囲んで　ひたすらに	稚児野遺跡	京都府福知山市	2022

縄文時代

大貝塚　縄文人骨　ザックザク	小竹貝塚	富山県富山市	2015
人体文　土器にはりつけ　ムラ栄え	けや木の平団地遺跡	岩手県滝沢市	2015
縄文犬　いつも仲良し　縄文人	北小松遺跡	宮城県大崎市	2015
穴掘って　黒曜石が　ザックザク	史跡 星ヶ塔黒曜石原産地遺跡	長野県下諏訪町	2016
信濃から　北へ届くは　黒曜石	館崎遺跡	北海道福島町	2016
縄文の　世界を区切る　石の列	六反田南遺跡	新潟県糸魚川市	2016
いにしえの　ツートンカラーの　土器にドキッ!	押出遺跡	山形県高畠町	2017
南島の　海のお宝　ザックザク	史跡 面縄貝塚	鹿児島県伊仙町	2017
縄文の　開始を議論　土器と槍	本ノ木遺跡	新潟県津南町	2018
丁寧に　埋葬された　縄文犬	特別史跡 加曽利貝塚	千葉県千葉市	2018
縄文の　貝塚銀座　ここにあり!	保美貝塚	愛知県田原市	2018
縄文の　祈り伝える　土偶たち	白神山地東麓縄文遺跡群	青森県西目屋村	2019
耳飾り　模様の理由は　おしゃれだけ?	エリ穴遺跡	長野県松本市	2019
ぴったんこ　土偶を直す　アスファルト	石船戸遺跡	新潟県阿賀野市	2020
一片の　土器が語った　一万年	下原洞穴遺跡	鹿児島県天城町	2021
水場から　ひょっこり出たよ　クルミ土器	デーノタメ遺跡	埼玉県北本市	2021
こんにちは　まんまるお目目の　ミミズクさん	下ヶ戸貝塚	千葉県我孫子市	2021
定住だ　コクゾウムシと　シカ、タヌキ	史跡 取掛西貝塚	千葉県船橋市	2022
斧斧斧斧斧　海を眺めて　コツコツと	宿戸遺跡	岩手県洋野町	2022
三陸の　マグロ打ち抜く　猛者の銛	大久保貝塚	宮城県南三陸町	2023
びびちゃんと　ふくろう共演　北の空	美々4遺跡	北海道千歳市	2024
アク抜きの　水場でマツリ　大木柱	唐堀遺跡	群馬県東吾妻町	2024
高まりの　輪っかの上の　ムラづくり	史跡真福寺貝塚	埼玉県さいたま市	2024

弥生時代

銅鐸を　壺に描いて　豊作祈願	東奈良遺跡	大阪府茨木市	2015
アラ小さい!　これも銅鐸　小銅鐸	高三瀦遺跡	福岡県久留米市	2015
銅鐸の　吊り手を埋めて　どこ行った	松東遺跡	静岡県浜松市	2015
甦る　弥生の景観　安満にあり	史跡 安満遺跡	大阪府高槻市	2016
淡路島　銅鐸ゴロゴロ　神の島	松帆銅鐸	兵庫県南あわじ市	2016
奴の国の　王を彩る　青銅器	岸田遺跡	福岡県福岡市	2016
しがらみは　今も昔も　変わらずに	河原口坊中遺跡	神奈川県海老名市	2016
西の風　届くは建物　土器お墓	中里遺跡	神奈川県小田原市	2017
弥生ムラ　聞けや埋めろや　銅鐸を	神明遺跡	岡山県総社市	2017
弥生ムラ　見れや壊せや　銅鐸を	天満・宮西遺跡	香川県高松市	2017

勇壮に　赤くかがやく　剣の柄	上代町遺跡群	熊本県熊本市	2018
列島で　作り始めた　青銅器	須玖タカウタ遺跡	福岡県春日市	2018
土器のうえ　ドラゴンが舞う　雲出川	雲出川下流域遺跡群	三重県津市・松阪市	2018
環濠を　渡るとそこは　墓!墓!!墓!!!	郡遺跡・倍賀遺跡	大阪府茨木市	2019
砂浜に　並ぶ石列　祈りの場	山ノ口遺跡	鹿児島県錦江町	2019
そのまんま　はじめて出てきた　ヤリガンナ	八日市地方遺跡	石川県小松市	2020
高杯の　縁駆け巡る　雄鹿よ	四日市遺跡	大分県玖珠町	2021
赤と白　祈り交わる　井戸の底	高崎競馬場遺跡	群馬県高崎市	2021
環濠が　行き交う人々　受け入れて	史跡 午王山遺跡	埼玉県和光市	2021
内陸の　クニに伝わる　最先端	東小田峯遺跡	福岡県筑前町	2022
鉄矛と　鉄斧がムラに　やってきた	中尾遺跡	鳥取県倉吉市	2022
湾望み　鏡掲げて　鉄を打つ	惣ヶ池遺跡	大阪府和泉市	2023
骨骨と　埋めて納めて　くりかえす	墓料遺跡	福島県会津若松市	2024
骨壷を　丸く並べて　玉を撒く	宿尻遺跡	茨城県常陸大宮市	2024

古墳時代

お祭りか？　川から出土　鍬形石	中沢遺跡	滋賀県草津市	2015
製鉄炉　鍛冶屋さんの　ムラと墓	上相遺跡・鍛冶屋逧古墳群	岡山県美作市・勝央町	2015
立ち並ぶ　埴輪が語る　お葬式	甲塚古墳	栃木県下野市	2015
脈々と　築き続けて　四百年	史跡 乙訓古墳群	京都府京都市・向日市・長岡京市・大山崎町	2016
墳頂で　王を見送る　埴輪群	史跡 甲立古墳	広島県安芸高田市	2016
北へ北へ　古墳社会の　最前線	入の沢遺跡	宮城県栗原市	2017
これからは　どんどん作ろう　ハニワびと	史跡 石屋古墳	島根県松江市	2017
古墳から　今に輝く　大刀の柄	根戸船戸遺跡1号墳	千葉県我孫子市	2017
古墳人　よろい着たまま　お亡くなり	金井東裏遺跡	群馬県渋川市	2018
ハニワびと　護りつづけて　幾星霜	神田・三本木古墳群	群馬県藤岡市	2018
はにわ樹て　水のまつりを　ひた隠し	金蔵山古墳	岡山県岡山市	2019
在りし日の　まつりを映す　はにわ列	行基平山頂古墳	栃木県足利市	2019
大王を　送るマツリの　大木橋	ニサンザイ古墳	大阪府堺市	2020
大刀抱き　富士のふもとに　眠る長	伝法古墳群	静岡県富士市	2020
志布志湾　古墳文化の　最南端	志布志湾沿岸地域の古墳群（史跡 塚崎古墳群／史跡 唐仁古墳群／史跡 横瀬古墳／立小野堀遺跡／町田堀遺跡）	鹿児島県肝付町・東串良町・大崎町・鹿屋市	2021
キンキラと　腰に輝く　獅子ベルト	牟田辺遺跡	佐賀県多久市	2021
石棺に　埋めも埋めたり　100年間	下河原崎高山古墳群	茨城県つくば市	2021
北の地に　はるばる来たか　古墳人？	猪ノ鼻（1）遺跡	青森県七戸町	2022
巨樹の下　祈りを込めた　石並べ	両迫間日渡遺跡	熊本県玉名市	2022
榛名山　馬飼いの子ら　たわむれて	金井下新田遺跡	群馬県渋川市	2022
大きさが　みんなの力で　わかったぞ	ウワナベ古墳	奈良県奈良市	2023
幾年も　古墳に並ぶ日　待っている	下里見天神前遺跡	群馬県高崎市	2023
盛って良し　許しが出たよ　おとうさん！	佐良山古墳群	岡山県津山市	2023
勾玉を　しこたまつくって　おまつりだ	北大竹遺跡	埼玉県行田市	2023
連綿と　葬り続けた　400年	立部遺跡・立部古墳群跡	大阪府松原市	2023
こりゃ奇跡　ハニワとハニワが　ぴったんこ	赤堀茶臼山古墳・石山南古墳群	群馬県伊勢崎市	2024

古代

国分寺　瓦作りの　大工房	瓦塚窯跡	茨城県石岡市	2015
大宰府の　貴人を偲ぶ　館と墓	大宰府関連遺跡群	福岡県太宰府市・筑紫野市	2015
北総の　郷を治めた　はせつかべ	上谷遺跡	千葉県八千代市	2015
清原氏　堀に守られ　後三年	史跡 大鳥井山遺跡	秋田県横手市	2015
伊那郡家　役人集う　円面硯	恒川遺跡群	長野県飯田市	2016
再建の　想いが宿る　文字瓦	史跡 台渡里官衙遺跡群	茨城県水戸市	2016
焼き上げた　瓦がゆくは　平城宮	史跡 中山瓦窯跡	奈良県奈良市	2016
薬師寺の　西と東は　双子塔	史跡 薬師寺旧境内	奈良県奈良市	2016
糸つむぎ　布を織ったら　アイロンで	神屋遺跡	茨城県稲敷市	2016
庭園の　ほとりに遊ぶ　飛鳥人	史跡・名勝 飛鳥京跡苑池	奈良県明日香村	2017
天平の　甍彩る　三色瓦	史跡 唐招提寺旧境内	奈良県奈良市	2017
芸達者　鴟尾をつくった　渡来人?	史跡 船迫窯跡	福岡県築上町	2018
清らかな　泉のほとりの　大伽藍	史跡 武蔵国分寺跡附東山道武蔵路跡	東京都国分寺市・府中市	2018
天皇と　おもい並べて　寺づくり	史跡 由義寺跡	大阪府八尾市	2018
高級な　唾壺を供えた　木棺墓	四日市遺跡	大分県玖珠町	2018
万葉の　美人があるく　山陰道	青谷横木遺跡	鳥取県鳥取市	2019
一片の　土器に刻んだ　ラブソング	ケカチ遺跡	山梨県甲州市	2019
法倉の　屋根を彩る　蓮の花	史跡 上野国多胡郡正倉跡	群馬県高崎市	2020
ヒノクマさん　ため池つくって　耕して	薩摩遺跡	奈良県五條市	2021
レアな馬具　蝦夷の長が　眠る墓	鹿島沢古墳	青森県八戸市	2022
わからない　なんでここから　塔心礎	尾羽廃寺跡	静岡県静岡市	2022
橘の　力を映す　井手の寺	栢ノ木遺跡	京都府井手町	2022
宮を出て　眺むる池に　浮かぶ島	史跡・名勝 飛鳥京跡苑池	奈良県明日香村	2023
平城の西　行基思ふて　お堂立つ	菅原遺跡	奈良県奈良市	2024
やれ作れ!　瓦梵鐘　復興だ	穴田東窯跡・薬師堂東遺跡	宮城県仙台市	2024
八稜の　鏡の上で　鳥が舞う	六ノ域遺跡	神奈川県平塚市	2024

中世

瑞巌寺　修理で発掘　円福寺	瑞巌寺境内遺跡	宮城県松島町	2015
越前の　伝統語る　いろは歌	越前窯跡群	福井県越前町	2015
天下布武　踏み出す城は　小牧山	史跡 小牧山	愛知県小牧市	2015
大発見!　非業の秀次　供養塔	大雲院跡	京都府京都市	2015
甕の中　残る誰かの　へそくりか	中津居館跡	山口県岩国市	2016
御所跡に　残る烏帽子の　落とし物	稲村御所館跡	福島県須賀川市	2016
秀吉の　金箔瓦　露と落ち	伏見城跡	京都府京都市	2016
茶の道を　支えた窯の　佇まい	大萱古窯跡群	岐阜県可児市	2016
山林の　奥に広がる　旧境内	普門寺旧境内	愛知県豊橋市	2017
西東　船が往き交う　港町	高松城跡・浜ノ町遺跡	香川県高松市	2017
玉と銭　今も変わらぬ　首飾り	オニキシベ2遺跡	北海道厚真町	2017
先人の　想いを伝える　石の文	南海地震阿波地震津波碑	徳島県徳島市・小松島市・阿南市・那賀町・牟岐町・美波町・海陽町・松茂町	2017
硯には　琵琶を彫り込む　館ぬし	伏津館跡	岩手県野田村	2018

秀吉の　瓦が語る　京都復興	公家町遺跡	京都府京都市	2018
埋められた　真田の城の　薬研堀	岩櫃城跡	群馬県東吾妻町	2019
向鶴　アイヌと和人を　つなぎとめ	史跡 聖寿寺館跡	青森県南部町	2020
僧形の　神を祀った　館主	大南遺跡	山形県米沢市	2021
銭や銭　しこたま貯めて　なぜ埋めた	畑間遺跡	愛知県東海市	2021
見つかった　熊野潤す　港町	新宮下本町遺跡	和歌山県新宮市	2022
攻め落とせ！　落としちゃったよ！　あぁ兜…	騎西城跡・騎西城武家屋敷跡	埼玉県加須市	2023
大和なる　城下を照らす　金瓦	史跡 郡山城跡	奈良県大和郡山市	2023

近世

石を採り　どんどん運べ　いざ江戸城	史跡 江戸城石垣石丁場跡	静岡県熱海市・伊東市・沼津市・東伊豆町、神奈川県小田原市	2016
泰平の　地下に眠るは　黒火薬	旗本花房家屋敷遺跡	東京都港区	2016
たたら場に　鉄師が集う　田儀の里	史跡 田儀櫻井家たたら製鉄遺跡	島根県出雲市	2017
西南の　激戦しのぶ　弾の痕	鹿児島城跡	鹿児島県鹿児島市	2017
石を取り　どんどん運ぶよ　大坂城	史跡 大坂城石垣石丁場跡	兵庫県西宮市・芦屋市	2018
いち早く　富国に取り組む　薩摩藩	旧薩摩藩の近代化遺産	鹿児島県霧島市・瀬戸内町	2018
生活を　泥流ドドドと　飲み込んだ	東宮遺跡	群馬県長野原町	2019
戦国の　名だたる武将を　おもてなし	愛宕山遺跡	京都府京都市	2020
秀吉の　新都構想　つゆと落ち	京都新城跡・公家町遺跡	京都府京都市	2021
朝廷と　町人つなぐ　菊の紋	平安京左京一条三坊三町	京都府京都市	2021
一分金　犬抱き童子　樽地業	栗橋宿関連遺跡	埼玉県久喜市	2024

近代

近代の　ロマンが香る　赤ワイン	シャトーカミヤ旧醸造場施設	茨城県牛久市	2015
空瓶に　文明開化の　残り香か	豊田旧名主家ビール工場跡	東京都日野市	2016
幻の　「オリンピク」の　記念盃	富山城下町遺跡	富山県富山市	2019
ニッポンの　近代支えた　鉄の里	史跡 橋野高炉跡	岩手県釜石市	2022
海上に　積み上げられた　知恵と技	史跡 旧新橋停車場跡及び高輪築堤跡	東京都港区	2022

執筆者(五十音順)

浅野　豪
五十嵐睦
石川優水
稲村秀介
及川謙作
大澤正吾
小野紀男
片桐千亜紀
河合一希
桑波田武志
後藤　祥
芝康次郎
澁川　駿
進藤菜々穂
関口博幸
髙橋美鈴
谷口富美子
長　直信
土　任隆
永井ふみ
中川　貴
廣瀬岳志
深澤敦仁
藤井　浩
藤原大志
文挾健太郎
松本卓也
水口　哲
三瀬有寿紗
湊　智彦
宮本雅通
村田裕介
村山　卓
森　文哉
栁田裕三
山下書子
山本晃子
山本瑞姫
横澤真一
吉岡卓真
米田友行

協力者(五十音順)

相原嘉之
青木　豊
新野亮輔
池田朋生
石田典子
井鍋誉之
岡田勝幸
小川忠博
鳥野茂治
北脇翔平
金城由美
倉田英之
佐藤亜聖
佐藤　淳
佐藤宏之
渋谷孝雄
澁谷秀和
嶋本圭真
清家　章
竹永昂平
谷口　栄
寺崎康史
仲座久宜
中村　勉
中山　圭
西　慶喜
野島　永
箱崎和久
馬場彩加
藤本隼也
松﨑義治
宮本利邦
村田章人
山下弘子

協力機関(五十音順)

会津若松市教育委員会
阿蘇市教育委員会
天草市
飯山市教育委員会
石垣市教育委員会
伊勢崎市教育委員会
今金町教育委員会
今金町
岩国市
宇城市教育委員会
産山村教育委員会
宇和島市教育委員会
遠軽町教育委員会
近江八幡市
大津市
岡山大学
岡山理科大学
沖縄県教育庁
沖縄県立埋蔵文化財センター
小国町教育委員会
葛飾区
神奈川県教育委員会
金沢市
上勝町教育委員会
岐阜市
京都市
久喜市教育委員会
熊本県
熊本県教育委員会
倉敷考古館
群馬県立歴史博物館
群馬大学共同教育学部
慶應義塾大学
(公財)かながわ考古学財団
(公財)元興寺文化財研究所
(公財)群馬県埋蔵文化財調査事業団
(公財)埼玉県埋蔵文化財調査事業団
(公財)千葉県教育振興財団
(公財)文化財建造物保存技術協会
(公財)北海道埋蔵文化財センター
国際文化財(株)
国立科学博物館
五島市
埼玉県教育局
さいたま市教育委員会
佐賀県
佐世保市教育委員会
佐渡市
滋賀県文化スポーツ部文化財保護課
四万十町教育委員会
庄原市教育委員会
庄原市商工観光課
西予市教育委員会
仙台市教育委員会
高島市教育委員会
高畠町教育委員会
高森町教育委員会
田辺市教育委員会
千曲市教育員会
智頭町教育委員会
東京国立博物館
東京大学
東北大学
遠野市文化課
鳥取県
奈良市教育委員会
奈良大学
奈良文化財研究所
西原村教育委員会
常陸大宮市教育委員会
平塚市教育委員会
平取町教育委員会
広島大学
福井市
福島市
藤岡市教育委員会
豊後大野市教育委員会
豊後大野市資料館ジオパークミュージアム
豊後高田市教育委員会
三浦市役所
南阿蘇村教育委員会
南小国町教育委員会
山形県立うきたむ風土記の丘考古資料館
山都町教育委員会
余市町教育委員会
早稲田大学會津八一記念博物館

発掘された日本列島2024 開催30年記念

発行日　：2024年6月2日　第1刷発行
編著者　：文化庁
編　集　：倉本善子、白井美友紀
アートディレクション　：宮西英洋(株式会社ライブアートブックス)
発行人　：嶋田正人
発行所　：株式会社 共同通信社
〒105-7208　東京都港区東新橋1-7-1
汐留メディアタワー
電話03(6252)6021
デザイン・印刷所　：株式会社ライブアートブックス

Exhibition of Excavations in the Japanese Archipelago 2024

Date of Publication:
2 June 2024

Edited by:
Agency for Cultural Affairs, Government of Japan

Published by:
K.K.Kyodo News, Tokyo

Printed by:
LIVE Art Books Inc.

※乱丁・落丁は送料小社負担でお取り換えいたします。
※定価はカバーに表示してあります。
ISBN978-4-7641-0745-8　C0021